Bildlexikon der Völker und Kulturen

Stefania Ratto

Griechenland
Wiege der Demokratie

Parthas

Bildlexikon der Völker und Kulturen, Bd. 4
Herausgegeben von Ada Gabucci

In der Reihe bereits erschienen:
Mesopotamien – Sumerer, Assyrer und Babylonier, Bd. 1
Rom – Kultur der antiken Stadt, Bd. 2
China – Reich der Mitte, Bd. 3

Aus dem Italienischen
Dr. Karl Pichler

Lektorat der dt. Ausgabe
Dr. Hildtrud Ebert

Redaktion
Carla Ferrucci

Bildrecherche
Elena Demartini
Chiara Franchini
Matteo Penati

Grafische Gestaltung
Dario Tagliabue

Layout
Anna Piccarreta

Umschlaggestaltung und Satz
Birgit Zschunke

Druck und Bindung
Mondadori Printing Spa,
Martellago, Italien

Stresemannstraße 30
10963 Berlin
www.parthasverlag.de

ISBN 978-3-936324-74-7

Abbildung auf Seite 2
Karyatiden am Erechtheion, 420–406 v.Chr.,
Akropolis, Athen.

Inhalt

6 Einführung

9 Personen

59 Politik und Öffentlichkeit

87 Götter und Religionen

157 Alltagsleben

237 Welt der Toten

255 Stadt

309 Stätten und Denkmäler

Anhang

374 Karte des antiken Griechenlands

376 Stichwortverzeichnis

376 Zeittafel

378 Glossar

380 Museen

383 Auswahlbibliografie

384 Bildnachweis

Einführung

Griechenland – der Titel öffnet die Tür in eine ferne Zeit und in eine Kulturepoche, die ein faszinierendes literarisches, architektonisches und bildkünstlerisches Erbe hinterlassen hat, von dem wir viel wissen, aber auch noch viel entdecken können. Da es kaum möglich ist, die Geschichte des antiken Griechenlands in einem Buch zu behandeln, war es erforderlich, das Material chronologisch und geografisch einzugrenzen und einen möglichst homogenen zeitlichen Zusammenhang für die Darstellung der gesellschaftlichen und kulturellen Phänomene zu Grunde zu legen. Dafür bietet sich wie kaum eine andere die Epoche der Polis an, jener staatlichen Organisationsform also, die die griechische Welt so nachhaltig geprägt hat.

Der Betrachtungszeitraum im vorliegenden Buch beginnt daher mit der urbanen Entwicklung seit dem 8. Jh. v. Chr., nach dem Ende der mykenischen Kultur und dem darauf folgenden »Dunklen Zeitalter« und endet mit dem Übergang zum Hellenismus, der in der Thronbesteigung Alexander d. Gr. seinen symbolischen Ausdruck gefunden hat. Dennoch führt die Herrschaft Alexanders nicht zum abrupten Abbruch der urbanistischen Tradition der Polis, sondern, im Gegenteil, zu ihrer Expansion weit über die Grenzen der Ägäis hinaus, ein Prozess, in dem sich ihre kulturellen Leistungen aus dem Entstehungskontext des autonomen Stadtstaates lösen und einen tiefgreifenden ideologischen und kulturellen Wandel hervorrufen, der schließlich in eine neue Kulturepoche mündet.

Der chronologische Rahmen wird aber nicht allzu rigide gesetzt, sondern auch überschritten, wenn es wichtig scheint, die Entstehungsgeschichte ikonographisch bedeutender Werke oder architektonischer Typologien deutlich zu machen.

Die geografischen Grenzen der Abhandlung sind dagegen präziser markiert und beschränken sich auf das »eigentliche« Griechenland, seine Kolonien und die Magna Graecia *ausgeschlossen. Deren Besonderheiten in Kunst und Kultur bedürfen einer künftig zu leistenden, gesonderten Darstellung. Das nach den genannten Kriterien ausgewählte Material wurde in Kapitel gegliedert, die sich um Schlüsselbegriffe gruppieren, die der Intention des »Bildlexikons der Völker und Kulturen« insgesamt entsprechen. Das bedeutete, sich auf die materiellen und vor allem ikonographisch relevanten Quellen zu konzentrieren und diese mit den historischen Fakten so in Beziehung zu setzen, dass analog zu archäologischen Forschungsmethoden integrierte Erkenntnisse gewonnen werden können.*

Für die ikonographische Betrachtung ist die Vasenmalerei von großer Bedeutung, die eine griechische Eigentümlichkeit darstellt und deren Motiv- und Figurenrepertoire eine außergewöhnliche Fülle an Informationen bietet. Trotz des hohen künstlerischen Niveaus, das auch Rückschlüsse auf die verloren gegangene monumentale Malerei zulässt, blieb die Vasenmalerei eine handwerkliche Kunst, die jedoch auch die »Freiheit« besaß, Themen des alltäglichen Lebens aufzugreifen, die im Repertoire der offiziellen und sakralen Kunst keinen Platz hatten. Auf diese Weise liefert sie wichtige Hinweise über die Selbstdarstellung der unteren Klassen, zu denen die Arbeiter in den Töpferwerkstätten, aber auch ein Teil der Auftraggeber gehörten.

Wie immer, wenn aus einem reichen Konvolut an Bildwerken eine begrenzte Auswahl getroffen wird und Vereinfachungen und Zusammenfassungen erforderlich werden, stellt sich das Risiko unzulänglicher Verallgemeinerungen ein. Zwar wird versucht, zumindest andeutungsweise auf die Komplexität der behandelten Themen und ihrer Entfaltung im Laufe der Zeit hinzuweisen, dennoch lässt sich nicht vermeiden, dass das Gesamtbild von den Epochen und Bereichen geprägt wird, die historisch oder archäologisch gut dokumentiert sind. Um ein Beispiel zu nennen: Die Kapitel, die von den politischen Institutionen und den öffentlichen Räumen handeln, werden vorwiegend aus den Fakten und Daten gespeist, die sich auf die Situation Athens in klassischer Zeit beziehen. Wir wissen viel von ihr, dank intensiver Grabungen auf Komplexen von außergewöhnlicher Bedeutung, aber auch dank der Möglichkeit, die gewonnenen Daten mit einer Vielzahl von Informationen aus historischen und literarischen Quellen zu verbinden. Die archäologische Forschung tendiert heute allerdings dazu, das »athenisch-demokratische Paradigma« zu relativieren, indem sie auf die Pluralität der Modelle und Konzeptionen verweist, von der die Realität der griechischen Städte geprägt war und von der sie sich bei der Organisation des urbanen Raums, der gesellschaftlichen Ordnung, der Institutionen, der Ökonomie, der religiösen Rituale und der Bestattungsformen inspirieren ließen.

Die Notwendigkeit, eine Auswahl an Themen zu treffen, verlangte auch eine Konzentration auf die urbane Wirklichkeit im engeren Sinn. Die Ausweitung des Blicks auf die Organisation des Territoriums erfolgt nur in Bezug auf die monumentalen Komplexe der Heiligtümer. Abgesehen von einigen beiläufigen Informationen werden zwangsläufig Aspekte vernachlässigt, die heute einen Schwerpunkt der archäologischen Forschung darstellen: die Interaktion von Stadt und Umland. Letzteres war Ort der primären produktiven Tätigkeiten in Dörfern, Höfen, Gruben und Werkstätten, die kaum bedeutende archäologische Spuren hinterlassen haben, aber für die Rekonstruktion der Lebens- und Arbeitsweisen der unteren Klassen von fundamentaler Bedeutung sind.

Im Anhang informiert eine Zeittafel über die wichtigsten historischen Daten, die auch als Orientierung für die in den einzelnen Kapiteln angeführten Ereignisse dienen kann. Des Weiteren steht ein Glossar mit Fachausdrücken aus der Architektur und zur Typologie der Gefäßformen zur Verfügung und eine kurze Bibliografie liefert Hinweise zur Vertiefung der verschiedenen Themenbereiche.

Personen

Daidalos
Lykurg
Solon
Exekias
Euphronios
Kleisthenes
Themistokles
Agelades von Argos und Alkamenes
Perikles
Phidias
Polyklet
Sokrates
Alkibiades
Platon
Aischines und Demosthenes
Aristoteles
Praxiteles
Skopas

◄ Doppelherme mit Herodot und Thukydides,
380–360 v.Chr., röm.Kopie,
Neapel, Museo Archeologico Nazionale.

»In der Ausführung der Statuen überragte er alle anderen so sehr, dass die Nachwelt behauptete, die von ihm geschaffenen Statuen hätten ihren lebenden Modellen geglichen.« (Diodorus Siculus)

Daidalos

Künstler

Zeit
8. Jh. v. Chr. (?)

Wichtige Daten
Athen: Daidalos tötet seinen Neffen und Schüler Talos aus Eifersucht auf dessen Erfindung der Säge (aus einem Schlangengebiss oder dem Rückgrat eines Fisches) und wird vom Areopag aus Athen verbannt.

Kreta: Er wird Architekt von König Minos; weil er Ariadne hilft, den Theseus zu retten, wird er mit seinem Sohn Ikaros in das von ihm erbaute Labyrinth gesperrt; beide fliehen mit den von Daidalos gefertigten Flügeln.

Sizilien: Daidalos findet Zuflucht bei König Kokalos und errichtet für ihn zahlreiche Gebäude.

Der Name des Daidalos, des ältesten Künstlers, den die Griechen kannten, leitet sich von dem Adjektiv *daidaleos* (»kunstvoll gearbeitet«) her, das schon in der homerischen Dichtung in Bezug auf schwierige und sorgfältig ausgeführte Arbeiten verwendet wurde. Daidalos war eine vielschichtige Figur, Symbol unbegrenzter technischer Fähigkeit, die eher magische als künstlerische Züge trug. Ihm werden viele Erfindungen zugesprochen, von der Axt über Lot und Bohrer bis zum Fischleim. Als von größter Bedeutung wird seine Tätigkeit auf der Insel Kreta beschrieben: Dort soll er für Ariadne einen *Choros* (»Tanz«, auch »Tanzplatz«) geschaffen haben, für Pasiphae eine Kuhattrappe aus Holz, die es ihr ermöglichte, sich mit dem geliebten Kretischen Stier zu vereinen, und das Labyrinth, in dem der Minotaurus, der monströse Spross dieser Verbindung, eingeschlossen wurde. Daidalos gilt außerdem als Schöpfer realistischer figürlicher Statuen, während seinen kretischen Schülern Dipoinos und Skyllis die Einführung der Steinskulptur und deren Verbreitung auf der Peloponnes und auf den Inseln zugeschrieben wird. Archäologische Forschungen bestätigen inzwischen Hinweise aus literarischen Quellen: Die frühesten Beispiele monumentaler Statuen stammen tatsächlich aus Kreta, wo sich im Laufe des 7. Jh. v. Chr. unter orientalischen Einflüssen ein homogener Stil entwickelte, der sich durch plastische Verdichtung und eine strenge Statuarik der Figuren auszeichnet; er ist als »dädalischer Stil« in die Kunstgeschichte eingegangen.

► *Dame von Auxerre*, 650–625 v. Chr., Paris, Musée du Louvre.

Die 175 cm hohe Statue aus dem Heiligtum der Artemis auf Delos wurde aus dem für Naxos typischen weißen Marmor gefertigt und gehört zu den ältesten monumentalen Darstellung einer menschlichen Figur griechischer Herkunft.

Unter der rechten Hand, die Bohrlöcher für metallische Gegenstände aufweist, trägt die Statue eine bustrophedonische (»furchenwendige«, von rechts nach links und zurück zu lesende) Inschrift, die verkündet, dass das Mädchen Nikandre anlässlich ihrer Heirat mit Phraxos die Statue der Göttin Artemis geweiht hat.

Typische Merkmale des »dädalischen Stils« sind die strenge Frontalität der Figur mit den am Körper anliegenden Armen, die noch auf die älteren Holzskulpturen verweist, und das dreieckförmige Gesichtsfeld mit der schweren Haartracht, die von ägyptischen Einflüssen zeugt.

► Weihestatue der Nikandre von Naxos, aus Delos, um 650 v. Chr., Athen, Archäologisches Nationalmuseum.

»Er hat die übrigen Verfassungen nicht nachgeahmt, sondern entschied sich meist entgegengesetzt zu ihnen. So führte er seine Heimatstadt zu überlegenem Erfolg.« (Xenophon)

Lykurg

Politiker

Zeit
9.–8. Jh. v. Chr. (?)

Wichtige Daten
Um 900 v. Chr.: Gründung von Sparta durch den Zusammenschluss von fünf Dörfern
825–800 v. Chr.: Promulgation der *Rhetra,* der Verfassung von Sparta, die Lykurg zugeschrieben wird
754–753 v. Chr.: Beginn der Liste der *Ephoren,* der obersten spartanischen Magistratur

Siehe auch
Politische Institutionen, Schule und Bildung, Musik und Tanz, Sport, Sparta

Der legendäre Gesetzgeber Lykurg soll dem Mythos nach vom Orakel von Delphi zu der Verfassung von Sparta inspiriert worden sein. Tatsächlich wurde sie schrittweise ausgearbeitet, mit dem Ziel, die von den Spartanern unterworfenen Völker unter Kontrolle bringen zu können. Die Verfassung sah vor, dass die Monarchie – verkörpert von zwei Königen, die kraft göttlicher Legitimation auf dem Thron saßen und an der Spitze des Heeres standen – von einem Rat der Alten *(Gerousia)* kontrolliert und gemäßigt wurde. Diesen Rat wählte die Versammlung der Bürger *(Apella),* die auch die Macht besaß, über dessen Vorschläge abzustimmen. Die Vollbürger, genannt Spartiaten, bildeten jedoch eine Minderheit. In der Überzahl waren Perioken, freie Männer aus den unterworfenen Städten von Lakonien und Messenien. Sie wurden zum Militärdienst herangezogen, blieben aber von der Teilnahme an der *Apella* ausgeschlossen. An der untersten Stufe der gesellschaftlichen Leiter standen die Heloten, Staatssklaven nichtdorischer Abstammung, deren Arbeit es den Spartiaten ermöglichte, sich ausschließlich dem Dienst der Waffen zu widmen. Die gesamte Ordnung war auf die Stärkung und Macht des Heeres ausgerichtet. Diesem Ziel dienten das harte körperliche Training, dem sich auch die Frauen unterziehen mussten, die Aussetzung der schwächlichen Kinder, die Erziehung der Kinder *(Agoge)* durch den Staat und die Vorrangstellung der gemeinschaftlichen Pflichten gegenüber der Privatsphäre.

► Büste des Lykurg, o. D., röm. Kopie, Neapel, Museo Archeologico Nazionale.

Der Krieger trägt einen korinthischen Helm, der vollständig das Gesicht bedeckt, darüber ein hohes Zimier in ungewohnter Querstellung, das möglicherweise der Unterscheidung der Offiziere von den einfachen Soldaten diente.

Die bis zur Brust reichenden Zöpfe waren ein Merkmal der spartanischen Soldaten; der Überlieferung nach verbot Lykurg den lakedaimonischen Erwachsenen sich die Haare zu schneiden, um Respekt und Furcht einflößend zu wirken.

Bei dem Mantel, der den Körper vollständig umhüllt, handelt es sich wahrscheinlich um die von Lykurg eingeführte Phoinikis: *ein purpurrotes Gewand, dem die magische Kraft zugesprochen wurde, Schläge abzuhalten, das aber vor allem gut geeignet war, Blutflecken zu kaschieren.*

▲ Statuette eines spartanischen Kriegers, Ende 6./Anfang 5. Jh. v. Chr., Hartford Connecticut, Wadsworth Athenaeum.

»In gleicher Weise für den Armen wie den Reichen schrieb ich Gesetze, zollte jedem unparteiisch sein Recht«. (Solon)

Solon

Politiker

Zeit
Um 640 bis
um 560 v. Chr.

Wichtige Daten
594 v. Chr.: Solon wird zum *Archon* mit außerordentlichen Vollmachten gewählt, er führt die Agrarreform, die Verfassungsreform, die Reform der Maße und Gewichte und die Revision des Testaments- und des Familienrechts durch.
593 v. Chr.: Solon verlässt für zehn Jahre Athen; unternimmt Reisen in Kleinasien, Ägypten und auf Zypern.
562 v. Chr.: Nach der Rückkehr erlebt er das Scheitern seiner Reformen und warnt die Bürger vor der Tyrannis.
561 v. Chr.: Tyrannis des Peisistratos

Siehe auch
Politische Institutionen

Zu Beginn des 6. Jh. v. Chr., in einer Zeit heftiger sozialer Konflikte und ökonomischer Krisen, die viele freie Männer in die Sklaverei führte, wurde Solon zum *Archon* gewählt und ihm die Aufgabe des Schiedsrichters und Versöhners *(Diallaktes)* der rivalisierenden gesellschaftlichen Kräfte, Adel und Volk, übertragen. Solon, selbst Abkömmling einer Adelsfamilie, widersetzte sich nicht nur der Forderung der athenischen Aristokratie nach einer Neuaufteilung des Landes, sondern schränkte auch deren politische Macht durch die Abschaffung der Schuldknechtschaft und der Grundschulden auf das Land armer Bauern ein. Zu seiner Verfassungsreform gehörte ein Gesetzeswerks, das an die Stelle der Gesetzgebung des Drakon trat und eine Aufteilung der Bürger in vier Census-Klassen vorsah, die die Basis für die Verteilung der Ämter und militärischen Pflichten sowie für die Teilnahme an den öffentlichen Angelegenheiten bildeten. Alle Bürger erhielten das Wahlrecht und die Möglichkeit, sich an der Regierung des Staates zu beteiligen. Der Adel verlor damit sein exklusives Anrecht auf die politische Macht. Solon verfügte, dass seine Gesetze zehn Jahre lang nicht modifiziert werden durften und verließ während dieses Zeitraums Athen, die Rache der entmachteten Aristokratie und den Konflikt der Parteien befürchtend, aber auch um sich dem Zwang zur Selbstkorrektur seines Gesetzeswerkes zu entziehen. Über dieses verfasste er selbst Gedichte, die bei Symposien rezitiert werden sollten.

► Büste des Solon, o. D., röm. Kopie, Neapel, Museo Archeologico Nazionale.

Solon wollte allen Bürgern direkten Zugang zu den Gesetzestexten gewährleisten und ließ die Gesetze im Prytaneion auf einem Axones *genannten Mechanismus veröffentlichen.*

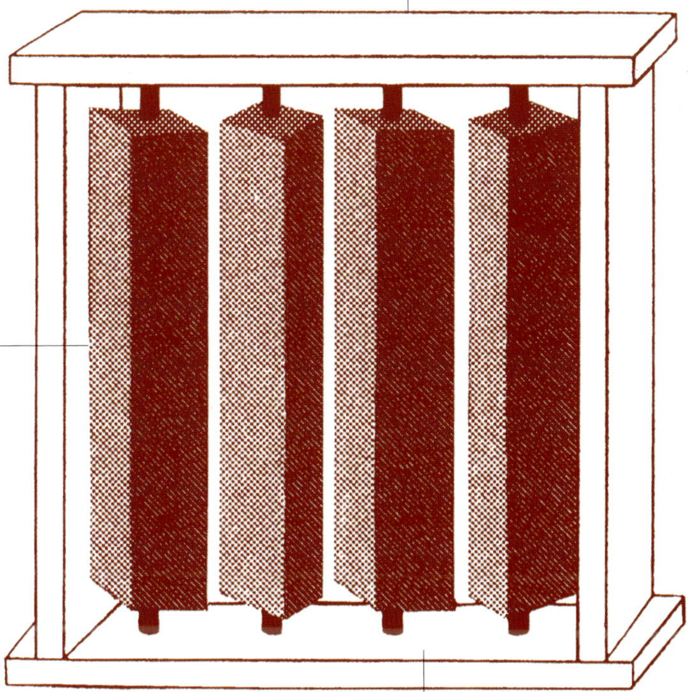

Die Axones *waren längliche Holztafeln, die sich mittels eines am Gestell befestigten Bolzens drehen ließen; so war es möglich, den gesamten eingravierten Gesetzestext zu lesen.*

Im Zusammenhang mit den Tafeln ist in den Quellen auch von Kyrbeis *die Rede, wobei zwischen* Axones *und* Kyrbeis *nicht eindeutig unterschieden werden kann. Manche verstehen darunter eine auf Marmorplatten eingravierte Kopie der Gesetze, die in der* Stoa Basileios *auf der Agora ausgestellt gewesen sein soll.*

▲ Rekonstruktion der *Axones* des Solon (aus: S. Settis 2002).

»Da steht der Mordstahl so, dass er aufs Sicherste mich trifft. ... Fest steckt er in der Troas hier ... Gut hergerichtet hab' ich ihn und eingebohrt; so hilft er bestens diesem Mann zum raschen Tod.«
(Sophokles)

Exekias

Künstler

Zeit
2. Hälfte 6. Jh. v. Chr.

Wichtige Daten
Um 550–525 v. Chr.: Tätigkeit als Maler; wahrscheinlich war Exekias als Töpfer länger tätig.

Siehe auch
Töpferkunst

Der von etwa 550 bis 525 v. Chr. in Athen tätige Exekias war der größte Vasenmaler des attisch-schwarzfigurigen Stils. Er war sowohl Töpfer als auch Vasenmaler und übte auf beide Bereiche großen Einfluss aus, indem er neue Gefäßformen schuf und die traditionellen Themen der Mythologie künstlerisch neu und originell umsetzte. Er verzierte die von ihm bevorzugten großen Vasen nicht erwartungsgemäß mit figurenreichen Kompositionen, sondern wählte aus bekannten mythologischen Episoden einzelne Szenen aus, denen er durch spannungsvolle Konfigurationen singuläre Bedeutung verlieh, so z. B. Achilleus und Aias beim Würfelspiel während einer Kampfpause, Aias vertieft in die Vorbereitung des Selbstmordes, Achilleus im Begriff, Penthesilea den tödlichen Schlag zu versetzen. Obgleich seine Figuren keine Regungen zeigen, noch ganz der archaischen Formensprache verpflichtet, sind die Bilder von großer Dramatik. Seine Figuren zeichnen sich durch eine statuarische Würde aus, die an Skulpturen erinnert, und wurden wahrscheinlich durch die verloren gegangene Wandmalerei des antiken Griechenlands beeinflusst. Diese stilistischen Merkmale kennzeichnen auch die von Exekias bemalten Terrakotten *(Pinakes)* mit Szenen von Trauernden, die als Schmuck an Gräbern befestigt wurden.

◄ *Aias pflanzt sein Schwert in die Erde,* attisch-schwarzfigurige Bauchamphora des Exekias, um 530 v. Chr., Boulogne-sur-Mer, Château-Musée.

Penthesilea, die mythische Königin der Amazonen, kommt im Kampf um Troja mit ihren Kriegerinnen den belagerten Trojanern zu Hilfe.

Die Szene stellt den tödlichen Ausgang des Zweikampfes zwischen Penthesilea und Achilleus dar: Während die Lanze der Amazone den Harnisch des Helden durchbohrt, ohne diesen zu verletzen, versetzt Achilleus seiner Gegnerin den tödlichen Stoß.

Achilleus kämpft mit herabgelassenem Helm, Penthesilea dagegen mit ungeschütztem Gesicht; so können sich die Blicke beider kreuzen und gleichzeitig betont der Künstler dadurch die Verwundbarkeit der Amazone. Nach einer späteren Version des Mythos entdecken beide in diesem Augenblick ihre Liebe zueinander.

▲ *Achilleus tötet Penthesilea*, attisch-schwarzfigurige Halsamphora des Exekias, aus Vulci, 540–530 v. Chr., London, British Museum.

Exekias signierte die Amphora als Töpfer (»Exekias hat sie gemacht«); aufgrund der stilistischen Merkmale könnte ihm auch die Malerei zugeschrieben werden.

»Die sogenannten handwerklichen Beschäftigungen ... schwächen den Körper des Arbeiters, da sie ihn zu einer sitzenden Lebensweise ... zwingen, oder sogar dazu, den Tag am Feuer zuzubringen.«

(Xenophon)

Euphronios

Künstler

Zeit
Um 535–460 v. Chr.

Wichtige Daten
Um 520 v. Chr.: Beginn der Tätigkeit als Maler
Um 500 v. Chr.: Beendigung der Vasenmalerei; Euphronios signiert weiterhin als Töpfer.
Um 480 v. Chr.: Euphronios widmet der Göttin Athene ein Weihegeschenk, das dem zehnten Teil seiner Einkünfte entspricht.
470 v. Chr.: letzte Töpferarbeiten

Siehe auch
Töpferkunst

Der Maler und Töpfer Euphronios war Ende des 6. und Anfang des 5. Jh. v. Chr. in Athen tätig, in der Zeit der Tyrannis des Peisistratos. Sie war eine Blütezeit der Künste. Der Aufstieg des Euphronios lässt sich anhand der Signaturen auf seinen Vasen rekonstruieren. 25 Jahre war er als Vasenmaler in fremden Werkstätten tätig. Ab etwa 500 v. Chr. signierte er nicht mehr als Maler (»Euphronios hat sie bemalt«), sondern nur noch als Töpfer (»Euphronios hat sie gemacht«). Da der Töpfer oft auch der Eigentümer der Werkstatt war, signalisierte er damit seinen sozialen Aufstieg. Auf den höheren Status verweist auch eine Inschrift auf einer Votivstele, die auf der Akropolis gefunden wurde. Euphronios weihte sie Athene, der Patronin der Töpfer, möglicherweise als Dank für den erreichten Stand. In dieser Zeit löste die rotfigurige Malerei die schwarzfigurige ab; dabei blieb der schwarze Tonschlicker als Grund stehen und die Figuren wurden »ausgespart«, d. h. sie erschienen in der roten Farbe der Terrakotta. Jetzt konnten mit Pinselstrichen Details aufgetragen und die Malerei z. B. durch perspektivische Verkürzung und Andeutungen von Bewegungen bereichert werden. Euphronios schöpfte alle Möglichkeiten der neuen Technik aus und schuf grandiose Bilder. Welchen Ruf er in seiner Zeit besaß, brachte sein jüngerer Kollege Euthymides treffend zum Ausdruck, als dieser auf einer seiner besten Vasen provokant vermerkte: »wie es Euphronios nie gemacht hat«.

► *Herakles im Kampf mit Geryoneus, Kylix* des Euphronios, am Fuß signiert vom Töpfer Kachrylion, aus Vulci, um 510 v. Chr., München, Antikensammlungen.

Der Krater *aus dem Metropolitan Museum, der vermutlich aus einer illegalen Grabung stammt, wurde für den Transport in Stücke zerschlagen. Sein plötzliches Auftauchen in New York, wo er restauriert wurde, erregte in der Fachwelt großes Aufsehen. 2006 gab das Museum die Vase offiziell an Italien zurück, verblieb aber als Leihgabe in New York.*

Sarpedon, Sohn des Zeus und der Laodameia, ist in der Ilias *der Heerführer der mit den Trojanern verbündeten Lykier; er wird im Kampf von Patroklos getötet.*

Von Euphronios stammen die Malereien, aber nicht das Gefäß selbst, das die Signatur des Töpfers Euxitheos trägt.

Nach dem Tod des Sarpedon schickt Zeus Apollon auf das Schlachtfeld, begleitet von Hypnos und Thanatos (Schlaf und Tod), den Zwillingssöhnen der Nacht. Sie sollen den Leib des Sarpedon nach Lykien bringen, wo die Totenfeier stattfinden soll. Im Bildhintergrund ist Hermes als Geleiter der Toten dargestellt.

▲ *Sarpedon wird von Hypnos und Thanatos fortgetragen, Euphronios-Krater,* 515–510 v. Chr., New York, Metropolitan Museum.

Nach der Inschrift auf dem Innenbild Leagros kalos *(»der schöne Leagros«), wird die Schale* Leagros-Schale *genannt. Der Name des Jünglings findet sich oft auf Vasen des Euphronios; der Maler Smikros, Schüler des Euphronios, stellte auf einer Vase eine Werbung um den Jüngling dar.*

Die athenischen Töpfer schrieben oft die Namen von begehrten Jünglingen auf ihre Vasen und versahen sie mit dem Zusatz kalos *(schön). Mit sog. Kalos-Inschriften oder Lieblingsinschriften brachte der Künstler seinen Geschmack zum Ausdruck; die Inschrift konnte aber auch Wunsch eines Auftraggebers sein.*

▲ *Attischer Reiter,*
Kylix des Euphronios, *Leagros-Schale,*
aus Vulci, um 510 v. Chr.,
München, Antikensammlungen.

Das Bild zeigt einen jungen Mann bei der jährlichen Musterung (Dokimasia) *der athenischen Ritter zu Pferd; er trägt feine Fellstiefel* (Embades), *einen reich verzierten Mantel* (Zeira), *auf dem Kopf sitzt ein breitrandiger Sonnenhut* (Petasos), *gehalten von einem Band.*

»Er ersetzte die vier Phylen, aus denen die athenische Bürgerschaft bestand, durch zehn Phylen. Die bisherigen Namen der Phylen, die nach den vier Söhnen des Ion benannt waren, schaffte er ab und wählte die Namen anderer Heroen.« (Herodot)

Kleisthenes

Kleisthenes gilt als Vater der athenischen Demokratie. Er gehörte der Adelsdynastie der Alkmaioniden an, die hinter der Vertreibung der Peisistratiden standen, vertrat aber selbst die Interessen der Mittelklassen, die ein Wiedererstarken der Aristokraten fürchteten. 508 v.Chr. zum *Archon* ernannt, leitete er Reformen ein, die eine Neugliederung der Bürgerschaft vorsahen, um die Kluft zwischen den Klassen zu überwinden. Er teilte Attika in drei Zonen ein: die Stadt, das Land und die Küste und legte für die Landgemeinden und Stadtviertel von Athen Verwaltungsbezirke *(Demen)* fest. Die Bürgerschaft wurde in zehn *Phylen* unterteilt, die sich aus je einem Drittel der drei Zonen zusammensetzten. Die *Phylen* bekamen den Namen eines attischen Heros und sandten Vertreter in den »Rat der Fünfhundert«, die *Boule,* Kernstück der Reform. Zustimmung oder Ablehnung der von der *Boule* vorgeschlagenen Gesetze oblagen der *Ekklesia,* der Versammlung der Bürger, an der alle männlichen Bürger teilnahmen, die mindestens 20 Jahre alt und Söhne athenischer Eltern waren. Die neue Struktur sollte ein ausgewogenes Verhältnis zwischen den politischen Ansprüchen des einzelnen Bürgers, der verschiedenen gesellschaftlichen Gruppen und den Interessen der Gesamtheit gewährleisten. Das System der *Phylen* wurde auch auf das Heer übertragen. An seiner Spitze standen gewählte Strategen, die dem *Archon* Polemarchos unterstellt waren.

Politiker

Zeit
Um 570–490 v.Chr.

Wichtige Daten
525 v.Chr.: erstes Archontat
Um 512 v.Chr.: wahrscheinliches Exil
510 v.Chr.: Vertreibung des Hippias, Rückkehr des Kleisthenes und der anderen Alkmaioniden aus dem Exil
508 v.Chr.: zweite Wahl zum *Archon* und Verfassungsreform

Siehe auch
Politische Institutionen
Agora von Athen

◄ Rudiment des Denkmals der eponymen Heroen auf der Agora von Athen, 2. Hälfte 4. Jh. v. Chr.

Das Denkmal, errichtet Mitte des 4. Jh. v. Chr. beim Bouleuterion, *war den Heroen gewidmet, nach denen die zehn von Kleisthenes eingerichteten* Phylen *benannt waren; es symbolisierte die Einheit des athenischen Staatswesens.*

Auf einem langgestreckten Sockel standen die Bronzestatuen der namengebenden Heroen. An den beiden Enden befand sich je ein Dreifuß, die typische Gabe an siegreiche Athleten und Heroen.

Auf dem Sockelband unter den Statuen waren die Anordnungen über die jeweilige Phyle *angebracht.*

Über die Auswahl der zehn Heroen aus einer von Kleisthenes erstellten Liste von 100 Namen entschied der Spruch des Orakels von Delphi.

Auf der Balustrade des Denkmals wurde auf weißen Holztäfelchen über Gesetzesvorhaben, Datum und Tagesordnung der Versammlungen, über einen Aufruf zu den Waffen und weitere Belange von öffentlichem Interesse informiert.

▲ Modell des Denkmals der eponymen Heroen, Athen, Agora-Museum.

► Blick auf die Mauer des Themistokles beim Kerameikos, Athen.

»Er ordnete an, es sollten alle ... von überall zusammentragen, was an Material ... geeignet scheine. Und so kam es, daß die Mauern Athens aus Tempelresten und Grabsteinen bestanden.« (Cornelius Nepos)

Themistokles

Bis zum 5. Jh. v. Chr. besaß Athen keine große Flotte; die Seemächte der Zeit waren die Rivalen Korinth und Ägina. Die wenigen Schiffe, über die der Stadtstaat verfügte, lagen in der Bucht von Phaleron, die Halbinsel des Piräus diente noch nicht als Hafen. Erst die persische Eroberung Ioniens machte den Athenern den Aufbau einer Flotte bewusst. Ihr bedeutendster Fürsprecher war Themistokles, der nach seiner Wahl zum *Archon* 493 v. Chr. mit dem Bau des Kriegshafens von Piräus begann und eine Befestigungsmauer zur Verteidigung der natürlichen Buchten von Kantharos, Zea und Munychia errichten ließ. Der Bau der Flotte wurde allerdings von den politischen Gegnern des Themistokles bekämpft, da sie befürchteten, dass die Theten, die unterste Census-Klasse, durch ihren verpflichtenden Einsatz als Ruderer mehr politisches Gewicht erlangen könnten. Sie waren bis dahin vom Militärdienst ausgeschlossen. Erst zehn Jahre später nahm man das Schiffsprogramm angesichts der wieder aufflammenden Konflikte mit Ägina und unter dem Eindruck gewaltiger Kriegsvorbereitungen der Perser wieder auf. Die Finanzierung der Flotte wurde durch die Entdeckung neuer Silbervorkommen in den staatlichen Minen von Laurion möglich, während die Kosten für die Ausrüstung der Schiffe den vermögenden Bürgern oblagen. Im Laufe weniger Jahre wuchs die Flotte von 100 auf nahezu 200 Einheiten, und Athen wurde zur ersten Seemacht Griechenlands.

Politiker

Zeit
Um 528–460 v. Chr.

Wichtige Daten
493 v. Chr.: Themistokles wird *Archon* und errichtet den Hafen von Piräus.
483 v. Chr.: Schiffsgesetz, das den Erlös der Minen von Laurion zum Bau von Trieren bestimmt
480 v. Chr.: Die griechische Flotte siegt bei Salamis.
478 v. Chr.: Bau der neuen Mauern von Athen und Piräus
477 v. Chr.: Gründung des attisch-delischen Seebundes
471 v. Chr.: Themistokles wird durch das Scherbengericht verbannt und zieht sich nach Argos zurück.
468 v. Chr.: Anklage wegen geheimer Vereinbarungen mit Persien und Todesurteil
465 v. Chr.: Zuflucht beim Perserkönig Artaxerxes I., der ihn als Statthalter von Magnesia einsetzt, wo er auch stirbt.

Siehe auch
Politische Institutionen, Flotte

Die Herkunft des Originals, nach dem die Büste geschaffen wurde, ist bis heute ungeklärt. Einige Fachleute sind der Meinung, es habe sich um ein Porträt Themistokles aus dessen Lebzeiten gehandelt, andere behaupten, es sei erst lange nach seinem Tod geschaffen worden.

Das Porträt gibt die Gesichtszüge des Themistokles scheinbar realistisch wieder; im 5. Jh. v. Chr. wurden die Personen jedoch im Allgemeinen idealisiert dargestellt, ihre Identifizierung beschränkte sich auf wenige markante physiognomische Merkmale, etwa die Form des Schädels oder die Fasson des Barts.

Sollte das Porträt aus den Lebzeiten des Themistokles stammen, würde es sich um das älteste Individualporträt in der griechischen Kunst handeln.

▲ Büste des Themistokles,
o. D., röm. Kopie,
Ostia, Museo Archeologico.

► *Schlacht der Sieben gegen Theben,*
attischer Volutenkrater, aus der Nekropole von Spina,
440 v. Chr., Ferrara, Museo Archeologico Nazionale.

»So wird denn auch der Seher [Amphiaraos] ..., der gottlosen Männern sich, Frechprahlenden, gesellt ... zu eines Zuges Fahrt ..., wenn Zeus es will, mit in den Untergang verstrickt.« (Aischylos)

Agelades von Argos und Alkamenes

Künstler

Zeit
5. Jh. v. Chr.

Wichtige Daten
Um 473 v. Chr.: Agelades errichtet in Delphi das Schatzhaus, das die Tarentiner für einen Sieg über die Messapier gestiftet haben.
460–455 v. Chr.: Agelades schafft eine Zeusstatue für die Messenier, die nach Naupaktos geflüchtet sind.
456 v. Chr.: Alkamenes und Agelades arbeiten gemeinsam an der Ausschmückung des Zeus-Tempels in Olympia.
448 v. Chr.: Alkamenes kommt mit dem *Hermes Propylaios* in Athen zu Ruhm.
Um 430 v. Chr.: Agelades stellt sein letztes Werk, den *Herakles Alexikakos,* für das gleichnamige Heiligtum des attischen Demos von Melite her.
420–415 v. Chr.: Alkamenes fertigt in Athen die Kultstatue für den Tempel des Hephaistos an.

Siehe auch
Olympia

1972 entdeckte ein Taucher bei Riace Marina in Kalabrien zwei große Bronzefiguren. Als sie 1980 nach der Restaurierung der Öffentlichkeit präsentiert wurden, sahen sich die Experten vor die schwere Aufgabe gestellt, die Statuen zu datieren, ihre Herkunft, ihren Schöpfer und ihre ursprüngliche Bedeutung zu bestimmen. Die *Bronze B* wurde Alkamenes, dem Schüler und Rivalen des Phidias aufgrund stilistischer Ähnlichkeiten mit den Kentaurenköpfen im Westgiebel und den Heraklesfiguren in des Zeus-Tempels in Olympia den Metopen zugeschrieben. Nach Pausanias gilt Alkamenes als Schöpfer der Giebelfiguren des Zeus-Tempels. 1995 bestätigte eine geologische Analyse der in den Statuen gefundenen Gusserde den Herkunftsort Athen für die *Bronze B* und Argos für die *Bronze A*. 1999 schrieb Paolo Moreno die *Bronze A* dem Bildhauer Agelades von Argos zu, dem Mitarbeiter des Alkamenes bei der Gestaltung des Ostgiebels vom Zeus-Tempel in Olympia. Für ihn stellen die Bronzen Tydeus und Amphiaraos dar und haben zur Skulpturengruppe der *Sieben gegen Theben* auf der Agora von Argos gehört. Laut Moreno war die Gruppe ein Gemeinschaftswerk athenischer und argivischer Künstler, geschaffen für die Feierlichkeiten anlässlich des Bundes zwischen Athen und Argos im Jahr 461 v. Chr. und des gemeinsamen Sieges gegen die Spartaner 456 v. Chr.

Der mythische Feldzug der Sieben gegen Theben wurde von Adrastos, dem König von Argos und Schwiegervater des Polyneikes, organisiert; Ziel war es, Polyneikes, den Bruder des Eteokles, der ungerechterweise aus der Stadt vertrieben worden war, in seine Heimat zurückzuführen.

Die roten Lippen und die Zähne aus Silber sollen die Grausamkeit des Tydeus hervorheben, der das Haupt des Melanippos zerfleischte und das Gehirn verzehrte, nachdem dieser ihn tödlich verwundet hatte. Athene war von dieser Tat so entsetzt, dass sie ihm die von Zeus gewünschte Unsterblichkeit versagte.

Die Statue hielt ursprünglich in der linken Hand einen Schild, in der rechten eine Lanze.

Der Ausgleich der Gewichtsverhältnisse des Körpers – der Wechsel von Standbein und Spielbein – und die Haltung der Arme wurden später von Polyklet im Doryphoros *wieder aufgenommen.*

Die Bronze A *soll Tydeus aus Ätolien darstellen, einen Krieger der Sieben gegen Theben. Als Eteokles sich weigerte, ihn als Botschafter anzuhören, soll er alle thebanischen Kämpfer des Eteokles erschlagen haben.*

► Bronzen von Riace, *Bronze A*, um 455 v. Chr., Reggio Calabria, Museo Nazionale.

Die Bronze B soll Amphiaraos, Sohn des Oikles, darstellen; mit seherischen Gaben ausgestattet, versuchte er den Zug der Sieben gegen Theben zu verhindern, da er dessen unheilvollen Ausgang vorhersah, musste aber gegen seinen Willen daran teilnehmen.

Die Einbuchtung unter dem Kranium könnte der Befestigung der Lorbeerkrone gedient haben, die Amphiaraos als den von Apollon inspirierten Seher auswies.

Der leidende Blick des Amphiaraos verweist auf den unseligen, von ihm vorausgesagten Ausgang des Unternehmens, bei dem alle argivischen Heroen starben. Möglicherweise war der verächtliche Blick des Tydeus ursprünglich auf ihn gerichtet, womit der Künstler eine inhaltliche Spannung zwischen den beiden Bronzen innerhalb der Figurengruppe erzeugt hätte.

Die Statue hielt in der rechten Hand eine Lanze, in der linken einen Schild, von dem ein Teil des Lederbandes erhalten geblieben ist.

► Bronzen von Riace, *Bronze B*, um 455 v. Chr., Reggio Calabria, Museo Nazionale.

»Mächtig durch Ansehen und Einsicht, in Geldangelegenheiten rein und unbestechlich, hielt er das Volk in Freiheit nieder, ließ sich nicht von ihm führen, sondern führte selber.« (Thukydides)

Perikles

Politiker

Zeit
Um 495–429 v.Chr.

Wichtige Daten
461 v.Chr.: Perikles wird Wortführer der Demokratischen Partei.
460–430 v.Chr.: Perikles ist Stratege.
454 v.Chr.: Verlegung der Bundeskasse des delisch-attischen Bundes von Delos nach Athen
449 v.Chr.: Kallias-Friede
447 v.Chr.: Beginn des Wiederaufbaus der Akropolis
446 v.Chr.: 30-jähriger Friede mit Sparta
431 v.Chr.: Beginn des Peloponnesischen Krieges
430 v.Chr.: Perikles verliert das Amt des Strategen.
429 v.Chr.: wird erneut zum Strategen gewählt, stirbt kurz darauf

Siehe auch
Phidias, Politische Institutionen, Akropolis von Athen, Eleusis

► Röm. Marmorkopie vom Kopf einer Bronzestatue des Kresilas, Akropolis Athen, um 430 v.Chr., London, British Museum.

Nach der Zerstörung Athens durch die Perser war es vor allem Perikles, der dem Wunsch der Athener nach Genugtuung entgegenkam. Er dominierte 30 Jahre lang das politische Leben und leitete eine Periode des kulturellen Aufschwungs ein. Während er innenpolitisch wichtige demokratische Reformen wie die Besoldung der öffentlichen Ämter und die Zulassung der beiden unteren Census-Klassen zu höheren Staatsdiensten förderte, verfolgte er außenpolitisch einen rigiden Kurs auf die Wiederherstellung der Hegemonie Athens über ganz Griechenland. Zur Propagierung seines ehrgeizigen Ziels versammelte Perikles Architekten und Künstler um sich und beauftragte sie mit der baukünstlerischen Erneuerung der Stadt. Im Mittelpunkt des Vorhabens stand der Aufbau der Akropolis zum religiösen Zentrum Griechenlands. Innerhalb weniger Jahre wurden auch das Odeion, der Tempel des Hephaistos auf der Agora und der Tempel des Poseidon auf Kap Sounion errichtet. Der Städtebauer und Philosoph Hippodamos von Milet erhielt den Auftrag für die Bebauung von Piräus, den er durch den Bau der Langen Mauer mit Athen verband. Die hohen Kosten seiner enormen baulichen und künstlerischen Aktivitäten brachten Perikles wiederholt den Vorwurf ein, das Geld der Bürger und der Verbündeten zu verschwenden. Sein Ansehen verblasste aber erst mit dem Ausbruch des Peloponnesischen Krieges, als Athen das Trauma der spartanischen Invasion ereilte. Perikles starb kurz danach an der Pest, die in der Stadt ausgebrochen war.

»Die Oberleitung und Aufsicht über alle diese Werke war Phidias übertragen worden, obwohl für die einzelnen Bauten große Architekten und Künstler verpflichtet wurden.« (Plutarch)

Phidias

Als Perikles die Leitung über den Aufbau der Akropolis Phidias übertrug, hatte dieser bereits den Rang eines offiziellen Künstlers von Athen erworben. Eine seiner ersten Arbeiten war die Bronzestatue *Apollon Parnopios* (»Abwender der Heuschrecken«), später schuf er eine Figurengruppe, die in Delphi an den Sieg von Marathon erinnern sollte, und die Bronzestatue der Athene Promachos, die mit sieben Metern Höhe die Akropolis beherrschte. Für sie wurden drei Tonnen Bronze verarbeitet und war der Einsatz von ca. 180 Handwerkern erforderlich. Im Zentrum des Wiederaufbaus der Akropolis stand die Kolossalstatue der Athene Parthenos. Zusammen mit dem Parthenon bildete sie ein imposantes Exvoto zur Erinnerung an den Sieg der Zivilisation über die persische Barbarei, der der Göttin Athene zugeschrieben wurde. Das gesamte künstlerische Programm der Akropolis drehte sich um dieses Ereignis. Der Marmor aus dem Penteli-Berg nahe Athen trug zur Prachtentfaltung des Stadtstaates bei, der damit sein »natürliches« Recht auf die Vorherrschaft über ganz Griechenland demonstrierte. Nach der Einweihung des Parthenons entstand in Olympia, nach der Übersiedlung des Phidias, ein weiteres, viel bewundertes Werk: die Kolossalstatue des Zeus aus Goldelfenbein, die zu einem der sieben Weltwunder gehörte. Mit dem Niedergang des Perikles erlosch auch der Stern des Phidias; wie dieser hatte er sich des Vorwurfs des Diebstahls und der Gottlosigkeit zu erwehren.

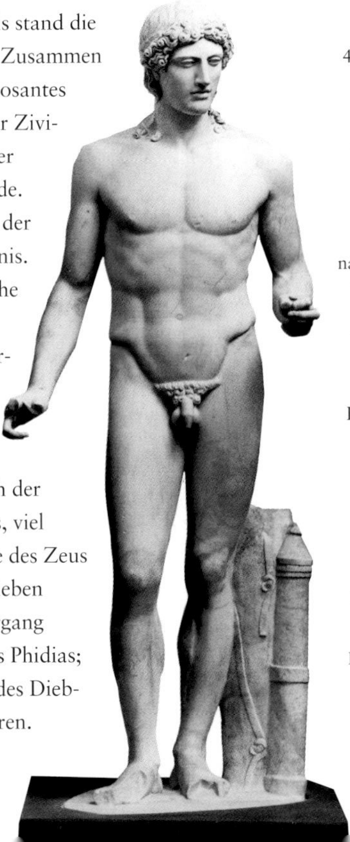

Künstler

Zeit
Um 490–430 v. Chr.

Wichtige Daten
460–455 v. Chr.: *Apollon Parnopios*
Um 450 v. Chr.: *Athene Promachos*
447 v. Chr.: Übernahme der Leitung der Werkstätten auf der Akropolis
438 v. Chr.: Einweihung des Parthenon und Weihe der *Athene Parthenos*
437 v. Chr.: Goldelfenbeinstatue für den Zeus-Tempel in Olympia
432 v. Chr.: Rückkehr nach Athen und Prozess wegen Diebstahls und Gottlosigkeit; Flucht nach Elis oder Tod im Kerker von Athen

Siehe auch
Perikles, Zeus, Athene, Akropolis von Athen, Olympia

◀ *Kasseler Apoll*, röm. Kopie des *Apollon Parnopios* des Phidias von 460–450 v. Chr., Kassel, Staatliche Kunstsammlungen.

Die Varvakeion-Athene *(benannt nach dem Fundort, dem Varvakeion in Athen) ist von allen antiken Kopien die getreueste. An der* Kolossalstatue *des Phidias wurde 13 Jahre gearbeitet und eine Tonne Gold verbraucht.*

Die Kosten entsprachen den Ausgaben für den Bau von 230 Kriegsschiffen; das Goldkleid der Göttin war Teil des Bundesschatzes.

Wie die Statuette war das Original bewaffnet, trug einen Peplos *und eine* Ägis *über der Brust und hielt die Siegesgöttin Nike in der Hand. Das Elfenbein wurde für die Hautpartien verwendet, das Gold für die Kleidung und die Attribute.*

Der Schild mit 4 m Durchmesser und die Sandalen waren mit Motiven der Amazonenschlacht, des Titanen- und Kentaurenkampfes geschmückt. Sie symbolisierten den Sieg der Zivilisation über die Barbarei und standen im unmittelbaren Zusammenhang mit den Perserkriegen.

Die originale Statue stand auf einem Piedestal aus dunklem Stein, auf dem sich die »Geburt der Pandora« in weißem Marmor abhob.

Für die Statue des Zeus ließ Phidias eine Werkstatt mit den Maßen der Cella errichten, für die das Werk bestimmt war. Die Werkstatt wurde später zu einer byzantinischen Kirche umgebaut und ist heute noch in Olympia zu sehen.

Antike Zeitzeugen berichteten, dass die Größe des Koloss mit der der Cella nicht harmonisierte, dass er beim Aufrichten mit dem Kopf an die Decke gestoßen wäre.

Der Gott war wie die siegreichen Athleten der olympischen Spiele mit Ölzweigen gekrönt, er hielt in der linken Hand ein Zepter mit einem Adler und in der anderen eine Goldelfenbeinstatue der Nike.

Die Kolossalstatue des Zeus Olympios war vollkommen mit Gold und Elfenbein überzogen; sie saß auf einem Thron mit kostbaren Steinen, die Füße des Gottes waren mit vier tanzenden Niken geschmückt.

◄ *Varvakeion-Athene*,
Kopie der *Athene Parthenos* des Phidias von 438 v. Chr., Athen, Archäologisches Nationalmuseum.

▲ Fischer von Erlach,
Der Zeus-Tempel in Olympia,
Kupferstich, 1721.

Der Mythos erzählt, dass die Kentauren, die zur Hochzeit des Peirithoos eingeladen waren, sich betranken, nach den Frauen griffen und sogar versuchten, die Braut Hippodameia zu vergewaltigen. Daraufhin brach ein Kampf aus, der schließlich mit dem Sieg der Lapithen endete.

Die Kentauromachie bezeichnet den Kampf zwischen den Lapithen, einem Stamm aus Thessalien, und den Kentauren – Mischwesen aus den Wäldern Thessaliens, halb Mensch, halb Pferd.

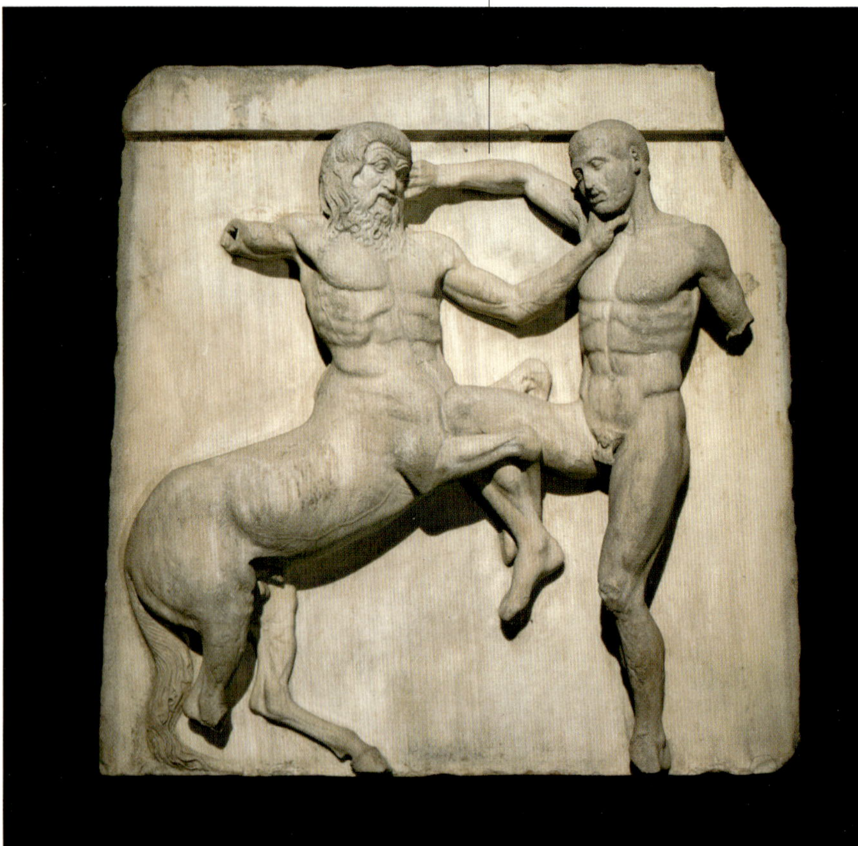

Am Außenfries des Parthenons waren 92 mit Reliefs versehene Metopen angebracht. Insgesamt sind 59 Metopen erhalten geblieben, davon befinden sich 40 noch am Bau, 19 in den Museen von Athen, London und Paris. 15 Metopen wurden von Lord Elgin Anfang des 19. Jh. nach London gebracht und 1816 vom British Museum erworben.

Die Metopen der Ostseite stellen den Kampf der Götter mit den Giganten, die Gigantomachie, dar. Die Metopen der Westseite zeigen die Amazonenschlacht, die der Nordseite die Eroberung und Zerstörung Trojas; an der Südseite war der Kampf der Lapithen und Kentauren zu sehen.

▲ *Kentaur und Lapithe,*
Südmetope 31 am Parthenon, 447–432 v. Chr.,
London, British Museum.

Wasserträger, Opfertiere, Träger der Weihegaben und Opfergefäße, Musikanten und Repräsentanten der Stadt führten den Zug der Opferprozession an.

Das Wasser in den Hydrien *– Wasserkrüge mit drei Henkeln – wurde für die rituellen Waschungen verwendet, die die Priester vor der Opferung der Tiere vornahmen.*

Der 160 m lange Fries stellt die Prozession dar, die alljährlich anlässlich der Panathenäen – religiöse Feste zu Ehren der Göttin Athene – stattfand und umfasste alle vier Außenmauern der Cella. Die Prozession begann am Pompeion im Kerameikos und zog von dort auf die Akropolis zum Kultbild der Athene Polias.

▲ *Wasserträger,*
Nordfries am Parthenon, 447–432 v. Chr.,
Athen, Akropolis-Museum.

Das Nebeneinander der dorischen Metopen und des Frieses, der ein Merkmal des ionischen Bautyps war, stellte eine der Neuerungen des Parthenons dar.

Reiterwettkämpfe gehörten zu den sportlichen Wettbewerben, die eine ganze Woche dauerten; als ihr Höhepunkt galt das Wagenrennen, das ebenfalls auf dem Fries dargestellt war.

Die Prozession zog nicht zum Parthenon; das Opfer und die Übergabe des Peplos *an Athene fand an einem Altar statt, der sich westlich vom Parthenon befand, vor der älteren Holzstatue der Athene Polias.*

► *Reiterzug,*
Nordfries am Parthenon,
447–432 v.Chr.,
Athen, Akropolis-Museum.

Die Reiter beschlossen den Prozessionszug zu Ehren der Göttin Athene. Der Fries bildet nicht die Abfolge der alljährlichen Prozessionen ab, sondern verknüpft unterschiedliche und chronologisch aufeinanderfolgende Motive zu einem Bildprogramm.

Der in einer feierlichen Prozession zum Tempel gebrachte Peplos *für die Göttin Athene wird von einem Knaben dem Priester übergeben. Neben ihm empfängt eine Priesterin Mädchen, die Stühle mit Kissen herbeitragen.*

Die beiden Prozessionen trafen auf der Ostseite aufeinander, in deren Zentrum die Übergabe des Peplos *im Beisein der anderen Götter dargestellt war.*

Der Peplos, *das Weihegeschenk für Athene, wurde von den* Ergastinai *– Mädchen, die aus den vornehmsten Familien Athens ausgewählt wurden – in neun Monaten gewebt und bestickt.*

▲ *Die Übergabe des Peplos,*
Ostfries am Parthenon, 447–432 v.Chr.,
Athen, Akropolis-Museum.

Die Götter wohnen der Geburt der Athene bei; sie saßen in Paaren zu beiden Seiten der Hauptgruppe in der Mitte des Giebels, die jedoch nicht mehr erhalten ist.

Die Haltungen und Gesten der Figuren beschreiben eine aufsteigende Bewegung zur Mitte hin und passen sich der Dreiecksform des Giebels an, ohne als kompositorische Mittel augenscheinlich hervorzutreten.

Auf dem Ostgiebel des Parthenons war die Geburt der Athene aus dem Haupt des Zeus dargestellt, auf dem Westgiebel der Streit zwischen Athene und Poseidon um die Vorherrschaft über Attika.

▲ *Götterversammlung,*
Ostgiebel am Parthenon, 447–432 v. Chr.,
London, British Museum.

Nach einem Bericht des Plinius nahmen Phidias, Polyklet, Kresilas Kydon und Phradmon an einem von der Stadt Ephesus ausgeschriebenen Wettstreit für eine Amazonenstatue teil. Nach ihrem Urteil gefragt, sollen die Künstler selbst der Amazone des Polyklet den ersten Rang zuerkannt haben; auf dem zweiten folgte die Figur des Phidias.

Die Amazone ergreift mit der rechten Hand ihren Bogen; auf anderen Kopien klafft auf dem rechten Schenkel eine tiefe Wunde.

Der Kopf der Figur sitzt nicht korrekt auf den Körper; es handelt sich um eine Kopie der Verwundeten Amazone *des Polyklet.*

Die Zuschreibung der Figuren erfolgt in erster Linie anhand römischer Kopien und bleibt daher problematisch. Die Amazone Mattei *wird häufig als eine Kopie des Phidias angesehen, aufgrund stilistischer Vergleiche mit Amazonen-Darstellungen auf den Metopen des Parthenons.*

► Phidias, *Amazone Mattei*, 440–430 v.Chr., röm. Kopie aus der Villa d'Este, Rom, Musei Capitolini.

»Polyklet ... verfertigte eine Statue, welche die Künstler als Kanon bezeichnen; und aus diesem Kanon leiten sie die Grundregeln der Kunst wie aus einer Art Gesetz ab.« (Plinius)

Polyklet

Polyklet wurde um 480 v. Chr. geboren und erreichte um 420 v. Chr. den Höhepunkt seines künstlerischen Schaffens. Als sein Lehrer wird Agelades genannt. Anfangs arbeitete er hauptsächlich in Olympia, wo er sich auf bronzene Athletenstatuen spezialisierte, von denen einige im Original erhalten sind, wie z. B. der *Kyniskos von Mantinea,* andere sind als römische Marmorkopien überliefert. Polyklet hielt sich später in Attika auf und nahm 435 v. Chr. zusammen mit Phidias, Kresilas, Kydon und Phradmon am Künstlerwettstreit um die schönste Amazonenstatue teil, den die Stadt Ephesus ausgerufen hatte und den er schließlich gewann. Aus der letzten Schaffensphase stammen die großen Werke wie der *Diadoumenos* und die *Thronende Hera* aus Gold und Elfenbein aus dem Tempel von Argos. Sie war wahrscheinlich die einzige Kultstatue des Bildhauers, deren ursprüngliches Aussehen durch Darstellungen auf Münzen rekonstruierbar ist. Polyklet war nicht nur Künstler, sondern auch Kunsttheoretiker. Auf der Grundlage seines Körperstudiums formulierte er Proportionsgesetze und Regeln für eine männliche Idealfigur mit dem Ziel, eine Symmetrie der Körperteile und eine Ausgewogenheit von Ruhe und Bewegung zu erreichen. Seine Überlegungen, die er in seiner Abhandlung *Kanon* dokumentierte, brachten ihm die Wertschätzung des Aristoteles ein, der ihn für den größten Bildhauer hielt. Allerdings gab es auch Zeitgenossen, die die stereotype Anwendung des Formenkanons kritisierten.

Künstler

Zeit
Um 480–420 v. Chr.

Wichtige Daten
Um 460–450 v. Chr.: Jugendwerke, ausgeführt vor allem für das Heiligtum von Olympia: *Diskophoros, Ephebe Westmacott, Kyniskos*
Um 440 v. Chr.: *Doryphoros*
Um 435 v. Chr.: Künstlerwettstreit mit Phidias, Kresilas, Kydon und Phradmon für eine Amazonenstatue im Auftrag der Stadt Ephesus
Um 430 v. Chr.: *Diadoumenos*
Um 420 v. Chr.: Statue der Hera aus Gold und Elfenbein für das Heiligtum von Argos

Siehe auch
Olympia

◄ Kopf des *Doryphoros,* röm. Kopie nach Polyklet, aus Herculaneum, Neapel, Museo Nazionale.

Der Doryphoros *oder »Speerträger« ist die berühmteste und am häufigsten kopierte Skulptur Polyklets; manche sehen in ihr die praktische Demonstration der im* Kanon *formulierten Bildhauertraktate.*

Nach einer neuen Hypothese haben die gebogenen Finger der rechten Hand die Scheide eines nach hinten gerichteten Schwerts umfasst.

Die kürzlich entdeckten Oxydationsspuren auf dem Unterarm der Statue stammen möglicherweise von einer Schlaufe eines Bronzeschildes. Die Glättung am äußeren Armgelenk könnte auf eine Anpassung an die Rundung des Schildes zurückzuführen sein.

Die «Vervollständigung» des Doryphoros *mit einem Speer, einem Schild und einem Schwert würde der Statue einen kriegerischen Habitus geben, der mit der These, sie repräsentiere lediglich einen abstrakten Figurenkanon, nur schwer vereinbar ist.*

▲ Polyklet, *Doryphoros*, um 440 v. Chr., röm. Kopie aus Pompeji, Neapel, Museo Nazionale.

Der Diadoumenos *stellt einen Athleten dar, der im Begriff ist, sich eine Binde (das »Diadem« für einen Wettkampfsieger) um den Kopf zu knüpfen.*

Die Proportionen der Figur sind präzise aufeinander abgestimmt; der harmonische Rhythmus von belasteten und unbelasteten Körperteilen und ihrer Bewegungen verleiht der Statue eine Dynamik, die die strenge Frontalität durchbricht.

Nach den Regeln der Ponderation des Polyklet liegt das Gewicht auf dem rechten Standbein, während das linke Spielbein leicht gebeugt nach hinten gerichtet ist.

Im Vergleich mit dem Doryphoros *ist die Drehung des Kopfes des* Diadoumenos *stärker akzentuiert, ebenso die Anhebung der rechten Hüfte und der linken Schulter, analog zur Senkung der linken Hüfte und der rechten Schulter.*

▲ Polyklet, *Diadoumenos*, um 430 v. Chr., späthellenistische Kopie, Athen, Archäologisches Nationalmuseum.

Die Amazone betrachtet ihre Wunde am Brustkorb, nachdem sie den Chiton weggezogen hat.

Die vier verschiedenen Amazonenstatuen, die heute noch bekannt sind, scheinen den von Plinius beschriebenen ephesischen Künstlerwettstreit zu bestätigen.

Diese Figur gilt allgemein als Kopie jener Amazone, mit der Polyklet den Wettstreit mit Phidias, Kresilas, Kydon und Phradmon für die Amazone von Ephesus *gewann.*

Die Ponderation, der Ausgleich von Bewegung und Gegenbewegung, z. B. in der Entsprechung von angehobener Hüfte und gesenkter Schulter, ist charakteristisch für die Figuren des Polyklet.

▲ Polyklet,
Amazone Sosikles, um 440–430 v. Chr.,
röm. Kopie, Rom, Musei Capitolini.

► Büste des Sokrates, Typus I,
1. Hälfte 4. Jh. v. Chr., röm. Kopie,
Neapel, Museo Nazionale.

»Jetzt aber ist es Zeit, dass wir gehen, ich, um zu sterben, ihr, um zu leben. Aber wer von uns dem besseren Lose entgegengeht, das weiß keiner außer Gott.« (Platon)

Sokrates

Trotz seines großen Ruhms ist von Sokrates wenig bekannt. Da er keine Schriften hinterlassen hat, kann sein Wirken nur aus Zeugnissen von Schülern und Zeitgenossen erschlossen werden. Im Zentrum seiner Philosophie standen ethische Fragen wie die Verknüpfung von Tugend und Wissen als Grundlage des sittlichen Lebens. Die Originalität seines Denkens verschaffte ihm bei seinen Anhängern große Popularität, wurde aber von vielen Zeitgenossen auch als Mißachtung traditioneller Werte abgelehnt und brachte ihm später, ebenso wie seine Nähe zu den in Ungnade gefallenen Politikern wie Alkibiades und Kritias, eine Anklage wegen Gottlosigkeit und Verführung der Jugend ein. Ein Gericht verurteilte ihn schließlich zum Tod durch den Giftbecher.

Von Sokrates existieren zwei unterschiedliche Porträts, die durch römische Kopien überliefert sind. Das ältere, aus der 1. Hälfte des 4. Jh. v. Chr., wurde wahrscheinlich von einer Person aus dem Umkreis der platonischen Akademie in Auftrag gegeben und gibt die charakteristischen Gesichtszüge wieder, die auch Platon mehrfach beschrieben hatte: hervortretende Augen, eine platte Nase und geschwollene Lippen, die ihn wie ein Satyr aussehen lassen. Das andere Porträt wurde Lysippos zugeschrieben, der von den Athenern nach der Rehabilitierung des Philosophen damit beauftragt worden sein soll. In ihm erscheinen die groben Gesichtszüge gemildert, was der postumen Ehrung des Denkers geschuldet ist.

Philosoph

Zeit
470–399 v. Chr.

Wichtige Daten
431–404 v. Chr.: Peloponnesischer Krieg, an dem Sokrates als Hoplit teilnimmt
411 v. Chr.: Errichtung der oligarchischen Herrschaft der Vierhundert, gefördert von Alkibiades
410 v. Chr.: zwischenzeitliches Wiederaufleben der Demokratie
406 v. Chr.: Sokrates, Mitglied der *Boule*, wendet sich gegen das Todesurteil der siegreichen Generäle bei den Arginusen.
404 v. Chr.: Errichtung der Herrschaft der Dreißig Tyrannen unter der Führung von Kritias und Theramenes; Sokrates, zwar Freund des Kritias, widersetzt sich aber der Aburteilung der politischen Gegner.
403 v. Chr.: Wiedereinführung der Demokratie und Generalamnestie
399 v. Chr.: Sokrates wird angeklagt und zum Tode verurteilt.

Siehe auch
Alkibiades, Platon

»Seine freiwilligen Leistungen für den Staat, ... die Macht seiner Rede, die Schönheit und Kraft seines Körpers ... bewirkten, dass die Athener alle anderen Dinge mit Nachsicht ertrugen.« (Plutarch)

Alkibiades

Politiker

Zeit
Um 450–404 v.Chr.

Wichtige Daten
420–419 v.Chr.: Wahl zum Strategen; Haupt der politischen Gruppe, die den Konflikt mit Sparta schürt
415 v.Chr.: Wahl zu einem der Befehlshaber des Feldzugs nach Sizilien; Hermenfrevel und Flucht nach Sparta
411 v.Chr.: Unter dem Schutz des Satrapen Tissaphernes unterstützt Alkibiades die oligarchischen Herrschaft der Vierhundert und die Revolte gegen die Oligarchen der athenischen Flotte, die vor Samos ankert, und wird zum Strategen gewählt.
408 v.Chr.: triumphale Rückkehr nach Athen
407 v.Chr.: nach der Niederlage Athens bei Notion Absetzung vom Kommando; zieht sich nach Thrakien zurück.
404 v.Chr.: Niederlage Athens gegen Sparta; Alkibiades flieht nach Phrygien und wird ermordet.

Siehe auch
Sokrates, Hermes

Der Name des Alkibiades, der aus einer athenischen Adelsfamilie stammte und Schüler des Sokrates war, ist mit einem der dunkelsten Kapitel der Geschichte Athens verbunden, das den politischen und militärischen Niedergang des Stadtstaates einleitete. Als 415 v.Chr. der Feldzug nach Sizilien beschlossen wurde, um die verbündeten Städte gegen die Bedrohung durch Syrakus zu unterstützen, entdeckte man im Morgengrauen die zerstörten Antlitze der Hermen, die zum Schutz vor Unheil an den Wegkreuzungen aufgestellt waren. Die Gegner des Krieges deuteten dieses Ereignis als böses Omen. Alkibiades, der den Feldzug initiiert hatte und einer seiner Strategen sein sollte, wurde nicht nur der Beteiligung an der Freveltat bezichtigt, sondern man unterstellte ihm, mit Gleichgesinnten dieses Sakrileg gegen die eleusinischen Mysterien inszeniert zu haben. Dennoch setzten sich die Befürworter des Feldzuges durch. Nach den ersten Kriegshandlungen erreichte Alkibiades der Befehl, in die Heimat zurückzukehren und sich einem Gericht zu stellen. Alkibiades verließ den Kriegsschauplatz, begab sich aber auf spartanisches Territorium, um dort Zuflucht zu suchen. Seit dieser erzwungenen Flucht versuchte er mit allen Mitteln, wieder in die athenische Politik eingreifen zu können. Schließlich wurde er 404 v.Chr. in Phrygien von den Persern getötet, mit denen er sich zwischenzeitlich verbündet hatte.

Viele Bürger stifteten Hermen für die Agora von Athen; das bezeugen zahlreiche Fragmente, die am nordwestlichen Zugang zum Platz gefunden wurden.

Da der Kopf in die Zeit 480–470 v. Chr. datiert werden kann, könnte es sich um eine der Hermen handeln, die in der Nacht vor dem athenischen Feldzug gegen Sizilien zerstört wurden.

Bei diesem Hermen-Kopf hat man versucht, die beschädigte Nase zu ersetzen: Die Bruchstelle wurde geglättet und mit einem Loch für Kitt oder einen Bolzen versehen, um das fehlende Teil ansetzen zu können.

◄ *Alkibiades,*
4. Jh. v. Chr., röm. Kopie,
Rom, Musei Vaticani.

▲ Hermenfragment von der Agora in Athen,
um 480–70 v. Chr.,
Athen, Agora-Museum.

Die beiden gleichen Köpfe sind im Nacken miteinander verbunden und von einem Metallband umschlungen, dem Symbol der Herrschaft. Nach dem Frevel von 415 v. Chr. erlangte die Herme Berühmtheit; zahlreiche Kopien wurden von ihr angefertigt.

Das Original, das als Vorlage für diese Doppelherme diente, stellte Aigeus dar, einen der eponymen Heroen.

▲ Doppelherme des Aigeus, um 440 v. Chr., röm. Kopie aus Marina di San Nicola, Rom, Museo Nazionale Etrusco di Villa Giulia.

*Der Wissenschaftler Paolo Moreno sieht in der Herme ein Werk des Phidias; als er sie schuf, habe er sich vom Kopf des Tydeus (*Bronze A *von Riace, S. 26) inspirieren lassen, einem Werk seines Lehrers Agelades von Argos.*

In der Nacht des Hermenfrevels wurde die Herme des Aigeus als einzige nicht verstümmelt; da sie sich in der Nähe des Hauses des Redners Andokides befand, geriet dieser unter Verdacht und wurde eingekerkert.

»Wenn nicht dies beides in eins zusammenfällt, politische Macht und Philosophie, ... gibt es ... kein Ende des Unheils für die Staaten ... und auch nicht für die Menschheit.« (Platon)

Platon

Platon, aristokratischer Herkunft, war Schüler des Sokrates. Nach dem tragischen Ende seines Lehrers verließ er Athen und unternahm ausgedehnte Reisen, die ihn vom öffentlichen Leben fernhielten. Nach seiner Rückkehr von der ersten sizilianischen Reise (389/388 v. Chr.) gründete er 387 v. Chr. auf eigenem Grund eine Schule. Sie lag vor den Mauern Athens, in der Nähe des Heiligtums des attischen Heros Akademos, nach dessen Namen die Schule »Akademie« genannt wurde. Platon verbrachte an diesem Ort einen großen Teil seines Lebens, er lehrte und verfasste hier zahlreiche Schriften. Er unterbrach seine Tätigkeit in der Akademie nur durch zwei weitere Reisen nach Sizilien, die er wohl in der Hoffnung unternahm, hier seine politischen Theorien in die Praxis umgesetzt zu sehen. Die von Platon verfassten *Dialoge* bildeten den Grundbestand der Bibliothek der Akademie, die ursprünglich nur für den internen Kreis der Schüler zugänglich war. Im Laufe der Jahre gewannen Platon und seine Institution großes Ansehen, sodass Hörer und Schüler aus allen Teilen Griechenlands in die Akademie strömten, unter ihnen sein berühmtester Schüler: Aristoteles. Die Akademie Platons wurde nach seinem Tod weitergeführt und blieb jahrhundertelang ein Zentrum philosophischer und politischer Studien und wurde erst 529 n. Chr. geschlossen.

Philosoph

Zeit
427–347 v. Chr.

Wichtige Daten
407 v. Chr.: Begegnung mit Sokrates und beginnendes Interesse an der Philosophie
399 v. Chr.: Weggang aus Athen, Aufenthalt bei Eukleides in Megara
396–388 v. Chr.: Abfassung der *sokratischen Dialoge*
389/88 v. Chr.: erste sizilianische Reise; Kontakt mit Pythagoreern
387 v. Chr.: Rückkehr nach Athen und Gründung der Akademie; Beginn der Abfassung der *akademischen Dialoge*
367–365 v. Chr.: zweite sizilianische Reise, Aufenthalt in Syrakus bei Dionysios II.
367–361 v. Chr.: Abfassung der *Spätdialoge*.
361/60 v. Chr. dritte sizilianische Reise

Siehe auch
Sokrates

◄ Silanion, Herme mit der Büste Platons, um 350 v. Chr., röm. Kopie, Stiftung Staatliche Museen Berlin, Antikensammlung.

»Aber er ist kein Grieche, er hat mit den Griechen nichts gemein … er ist ein makedonischer Bettler, aus der Gegend, wo man seinerzeit nicht einmal einen Sklaven kaufte.« (Demosthenes)

Aischines und Demosthenes

Politiker

Zeit
Aischines:
Um 398–314 v.Chr.
Demosthenes:
384–322 v.Chr.

Wichtige Daten
348 v.Chr.: Philipp zerstört Olynth.
348–346 v.Chr.: Gesandtschaften zu Philipp II. zu Friedensverhandlungen
346–343 v.Chr.: wiederholte Korruptionsvorwürfe des Demosthenes gegen Aischines
336 v.Chr.: Aischines greift mit seiner Rede *Gegen Ktesiphon* die Politik des Demosthenes an.
330 v.Chr.: Demosthenes verteidigt sich mit der Rede *De Corona* und siegt; es folgt das Exil des Aischines.
324 v.Chr.: Verurteilung des Demosthenes wegen Korruption und Exil
323 v.Chr.: Tod Alexander d.Gr., Rückkehr des Demosthenes und Lamischer Krieg.

► Statue des Aischines, 4. Jh. v. Chr., röm. Kopie aus der Villa dei Papiri von Herculaneum, Neapel, Museo Archeologico Nazionale.

In den Jahren des Aufstiegs der makedonischen Herrscher waren Aischines und Demosthenes Wortführer der beiden Parteien, die sich in Athen gegenüberstanden: Eine plädierte für Philipp II., in der Hoffnung, er könne die rivalisierenden Kräfte Griechenlands versöhnen, die andere wandte sich im Namen der Demokratie gegen den »Barbaren« Aischines. Dieser war nach der Tätigkeit als Schreiber Sekretär der *Boule* geworden, während Demosthenes als Anwalt und Gerichtsredenschreiber arbeitete. Aufgrund ihrer Positionen weilten sie mehrmals am Hof des makedonischen Königs, wo sie gegensätzliche Eindrücke gewannen. Zwischen beiden Rednern kam es nicht selten zu dramatischen Auseinandersetzungen, bis hin zu persönlichen Angriffen. Demosthenes bezichtigte Aischines der Bestechung durch Philipp. Aischines wiederum erhob 336 v.Chr. Klage über Gesetzesverstöße bei einer offiziellen Kranzehrung für Demosthenes und griff dessen Politik scharf an. Nach erneuter Klage kam es 330 v.Chr. vor dem Volksgericht zu einem Rededuell zwischen beiden, dem »Kranzprozess«, bei dem Demosthenes einen grandiosen Abstimmungssieg errang. Aischines konnte das ihm auferlegte Bußgeld nicht zahlen und ging nach Rhodos ins Exil. Demosthenes aber setzte seine antimakedonische Politik. Nach der Niederlage im Lamischen Krieg 322 v.Chr. nahm er sich das Leben. Die nachfolgende makedonenfreundliche Regierung rehabilitierte Aischines und ließ seine Statue auf der Agora aufstellen.

Die Statue wurde auf der Agora zwischen dem Ares-Tempel und dem Zwölf-Götter-Altar aufgestellt, um Demosthenes als Verteidiger der Demokratie zu würdigen.

Die bronzene Porträtstatue, deren bekannteste Kopie hier abgebildet ist, wurde von Demochares, dem Anführer der demokratischen Partei und Neffen des Demosthenes, in Auftrag gegeben, um die Rehabilitation des Demosthenes durchzusetzen.

Die entschlossene Haltung der Figur – die Statue gehört zu den »psychologischen Porträts« der Zeit – entspricht ganz den Beschreibungen in antiken Quellen.

► Polyeuktos,
Statue des Demosthenes,
röm. Kopie, um 280 v. Chr.,
Rom, Musei Vaticani.

»Daraus ergibt sich, dass der Staat zu den naturgemäßen Gebilden gehört und dass der Mensch von Natur ein staatenbildendes Wesen ist ... in höherem Grade als jede Biene oder irgendein Herdentier.«
(Aristoteles)

Aristoteles

Philosoph

Zeit
384–322 v.Chr.

Wichtige Daten
367 v.Chr.: Aristoteles, Sohn des Arztes am makedonischen Hof, zieht nach Athen.
367–347 v.Chr.: Mitglied der platonischen Akademie
347–345 v.Chr.: naturwissenschaftliche Lehre und Forschung
343 v.Chr.: Privatlehrer des Sohnes Philipp II. und späteren Alexander d. Gr.
336 v.Chr.: Rückkehr nach Athen und Gründung einer eigenen Schule, des Lykeions
323 v.Chr.: Nach dem Tod Alexander d.Gr. setzt sich in Athen die antimakedonische Partei durch, Aristoteles zieht sich auf seinen Besitz zurück.

Siehe auch
Platon

► Porträtkopf des Aristoteles, röm. Kopie vermutlich nach einem griech. Original Anfang des 2. Jh. v. Chr., Wien, Kunsthistorisches Museum.

Aristoteles wurde in der griechischen Stadt Stageira, unweit des heutigen Thessaloniki, geboren. Er war 20 Jahre lang, zunächst als Lernender, später als Lehrender, Mitglied der Akademie Platons und arbeitete danach als Privatlehrer des jungen Alexander am makedonischen Königshof in Pella. Nach seiner Rückkehr nach Athen gründete er seine eigene Schule, das Lykeion, ein öffentliches Gymnasion, benannt nach dem Hain des Apollon Lykeion. Die meisten seiner Schriften wurden von ihm für den Unterricht verfasst. Ein Teil ist in Form von Notizen seiner Schüler überliefert und beruht vor allem auf Vorträgen zu allen Wissensgebieten der Zeit. Die *Physik* handelt von den Disziplinen, die heute als naturwissenschaftliche bezeichnet werden können (von der Astronomie bis zur Zoologie), es folgten die Schriften zur »ersten Philosophie«, die unter dem Titel *Metaphysik* (*meta ta physika:* »nach der Physik«) bekannt wurden. Andere Werke befassen sich mit der Logik, der Ästhetik, der Rhetorik und der Politik. Aristoteles' analytisches und systematisches Denken hatte großen Einfluss auf die europäische Kultur- und Geistesgeschichte. Seine Theorien beherrschten um das Jahr 1000 die philosophischen Debatten. Mit Aristoteles, vermittelt über arabische Philosophen wie Avicenna und Averroes, argumentierten seit Mitte des 12. Jh. die einflussreichen Theologen der Scholastik wie Thomas von Aquin, mit seinen Ideen untermauerten sie ihre neuen Kirchenlehren. An der wissenschaftlichen und philosophischen Autorität Aristoteles' kam keine intellektuelle Bewegung mehr vorbei.

»Als er die Statue der Knidischen Aphrodite schuf, stellte er sie so dar, dass sie seiner Geliebten Kratina ähnlich war, damit die Unglückseligen die Geliebte des Praxiteles anbeten könnten.« (Klemens von Alexandrien)

Praxiteles

Praxiteles war der bedeutendste attische Bildhauer des 4. Jh. v. Chr. Obgleich er selten Athen verließ, wurden die mehr als 40 Werke, die ihm zu Wohlstand verhalfen, von vielen griechischen Städten in Auftrag gegeben und gelangten bis nach Klein-Asien. Im Gegensatz zu anderen Bildhauern schuf er vor allem Marmorstatuen mit subtil durchmodellierten Oberflächen, die sich stark von der strengen Formensprache der klassischen Skulpturen unterschieden und ihm den Titel Bildner der *Charis*, der Anmut, einbrachten. Praxiteles ließ seine Statuen von großen Malern wie Nikias bemalen und auf die Hautpartien einen nahezu transparenten Anstrich aufgetragen; auch Augen, Lippen und die Kleidung wurden mit einer Farblasur versehen. Von der ästhetischen Wirkung dieser Werke vermitteln uns die überlieferten römischen Kopien vermutlich kaum etwas. Praxiteles bevorzugte Figuren mit anmutigen Bewegungen in instabilen Positionen, die einer äußeren Stütze bedürfen. Seine Götterstatuen, die vom Ideal vollkommener jugendlicher Schönheit inspiriert sind, scheinen den Menschen näher zu sein als den erhaben-strengen Göttern, was ihm manche Zeitgenossen verübelten. Praxiteles war der Erste, der eine nackte Aphrodite darstellte. Ursprünglich für die Stadt Kos bestimmt, erschien sie ihren Bürgern zu gewagt und wurde von ihnen zurückgewiesen. Sie kam in das Heiligtum von Knidos und gilt als das berühmteste Werk des Praxiteles, der zum meist kopierten Bildhauer der Antike aufstieg.

Künstler

Zeit
Um 390–320 v. Chr.

Wichtige Daten
Um 375–330 v. Chr.: Tätigkeit als Bildhauer

Jugendwerke: *Einschenkender Satyr, Ruhender Satyr, Eros von Thespiä*

364–361 v. Chr.: Höhepunkt des künstlerischen Schaffens (nach Plinius), *Aphrodite von Knidos*

Werke der Reifezeit: *Apollon Sauroktonos, Apollon Lykeios, Hermes mit dem Dionysos-Knaben, Artemis Brauronia*

Siehe auch
Aphrodite, Hermes, Dionysos, Tempel und Sakralbauten, Olympia

◄ Praxiteles, *Ruhender Satyr,* um 370 v. Chr., röm. Kopie, Rom, Musei Capitolini.

Die Aphrodite von Knidos *war eine der berühmtesten Statuen des Altertums. Sie konnte durch Münzfunde aus Knidos im 18. Jh. identifiziert werden. Mehr als 50 Kopien der Statue sind erhalten geblieben; die Kopie der Vatikanischen Museen gilt als die beste.*

Die Statue war in Knidos in einem kleinen Tempel aufgestellt, Besucher konnten den Raum auch durch eine Hintertür betreten, um die Statue herumgehen, also auch die Rückenansicht bewundern, und danach durch diese Tür wieder nach draußen gelangen.

Antike Quellen berichten mehrfach von Männern, die sich leidenschaftlich in die vollkommene Schönheit einer Statue verliebt haben sollen. Die profane Darstellung einer Gottheit kommentierten einige Berichterstatter jedoch auch mit bösen Worten.

Die Göttin hat ihr Gewand abgelegt und schickt sich an, ein Bad zu nehmen.

▲ Praxiteles,
Aphrodite von Knidos, um 360 v. Chr.,
röm. Kopie, Rom, Musei Vaticani.

Die Statue des Hermes mit dem Dionysos-Knaben *wurde 1877 bei Ausgrabungen im Hera-Tempel in Olympia gefunden. Pausanias teilt in seiner* Beschreibung Griechenlands *aus dem 2. Jh. n. Chr. mit, er habe sie dort im Heraion gesehen.*

Einige Wissenschaftler vertreten die Meinung, die Skulptur sei das einzige erhalten gebliebene Original des Praxiteles, andere jedoch sehen in ihr eine Kopie oder das Werk eines jüngeren Künstlers gleichen Namens. Diese These wird von der Tatsache gestützt, dass angesichts der vielen Kopien von Werken des Praxiteles keine römische Version von diesem angeblichen Original existiert.

Dem Stil des Praxiteles entspricht die »Anmut« in der Begegnung der beiden Gottheiten, weit entfernt von der Lesart der zentralen Episoden des Mythos: Hermes hält den kleinen Dionysosknaben auf dem Arm und reicht ihm eine Traube.

Die Drehung des Körpers droht Hermes aus dem Gleichgewicht zu bringen, ein Baumstamm fängt diese Bewegung auf und gibt der Figur Halt.

▲ Praxiteles,
Hermes mit dem Dionysosknaben,
aus Olympia, um 340 v. Chr.,
Olympia, Archäologisches Museum.

Die naturnahe Gestalt wurde aufgrund ihrer wilden Augen, charakteristischen Ohren und exaltierten Bewegung als tanzender Satyr interpretiert. Das legen auch stilistische Vergleiche mit Reproduktionen auf Gemmen, Reliefs und Sarkophagen aus späthellenistischer und römischer Zeit nahe.

Die über 2 m hohe Statue wurde in zwei Teilen 1997 und 1998 von einem Fischerboot im Meer vor Mazara del Vallo an der Südwest-Küste Siziliens geborgen.

In den fehlenden Händen hielt der Satyr wahrscheinlich die Symbole des Dionysos-Kults: den Thyrsos *(ein mit Bändern geschmückter und von einem Pinienzapfen gekrönter Stock) und den* Kantharos *(becherartiges Trinkgefäß).*

Für Paolo Moreno verbirgt sich hinter dem Tanzenden Satyr *eine Bronze des Praxiteles. Es existiert jedoch keine vollplastische Kopie dieses Werkes, möglicherweise stellte eine Nachbildung der kühnen Torsion des Körpers in Marmor die Kopisten vor eine unlösbare Aufgabe.*

▲ *Tanzender Satyr von Mazara del Vallo*, um 360 v. Chr., Mazara del Vallo, Museo del Satiro.

»Der Tempel [der Athene Alea in Tegea] überragt alle Tempel, die in der Peloponnes sind, bei weitem an Ausstattung und Größe ... Wie ich erfuhr, war Skopas von Paros sein Baumeister.« (Pausanias)

Skopas

Skopas stammt von der Insel Paros, die berühmt war für ihre Marmorsteinbrüche und viele Bildhauer hervorbrachte; er war in Attika, auf der Peloponnes und in Klein-Asien tätig. Skopas arbeitete vor allem als Steinbildhauer in den großen Bauhütten der Heiligtümer, widmete sich religiösen Themen, wobei er weniger Wert auf die olympische Größe der Götter legte als auf ihre menschlichen und leidenschaftlichen Seiten. Seine Skulpturen zeichnen sich durch heftige Bewegungen aus und scheinen von innere Unruhe ergriffen, die Augen liegen tief, die Münder stehen offen. Die Modellierung der schwellenden Körperformen betont das *Chiaroscuro*. In antiken Schriften wird er als ein Künstler der leidenschaftlichen Ergriffenheit beschrieben, im Gegensatz zu Praxiteles, dem Künstler der Anmut. Wie Phidias dürfte auch Skopas Architekt gewesen sein, da ihm der Wiederaufbau des Tempels der Athene Alea in Tegea in Arkadien anvertraut wurde, den 395 v. Chr. ein Brand zerstört hatte. Zwar geben die Quellen keine klare Auskunft über die Ausführung des Skulpturenprogramms, aber die gefundenen Figurenfragmente des Giebelschmucks tragen stilistische Merkmale, die eine Zuschreibung zum Werk des Skopas nahe legen, das durch römische Kopien gut zu rekonstruieren ist. Folgt man dieser Zuschreibung, würde es sich hier um die einzigen Originale des Künstlers handeln.

Künstler

Zeit
Um 420–330 v. Chr.

Wichtige Daten
Nach 371 v. Chr.: Leiter der Bauhütte für den Wiederaufbau des Tempels der Athene Alea in Tegea
Um 360–351 v. Chr.: gemeinsam mit Timotheos, Leochares und Bryaxis Ausführung des Skulpturenschmucks am Mausoleum von Halikarnass
Nach 356 v. Chr.: Mitwirkung am Wiederaufbau des Artemision von Ephesus, das durch einen Brand zerstört worden war; Skulpturenschmuck

Siehe auch
Dionysos

◄ Skopas, Kopf vom Westgiebel des Tempels der Athene Alea in Tegea, um 370 v. Chr., Athen, Archäologisches Nationalmuseum.

Die vorspringenden Augenbrauen, die starken Schatten um die tiefliegenden Augen erzeugen, sind ein »Markenzeichen« der Skulpturen des Skopas.

Die Mänaden (oder Bacchantinnen) gehörten wie die Satyrn zum Zug des Dionysos und verkörpern die orgiastischen Momente der Natur.

Die kräftige Torsion des Körpers erinnert an die Haltung des Satyrs von Mazara del Vallo.

Die halbnackte Mänade ist in Ekstase tanzend dargestellt; die Figur dreht sich auf dem rechten Bein, die Bewegung der Arme wird von der Zentrifugalkraft bestimmt, der Kopf mit dem gelösten Haar fällt nach hinten.

▲ Skopas,
Tanzende Mänade, um 350 v. Chr.,
röm. Kopie, Staatliche Kunstsammlungen Dresden, Skulpturensammlung.

Die Statue des Meleager, *die Skopas zugeschrieben wird, gehört zu den wenigen Bildhauerwerken, die in den antiken Quellen nicht genannt werden. Dass sie aber sehr populär war, bezeugen die mehr als 20 Repliken, die von ihr angefertigt wurden.*

Meleager war der Sohn des Königs Oineus von Kalydon in Ätolien, dessen Reich von einem riesigen Eber im Auftrag der Artemis verwüstet wurde, entzürnt darüber, dass sie keine Einladung zum Opferfest der Götter erhalten hatte.

Aus Rache entfachte Artemis einen Streit um die Aufteilung der Haut des Ebers, bei dem Meleager die Brüder seiner Mutter tötet. Im darauf folgenden Krieg wird der von seiner Mutter verfluchte Meleager von einem Pfeil Apollons durchbohrt und stirbt.

Der Hund und die Chlamys, *ein von Soldaten und Jägern getragener Mantel, verweisen auf die große mythische Jagd des Meleager, an der Jäger aus allen benachbarten Städten teilnahmen.*

▲ Skopas,
Meleager, um 350 v. Chr.,
röm. Kopie, Rom, Musei Vaticani.

Politik und Öffentlichkeit

Politische Institutionen
Gerechtigkeit und Gerichte
Ostrakismos
Münzstätte und Geld
Heer
Flotte

◄ Bronzestatuette eines Kriegers mit Kammhelm, Anfang 5. Jh. v. Chr., Paris, Musée du Louvre.

»Die Herrschaft des Volkes … bestimmt die Regierung durch das Los, und diese Regierung ist verantwortlich; alle Beschlüsse werden vor die Volksversammlung gebracht.« (Herodot)

Politische Institutionen

Siehe auch
Lykurg, Solon, Kleisthenes, Perikles, Gerechtigkeit und Gerichte, Theater, Versammlungsgebäude, Öffentliche Gebäude für Bankette, Agora von Athen

Nach dem Niedergang der Monarchien führten die Poleis staatliche Institutionen ein, die trotz einiger Modifikationen im Lauf der Jahre im Wesentlichen unverändert blieben. Die absolute Macht der Könige ging auf hohe Ämter über, von Individuen oder Gruppen ausgeübt, die administrative und exekutive, militärische und religiöse Vollmachten besaßen. Den Beamten wurden Räte an die Seite gestellt (die *Boule* in Athen, die 30 bzw. 60 Geronten in Sparta und Elis), die Vorschläge und Rechenschaftsberichte der Beamten prüften, Gesetzesvorhaben ausarbeiteten und über die wichtigsten finanziellen, administrativen und militärischen Fragen verhandelten. Die Mitglieder des Rats wurden aus öffentlichen Abgaben unterhalten und besaßen eine Art Immunität. Das Volk, gemeint sind hier die Vollbürger (*Ekklesia* in Athen, *Apella* in Sparta), äußerte sich in seinen Versammlungen direkt zur Wahl der Beamten und zu den Entscheidungen der *Boule*. Jeder Bürger hatte das Recht, das Wort zu ergreifen, aber über Vorschläge, die nicht zuvor im Rat behandelt worden waren, wurde auch nicht diskutiert oder entschieden. Die Abstimmungen erfolgten durch Handaufhebung oder durch Akklamation, und nur in besonderen Fällen gab man sein Votum geheim ab. Die richterliche Gewalt verteilte sich auf verschiedene Gerichtshöfe, die über bestimmte Schuldformen und Vergehen Recht sprachen.

► *Rednerszene,* attisch-rotfigurige *Pelike* des Harrow-Malers, um 480 v. Chr., Paris, Musée du Louvre.

Die Darstellung zeigt, wie die Personifikation der Gerechtigkeit oder der Demokratie das als bärtiger Mann auf einem Thron sitzende Volk (Demos) *mit einem Kranz bekrönt.*

Das sog. Antityrannengesetz des Eukrates, das mögliche philomazedonische Revolten verhindern sollte, war nur bis 322 v. Chr. in Kraft, als die mazedonische Eroberung das Ende der athenischen Demokratie einleitete.

Mit dem Gesetzestext von 336 v. Chr. versuchte Eukrates einer Tyrannis vorzubeugen. Er sah u. a. vor, dass die Tötung einer Person, die den Sturz der Demokratie anstrebt, nicht unter Strafe gestellt wird.

▲ Stele mit dem Antityrannengesetz des Eukrates, 336 v. Chr., Athen, Agora-Museum.

Die Stele wurde 1952 an der nordöstlichen Ecke der Agora von Athen in einem Gebäude aufgefunden, das als Gerichtshof bestimmt werden konnte.

Die Tyrannenmörder *stellen ein ideales Doppelporträt der beiden Freunde Harmodios und Aristogeiton dar, die den Tyrannen Hipparchos, Sohn des Peisistratos, getötet haben.*

Der in der römischen Kopie fehlende Kopf des bärtigen Aristogeiton wurde hier durch einen Gipsabguss von der Kopie, die in den Vatikanischen Museen aufbewahrt wird, ergänzt.

Das erste Bildnis der Tyrannenmörder schuf Antenor 509 v. Chr., nach der Ermordung des Hipparchos und der Wiedereinführung der Demokratie. Nachdem die Plastik von Xerxes 480 v. Chr. nach Persien gebracht worden war, ersetzte man sie durch das Werk des Kritios und Nesiotes.

Die Statue des Antenor wurde von Alexander d. Gr. an Athen zurückgegeben, es scheint jedoch keine Kopie von ihr angefertigt worden zu sein. Denkbar ist, dass die Tyrannenmörder *von Kritios und Nesiotes auch Elemente der ursprünglichen Fassung enthalten.*

▲ Kritios und Nesiotes, *Tyrannenmörder,* 476 v. Chr., röm. Kopie, Neapel, Museo Archeologico Nazionale.

In Athen fand die Volksversammlung (Ekklesia) *auf der Pnyx statt, einem Hügel mit Terrassen und einer Rednertribüne, der wenige Wegminuten von der Agora entfernt lag.*

Um die Teilnahme der ärmeren Bürger zu fördern, zahlte man zur Zeit des Perikles Teilnahmegebühren (Diäten).

Jeder Vollbürger war verpflichtet, an den Versammlungen, die von der Boule *einberufen wurden, teilzunehmen; Abwesenheit konnte mit einem hohen Bußgeld bestraft werden, sodass Arme es nicht selten vorzogen, sich nicht in die Liste der Berechtigten einzutragen.*

▲ Athen, Pnyx mit Rednertribüne.

»Wo Gesetze schriftlich aufgezeichnet sind, genießt der Schwache mit dem Reichen gleiches Recht, ... und der Schwächere kann, wenn er Recht hat, über den Stärkeren siegen.« (Euripides)

Gerechtigkeit und Gerichte

Siehe auch
Politische Institutionen,
Agora von Athen

Fast alle Quellen, die Aussagen über die Rechtsprechung in den griechischen Städten zulassen, beziehen sich auf die Verhältnisse in Athen. Das wichtigste Gericht war die *Heliaia,* die über alle Straftaten, ausschließlich Mord, richtete und sich auf der Agora befand. Das Gericht für Mordfälle lag auf dem Hügel Areopag. Tötungsdelikte, die für entschuldbar galten oder für die es mildernde Umstände gab, wurden im Delphinion (Heiligtum des Apollon) verhandelt. Eine Art religiöses Gericht, das sich im Prytaneion versammelte, urteilte über Tötungen ohne Schuldigen oder solche, die von leblosen Gegenständen verursacht wurden. Es sprach einen Schuldspruch ohne Namen oder Gegenstand aus; seine Aufgabe bestand vor allem darin, die Stadt vor »Unreinheit« zu bewahren. Gegen Amtsträger prozessierte die *Boule*, und über Vergehen gegen den Staat saß die Volksversammlung zu Gericht. Um Korruption der Richter zur vermeiden, waren die Jurys sehr zahlreich besetzt und die Auswahlverfahren für die Geschworenen kompliziert. Der Ausgang eines Prozesses hing von der rhetorischen Fähigkeit der beteiligten Parteien ab, da die Gesetze nur allgemeine Anregungen formulierten und keine präzisen Entsprechungen von Vergehen und Strafe vorgaben. Da Angeklagte und Ankläger selbst das Wort ergreifen konnten, wurden seit dem 5. Jh. v. Chr. Logographen eingesetzt, die die Reden schriftlich festhielten. Die Geschworenen gaben erst am Ende einer Verhandlung ihr Votum für eine Verurteilung oder einen Freispruch ab.

▼ *Pinakion* (Losmarke) eines Geschworenen, von der Agora von Athen, 1. Hälfte 4. Jh. v. Chr., Athen, Agora-Museum.

Das Kleroterion *diente in Athen zur Auslosung der Bürger, die für einen Tag Mitglieder der Jurys der verschiedenen Dikasterien (Abteilungen) des Volksgerichts wurden. Es gab verschiedene Versionen von Losmaschinen mit komplexen Mechanismen; ihr Einsatz richtete sich wahrscheinlich nach Zeit und Anlass.*

Das Kleroterion *(Losmaschine) wurde zusammen mit den bronzenen Losmarken eingesetzt, diese vermerkten Namen, Vaternamen, Demos-Zugehörigkeit und das Verzeichnis der Kandidaten.*

In der ersten Spalte wurden die Lettern für die verschiedenen Dikasterien des Gerichts eingefügt, in den folgenden die Losmarken der Richterkandidaten jeder Phyle.

An der Seite des Kleroterions *war ein Zählmechanismus angebracht, ein Trichter mit einem Bronzerohr, in den weiße oder schwarze Marmorkugeln geworfen wurden. Die Anzahl entschied über die Wahl zum Richter; weiße Kugeln signalisierten die Zustimmung.*

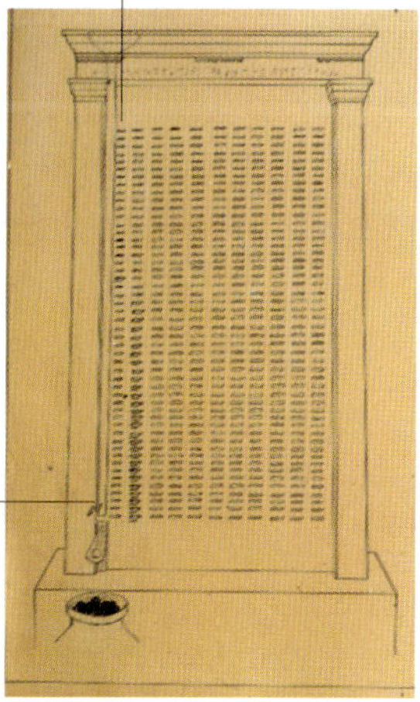

▲ ► Fragment eines *Kleroterions*, Agora von Athen, 5. Jh. v. Chr. und Rekonstruktion seiner Funktionsweise, Athen, Agora-Museum.

Um ihr Votum abzugeben, verwendeten die Geschworenen ursprünglich kleine Steine oder Muscheln, die sie entweder in den Behälter für »schuldig« oder in den für »unschuldig« warfen.

Die Geschworenen deckten an der Urne den Bolzen der Scheibe so ab, dass nicht zu sehen war, ob es sich um einen massiven oder hohlen handelte. Für die nicht eingesetzten Scheiben stand ein spezielles Gefäß bereit.

Im Laufe des 4. Jh. v. Chr. wurden zum Zwecke der Geheimhaltung der Stimmabgabe kleine Bronzescheiben mit einem Bolzen in der Mitte eingeführt; ein massiver Bolzen kam einem Freispruch, ein hohler einem Schuldspruch gleich.

Die Wahlurne, die aus zwei in den Boden verankerten Ziegeln bestand, wurde in einem Peristyl-Bau an der nordöstlichen Ecke der Agora gefunden, dem Sitz eines Gerichts. Sie enthielt noch einige Bronzescheiben.

▲ ► Stimmscheibe und Wahlurne, von der Agora von Athen, 4. Jh. v. Chr., Athen, Agora-Museum.

»Der Ostrakismos war eigentlich keine Strafe, sondern mehr eine Befriedigung und Erleichterung des Neides, der an der Demütigung großer, sich auszeichnender Männer sein Vergnügen fand.« (Plutarch)

Ostrakismos

Siehe auch
Kleisthenes, Politische Institutionen, Agora von Athen

Die Institution des Ostrakismos, die wahrscheinlich von Kleisthenes eingeführt wurde, kam in Athen zum ersten Mal 487 v. Chr. gegen Hipparchos, Sohn des Charmos und Nachkomme des Tyrannen Peisistratos, zur Anwendung. Die Ostrakisierung war mit einer zehnjährigen Verbannung verbunden und wurde über Bürger verhängt, die eine Gefahr für den Staat darstellten und zum Schutz der Demokratie an einer potentiellen Machtergreifung gehindert werden sollten. Da aber die politischen Parteien das »Scherbengericht« missbrauchten, wurde es Ende des Jahrhunderts wieder abgeschafft. In der Regel stimmte die Volksversammlung einmal im Jahr darüber ab, ob ein Ostrakismos durchgeführt werden soll. Bei einem positiven Entscheid konnte jeder Bürger den Namen dessen auf eine Scherbe *(Ostrakon)* schreiben, von dem er wünschte, dass er die Stadt verließe. Bei der Abgabe von mindestens 6 000 *Ostraka* musste die Person mit der häufigsten Nennung ins Exil gehen (andere Quellen gehen von anderen Zahlen aus). Der Verbannte behielt aber die bürgerlichen Rechte und sein Vermögen, für das er einen Verwalter einsetzen konnte. Formen des Ostrakismos gab es außer in Athen für begrenzte Zeit auch in anderen griechischen Städten und in den Kolonien wie Argos, Megara, Milet und Syrakus.

▼ *Ostrakon* mit dem Namen des Themistokles, Sohn des Neokles, Agora von Athen, 5. Jh. v. Chr., Athen, Agora-Museum

»Die Lyder ... sind die ersten Menschen, von denen wir wissen, dass sie Gold- und Silbermünzen geprägt und verwendet haben. Auch die ersten Krämer sind sie.« (Herodot)

Münzstätte und Geld

Siehe auch
Agora von Athen

Bis zum 7. Jh. v. Chr. kannte die antike Welt kein Geld, der Handel basierte auf dem Austausch von Waren. Die ersten Münzen kamen in Klein-Asien in Gebrauch und trugen dazu bei, die Beziehungen zwischen den griechischen Kolonien in den Küstengebieten und dem Königreich Lydien zu festigen. Ein einzigartiger Münzfund aus Elektron (einer Legierung aus Gold und Silber) unter den Fundamenten eines archaischen Artemis-Tempels bei Ephesos bestätigte die Existenz eines Zahlungsmittels. Zum ersten Mal in der Geschichte versah man ein Stück Edelmetall mit einem Garantiesiegel, der Auskunft über jene Macht gab, die Verantwortung für das festgelegte Gewicht und die Qualität des Metalls übernahm. In Griechenland verbreitete sich Münzgeld aus Silber seit Mitte des 6. Jh. v. Chr. Es gab je nach Region verschiedene Gewichtssysteme, aber die »Drachme« als Bezeichnung für die Grundeinheit war überall gebräuchlich. Sie wurde in sechs *Oboloi* unterteilt. Der Begriff »Drachme« *(Drachmon)* leitet sich wahrscheinlich von *Drax* (»eine Hand voll«) ab und der »Obolos« von *Obelos* (»Spieß«), weil vor der Erfindung des Geldes die Eisenspieße zum Fleischbraten als Zahlungsmittel eingesetzt wurden. Wahrscheinlich ist auch, dass ihr Bedeutungstransfer auf die Verwendung bei Opferritualen zurückgeht, wo die Anzahl der Spieße dem Umfang der Opfergaben entsprach.

► *Obeloi,* aus dem Heraion von Argos, Anfang 7. Jh. v. Chr., Athen, Museum der Numismatik.

Wissenschaftler des British Museum fanden bei Ausgrabungen 1904/05 den Schatz des Artemision.

Nach einer Vereinbarung mit den türkischen Behörden konnte das Münzgefäß nach London gebracht werden, die Originalmünzen verblieben im Archäologischen Museum von Istanbul.

Die Münzen tragen nur auf einer Seite einen Prägedruck. Er stellt vor allem Tiere dar, in der Mehrzahl Löwen, wahrscheinlich waren sie Symbol des Königs von Lydien.

Zu dem Schatzfund gehörten auch runde Rohlinge mit unregelmäßiger Oberfläche und ohne Prägung. Aber alle Münzen waren Teil ein und desselben Gewichtssystems.

▲ Münzschatz vom Artemision von Ephesos, 600 v. Chr., London, British Museum.

Die ältesten Münzen Griechenlands wurden wahrscheinlich in Ägina geprägt, gegen Mitte des 6. Jh. v. Chr. Die äginetische Drachme wog 6,30 Gramm, der Stater war eine Didrachme, d. h. er hatte den Wert von 2 Drachmen.

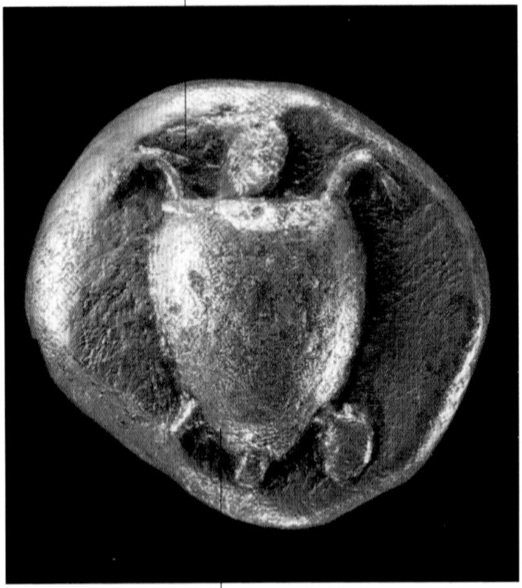

Die Stadt wählte als Prägemal der Vorderseite das Emblem der Meeresschildkröte.

Das Prägemal der Rückseite war kein figürliches, sondern bestand aus einem unterteilten Quadrat.

▲ Silberstater aus Ägina, Ende 6. Jh. v. Chr., London, British Museum.

Die ersten Münzen Athens, die wahrscheinlich während der Tyrannis des Peisistratos eingeführt wurden, besaßen sehr unterschiedliche Prägungen: Amphoren, Räder, Astragale, Schilde und Pferdeköpfe.

Die athenischen Münzen wurden nach der Prägung auf der Rückseite »Käuzchen« genannt. Sie waren im gesamten Mittelmeerraum sehr begehrt und veränderten sich, von wenigen stilistischen und ikonographischen Variationen abgesehen, fast drei Jahrhunderte lang kaum.

Die Münzen mit dem Kopf der Athene auf der Vorderseite und der heiligen Eule, ein Attribut der Göttin, auf der Rückseite wurden um 525–500 v. Chr. eingeführt. 480 v. Chr., nach der Niederlage der Perser, wurde der Kopf Athenes mit einer Krone aus Olivenblättern geschmückt.

▲ Athenische Silber-Tetradrachme,
um 480 v. Chr.,
London, British Museum.

Die »Münze«, ein breites rechteckiges Gebäude, wurde an der südöstlichen Ecke der Agora entdeckt. Sie war teilweise überbaut von einem Nymphäum aus dem 2. Jh. n. Chr. und der Kirche der Heiligen Apostel.

Der Bau, dessen exakter Grundriss heute nur noch schwer zu rekonstruieren ist, bestand aus mehreren um einen Innenhof angeordneten Räumen.

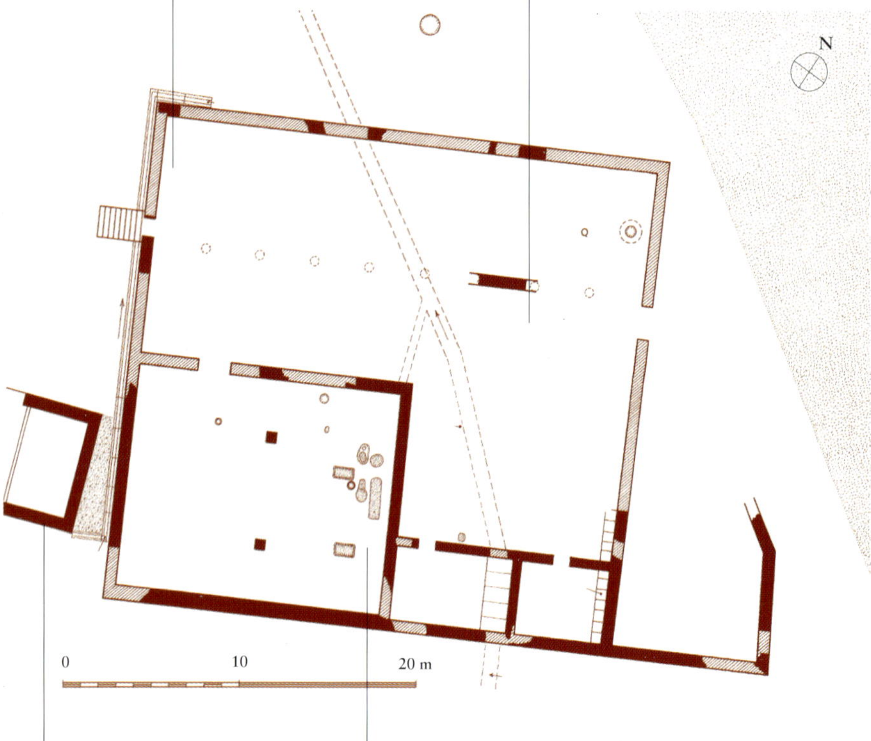

An einem benachbarten Gebäude konnte eine Inschrift aus dem 5. Jh. v. Chr. entziffert werden, die sich auf die Münzemissionen bezieht, eine andere aus dem 4. Jh. vermerkt die Namen der Aufsichtsbeamten der »Münze«.

Die Gewissheit, bei den Ausgrabungen auf eine Münzstätte Athens gestoßen zu sein, beruht auf dem Fund zahlreicher Bronzerohlinge, die für die Münzprägung bestimmt waren. In dem Gebäude stieß man außerdem auf einige Öfen und breite Wasserbecken.

▲ Grundriss der Münzstätte auf der Agora von Athen, um 400 v. Chr. (aus: J. Mc Camp II 2003).

»Wenn aber einer ... im Lanzengefecht strahlende Siege errang, / Wird er von allen geehrt, von Jungen wie auch von den Alten; / Freude erfährt er zuhauf, bis ihn der Hades empfängt.« (Tyrtaios)

Heer

In mykenischer Zeit beherrschten die Aristokraten die Heere. Über Sieg und Niederlage entschieden die adeligen Krieger. Sie zogen auf Kampfwagen über das weiträumige Schlachtfeld, während die Masse der dürftig bewaffneten Soldaten nicht zählte. Mit der Entstehung der Polis vollzog sich auch eine Revolution im Kriegswesen. Ihre Werte und Normen, die den neuen demokratischen Institutionen zu Grunde lagen, wurden jetzt auch auf das Heer übertragen. Der Hoplit, der Fußsoldat mit schwerer Rüstung, rückte in das Zentrum des griechischen Heeres, er kämpfte in geschlossener Formation, der Phalanx, gedeckt und geschützt vom Schild seines Nachbarn. Unterstützt wurden die Hopliten von den Peltasten, leicht bewaffneten Fußtruppen, und von den Reitern, die vor allem Erkundungen einholten und Verfolgungen aufnahmen, da die felsige Gebirgslandschaft ihren Kampfeinsatz erschwerte und Steigbügel bzw. Sättel noch unbekannt waren. Die Rekrutierung wurde in den einzelnen Poleis unterschiedlich geregelt. Alle Bürger waren zum Militärdienst verpflichtet, in Krisenzeiten konnten aber auch Freie ohne Bürgerrechte wie die Periöken in Sparta oder Sklaven einberufen werden. Die höheren Klassen stellten die Reiterei und die schwere Infanterie; sie mussten für ihre Ausrüstung selbst aufkommen, während die leichte Infanterie, die sich aus den unteren Klassen rekrutierte, auf Kosten des Staates ausgerüstet wurde.

Siehe auch
Lykurg, Kleisthenes, Themistokles, Perikles, Flotte, Sport, Sparta

▼ *Kampfwagen und Wagenlenker, Krieger und Hopliten,* Statuensockel von den Mauern Athens, Ende 6. Jh. v. Chr., Athen, Archäologisches Nationalmuseum.

Auf den Vasen des 8. Jh. v. Chr. aus der Dipylon-Nekropole in Athen sind die Krieger immer mit einem besonderen Schild, dem »Dipylon-Schild«, dargestellt.

Der Schild deckte den Körper bis zu den Knien; er war oben und unten breit, in der Mitte stark verengt.

Diese Form ist typisch für die mykenischen Schilde, die den ganzen Körper schützten und erklärt sich vielleicht aus der Beschaffenheit einer Ochsenhaut, die so auf einen Holzrahmen gespannt wurde, dass die vier Füße hervorragten.

▲ *Dipylon-Krater,*
um 750 v. Chr., Athen,
Archäologisches Nationalmuseum.

Die Figur trägt einen Dipylon-Schild, der in seiner Form noch bizarrer erscheint als die Schilde auf dem Dipylon-Krater.

Der Krieger trägt keinen Harnisch, aber einen Gurt aus Metall, der vermutlich als Schutz über der Kleidung angebracht war. In der rechten Hand hielt er ursprünglich einen Speer.

Möglicherweise war dieser Schild im 8. und 7. Jh. v. Chr. nicht mehr in Gebrauch; er dürfte eine Reminiszenz an die mykenischen Schilde sein, die zu den Attributen der Helden der kyklischen Epen zählten.

► Bronzestatuette eines Kriegers, aus Karditsa (Böotien), 7. Jh. v. Chr., Athen, Archäologisches Nationalmuseum.

Hoplon *bedeutete ursprünglich »Waffe«, bezeichnete später aber auch den Rundschild, nach dem der schwer bewaffnete Fußsoldat »Hoplit« genannt wurde. Der Schild hatte etwa 1 m Durchmesser und war leicht konvex geformt. Er konnte aus Holz und durch einen Bronzerand verstärkt sein, in selteneren Fällen bestand er vollkommen aus diesem Metall.*

Auf der Innenseite waren eine Schlaufe aus einem Ledergurt für den Unterarm und ein Tragriemen angebracht.

Da der Rundschild den Körper des Hopliten nur bis zu den Oberschenkeln bedeckte, legten sie zum Schutz der Knie und der Beine oft auch Beinschienen an.

Die Schienen aus Bronzeplatten waren der Anatomie des Beins so angepasst, dass sie keinen Verschluss benötigten; sie waren mit Stoff ausgekleidet, der an den kleinen Löchern entlang der Ränder befestigt wurde.

▲ ► Hopliten-Schild und Beinschienen, aus Olympia, Ende 7. Jh. v. Chr., Archäologisches Museum.

Weit verbreitet war der korinthische Helm, auf dem ein Kamm aufgesetzt werden konnte. Er wurde aus einer Metallplatte geschlagen und bedeckte den ganzen Kopf vom Schlüsselbein an aufwärts.

Da er das Gesichtsfeld und die akustische Wahrnehmung stark beeinträchtigte, wurde der korinthische Helm im Laufe des 5. Jh. v. Chr.. allmählich durch regionale Varianten wie den ionischen, illyrischen und chalkidischen Helm ersetzt.

Der nach vorne gezogene Wangen- und Nasenschutz ließ nur einen schmalen Schlitz für Augen, Nasenlöcher und Mund frei.

Der Brustharnisch aus Bronze in Glockenform bestand aus zwei Teilen, die an den Seiten mit Schlitzen zum Zuschnallen versehen waren. Bei dem hier abgebildeten Exemplar handelt es sich um den ältesten erhaltenen Harnisch.

Diesen Brustharnisch übernahmen die Griechen von anderen europäischen Völkern. Im Osten wurden, wahrscheinlich wegen des Klimas, kaum Metallrüstungen verwendet.

▲ Korinthischer Helm, aus Agia Paraskevi, um 500 v. Chr., Thessaloniki, Archäologisches Museum.

► Rückenschale eines Brustharnischs, aus Olympia, Ende 7. Jh. v. Chr., Olympia, Archäologisches Museum.

Das ist die einzige bekannte Darstellung einer Kampfszene von Hopliten in einer Phalanx: Da der Schild nur die linke Seite bedeckte, rückte man so in Reihen zusammen, dass jeder Krieger vom Schild seines Nachbarn zur Rechten geschützt wurde.

Die Rüstung setzte sich aus einem korinthischen Helm, einem glockenförmigen Brustharnisch, einem Schild und den Beinschienen zusammen; zur Attacke erhob man den Speer, ein zweiter Speer in der linken Hand diente als Reserve.

Der Klang der Doppelaulos begleitete den Vormarsch, während die Signale zum Angriff und zum Rückzug mit einer Trompete gegeben wurden, deren Ton die Hopliten auch durch ihre Helme hören konnten.

▲ *Chigi-Kanne*, protokorinthische *Olpe*, aus Veji, Ende 7. Jh. v. Chr., Rom, Museo Nazionale Etrusco di Villa Giulia.

Die Szene zeigt, wie Soldaten ihre Ausrüstung anlegen, die aus korinthischen Helmen mit hohen Kämmen, Beinschienen und Rundschilden besteht.

Ende des 6. Jh. v. Chr. traten anstelle der schweren, glockenförmigen Brustharnische neue, anatomisch geformte Metallharnische und »zusammengesetzte« Harnische, die aus mehreren gesteppten Schichten aus Leinen, Schnüren und Leder bestanden und mit Bronzeplatten verstärkt waren.

Die Harnische wurden mit Schnallen über der Brust geschlossen, die Lederriemen über die Schultern gelegt und mit ihren schmalen Enden am Harnisch festgeknüpft.

Unterhalb der Taille öffnete sich der Brustharnisch zu einer Art Röckchen aus Lederstreifen, das sich über den für Soldaten typischen kurzen Chiton legte.

▲ *Junge Krieger legen ihre Rüstung an,* attisch-rotfigurige *Kylix* des Douris, aus Cerveteri, Anfang 5. Jh. v. Chr., Wien, Kunsthistorisches Museum.

Die Peltasten trugen keinen Harnisch und statt des Helms ein Lederbarett.

Die schwere Infanterie der Hopliten erhielt von der leichten Infanterie der Peltasten Unterstützung; ihr Name ist abgeleitet von ihrem Schild in der Form des zunehmenden Mondes, der Pelte. *Er bestand aus geflochtenen Weidenruten, die mit Fell überzogen waren.*

Seit Ende des 6. Jh. v. Chr. setzte das griechische Heer auch Steinschleuderer und Bogenschützen ein; dafür warb man skythische Söldner an, die für ihre große Fertigkeit bekannt waren, während des Reitens Pfeile abzuschießen.

Die Ausrüstung der Peltasten bestand aus dem Wurfspeer, aus einer längeren Lanze und manchmal zusätzlich aus einem Schwert.

Die skythischen Bogenschützen besaßen weder Harnisch noch Metallhelm, stattdessen trugen sie eine wattierte Schutzkleidung und eine Kopfbedeckung aus Fell.

Die dünnen Pfeile mit kurzer Spitze wurden in einem großen Köcher verstaut, in dem die Skythen auch den Bogen verwahrten.

Die Beherrschung des Kompositbogens (mit doppelter Biegung) erforderte eine lange Schulung und große Geschicklichkeit, allein, um die Schnur spannen zu können.

▲ *Peltast,*
attisch-rotfigurige *Kylix*, Ende 6. Jh. v. Chr.,
Leipzig, Antiken-museum der Universität Leipzig.

► *Skythischer Bogenschütze,*
attisch-schwarzfigurige *Kylix* des Oltos, 525–500 v. Chr.,
Paris, Musée du Louvre.

»Bei Kriegsausbruch aber tragen sie dir, wie ich weiß, die Ausrüstung einer Triere, Soldzahlung und Steuern in solcher Höhe auf, dass du das Geld nicht leicht aufbringen wirst.« (Xenophon)

Flotte

In mykenischer Zeit kannte man nur einen Schiffstyp, gleich ob Frieden herrschte oder Krieg geführt wurde. Erst Jahrhunderte später, in geometrischer Zeit, wurden Schiffe speziell für Kriegszwecke entwickelt: Sie waren schmaler, was ihre Schnelligkeit erhöhte, der Bug erhielt Sporne, mit denen man den Kiel der gegnerischen Schiffe rammte; die Zahl der Ruderer wuchs zu mehreren Reihen an, sodass während des Angriffs der Antrieb über die Segel ausgesetzt werden konnte. Im 7. Jh. kam die Entwicklung mit dem Bau der Triere (Dreiruderer), wahrscheinlich erstmals in Korinth, zum Abschluss. Sie war 35 bis 40 m lang, die Besatzung setzte sich zusammen aus 170 Ruderern in drei Reihen sowie 20 Marinesoldaten (*Epibatai* für den Enterkampf), mehreren für das Segelwerk zuständigen Matrosen und aus den Offizieren (dem *Trierarch*, Kommandant des Schiffs, dem *Proreus*, der Anweisungen über den Kurs gab, und dem Steuermann). Die Triere blieb das vorrangige Kriegsschiff bis zum Ende des 4. Jh. v. Chr., als man Kriegsschiffe mit bis zu fünf Rudererreihen zu bauen begann. Für die Organisation und Verwaltung der Flotte waren eigens dafür bestimmte Behörden, die *Neoroi*, zuständig. Sie hatten die Aufgabe, Berichte und Aufstellungen über alle in den Kriegshäfen vorhandenen Trieren zu verfassen und sie in Stand zu halten. Die Bewaffnung und Ausrüstung mit einer geschulten Besatzung war jedoch Sache der Kommandanten, die sie auf eigene Kosten aufbringen mussten; das galt auch für die Kosten der entstandenen Schäden.

Siehe auch
Themistokles,
Heer, Straßen und
Transportwesen

▼ Modell eines Handelsschiffes aus Amathus (Zypern), 9./8. Jh. v. Chr., London, British Museum.

Beide Kriegsschiffe sind mit vollen Segeln in Fahrt dargestellt; sie besitzen einen kräftigen Rammsporn in Form eines Wildschweinkopfs und einen Schwanenkopf als Abschluss des Hecks.

Am Heck saß der Steuermann, der zwei Richtungsruder einsetzte. Die Leiter hinter ihm wurde für den Landgang benötigt oder auch, um das Fahrzeug aufs Trockene zu ziehen.

Ruderer sind nicht abgebildet; die Luken an der Seite lassen auf zwei Reihen von Ruderern schließen, wobei die untere Reihe knapp über der Wasserlinie gesessen haben muss.

► *Kriegsschiffe*,
attisch-schwarzfigurige *Kylix* des Nikosthenes, aus Vulci, 530–520 v. Chr., Paris, Musée du Louvre.

Auf dem Back, hinter einer Reling, stand der Proreus *oder Bugoffizier. Da das Schiff weder Deck noch Oberdeck besaß, war die Verproviantierung wahrscheinlich unter der Rampe des Backs angebracht.*

Die Szene stellt dar, wie ein Handelsschiff von einem Kriegsschiff angegriffen wird. Da es sich bei den Angreifern wahrscheinlich um Piraten handelt, soll das Schiff nicht gesenkt, sondern geentert werden.

Das Kriegsschiff ist an dem schmalen, spitzen Rumpf erkennbar, dem Rammsporn, mit dem das gegnerische Schiff gerammt und versenkt werden konnte, und dem gemischten Antrieb mit Segelwerk und Ruderern.

Das Handelsschiff hat einen hohen Rumpf für den Transport von Waren und eine gitterförmige Reling und ein Segelwerk. Am Heck ist ein Steuermann mit den Richtungsrudern zu sehen.

Während der kriegerischen Angriffe erfolgte der Antrieb nur durch die Ruderer, denn sobald der Rammsporn das gegnerische Schiff getroffen hatte, musste auf Gegenkurs gegangen werden, damit Wasser in das Leck eindringen konnte.

▲ *Kriegsschiff und Lastenschiff*, attische *Kylix*, um 510 v. Chr., London, British Museum.

Am Gewirr der Ruderblätter an der Seite des Schiffes kann man die Triere erkennen. Bei diesem Schiffstyp saßen die Ruderer in drei Reihen übereinander, um die Geschwindigkeit der Schiffe erhöhen zu können, ohne den Rumpf verlängern zu müssen, was eine Instabilität des Schiffes zur Folge gehabt hätte.

Die Ruderer der unteren Reihen bewegten die Ruder über Luken, die sich an den Seiten des Schiffes befanden. Sie waren in verschobenen Reihen so angeordnet, dass sich die Ruderblätter nicht gegenseitig behindern konnten.

Die Ruderblätter hatten unterschiedliche Längen: Die der Ruderer in den oberen Reihen waren länger, die in den unteren entsprechend kürzer.

▲ *Triere und Ruderer (Lenormant-Relief),*
Basrelief, Ende 5. Jh. v. Chr.,
Athen, Akropolis-Museum.

Götter und Religion

Zeus und Hera
Poseidon
Athene
Apollon
Aphrodite und Eros
Artemis
Ares
Hermes
Asklepios
Herakles
Dionysos
Demeter und Persephone
Hephaistos
Mysterienreligionen
Religiosität der Frauen
Weissagung
Opfer
Weihe- und Votivgaben

◄ *Sinnende Athene,*
Weiherelief, um 460 v. Chr.,
Athen, Akropolis-Museum.

» … da forderten sie den weitblickenden olympischen Zeus auf, König und Herrscher der Unsterblichen zu werden. Er aber teilte ihnen alle Ehrenrechte nach Gebühr zu.« (Hesiod)

Zeus und Hera

Siehe auch
Phidias, Poseidon, Akropolis von Athen, Olympia

Zeus, die oberste Gottheit der Griechen, gehört zur zweiten Göttergeneration. Er ist Sohn des Titanen Kronos und der Rhea, die ihm vor dem Vater versteckte, da dieser alle seine Kinder verschlang, aus Angst, eines von ihnen könnte ihn vom Thron stürzen. Als Zeus herangewachsen war, zwang er Kronos, die verschlungenen Kinder wieder auszuspeien. Mit Hilfe der Kyklopen besiegte er den Vater und teilte sein Reich unter sich und seinen Brüdern auf. Er selbst nahm das Himmelreich, Poseidon erhielt das Meer und Hades die Unterwelt. Ursprünglich war Zeus der Gott des leuchtenden Himmels, des Wetters und der Berggipfel, wovon das Attribut des Blitzes, das Epitheton des Wolkensammlers in der homerischen Dichtung, ebenso zeugt wie der Höhenstandort einiger ihm geweihter Heiligtümer. Er ist der Hüter des Kosmos und sorgt für Gerechtigkeit und den Schutz der gesellschaftlichen Ordnung und städtischen Einrichtungen. Daher wurde er auf den Plätzen vieler Städte als *Agoraios* (Beschützer der Versammlungen) und auf den Akropolen als *Polieus* (Verteidiger der Polis) verehrt. Ungeachtet seiner vielen Liebschaften und zahlreichen Kinder repräsentieren Zeus und seine Gattin und Schwester Hera das göttliche Paar schlechthin, bilden sie den himmlischen Archetyp der »rechten Ehe«.

Hera ist die Schutzgottheit des Ehebundes und der Institution der Familie. Sie wurde besonders im Monat *Gamelion*, dem Hochzeitsmonat, mit Zeremonien und Inszenierungen ihrer heiligen Hochzeit mit Zeus *(Hierogamia)* geehrt.

► *Blitze schleudernder Zeus*, Bronzestatuette, aus Dodona, um 470 v. Chr., Stiftung Staatliche Museen Berlin, Antikensammlung.

Der junge trojanische Prinz Ganymed galt als der Schönste unter den Sterblichen; Zeus verliebte sich in ihn und entführte ihn auf den Olymp, wo er ihm ewige Jugend verlieh und Ganymed als Mundschenk der Götter lebte.

Zeus erscheint in menschlicher Gestalt, in der linken Hand hält er einen Knotenstock, im rechten Arm trägt er Ganymed. Nach einer anderen Version des Mythos, die seit dem 4. Jh. v. Chr. verbreitet war, verwandelt sich Zeus in einen Adler, um den Knaben zu rauben.

Der Hahn, den Ganymed in seiner Hand hält, war das traditionelle Liebesgeschenk, dass Männer den begehrten Jünglingen im antiken Griechenland machten.

▲ *Zeus und Ganymed*, polychrome Terrakotta, aus Olympia, um 470 v. Chr., Olympia, Archäologisches Museum.

Die Terrakottagruppe wurde in den 1970ern aus Bruchstücken zusammengesetzt, die bei Grabungen zwischen 1878 und 1952 gefunden wurden.

Der 52 cm hohe Marmorkopf ist mit einem Polos *gekrönt. Er gehörte zur Kultstatue, die in der Cella des alten Hera-Tempels aufgestellt war und ist eines der seltenen Beispiele dieses Figurentypus.*

Wie oft bei archaischen Kultstatuen, war der Kopf auf eine hölzerne Körperattrappe aufgesetzt, die mit Kleidern und Schmuck behängt wurde.

▲ Kopf der Kolossalstatue aus dem Hera-Tempel in Olympia, 600–580 v. Chr., Olympia, Archäologisches Museum.

Nach dem Bericht des Pausanias webten alle vier Jahre 16 Frauen anlässlich der Heräen genannten Hera-Feste einen neuen Peplos.

Im Mythos erscheint Hera als strenge Gattin, die die Rechte der legitimen Ehefrauen verteidigt und durchsetzt. Sie gilt aber auch als reizbar und gewalttätig, aber kaum als liebevolle Mutter. Hera repräsentiert die legale Seite der Ehe; für gewöhnliche Sterbliche ist ihr Handeln jedoch nicht beispielgebend.

Die verheirateten Frauen Griechenlands sollten sich an Heras kompromissloser Verteidigung des Ehebundes ein Vorbild nehmen, aber zugleich auch Liebende wie Aphrodite und Ernährerinnen wie Demeter sein.

Die Göttin erscheint als majestätische Figur auf dem weißen Grund der Kylix. Ihr weiter Mantel, in bunten Mattfarben gemalt, ist mit Borten verziert, unter dem Saum wird die Faltenfülle des Chiton sichtbar; Krone und Zepter sind Symbole ihrer Herrschaft.

▲ *Hera im Mantel*,
attisch-weißgrundige *Kylix* des Sabouroff-Malers, 470–450 v. Chr., München, Antikensammlungen.

Hera hebt ihren Schleier und wendet sich ihrem Gatten zu. Diese Geste, die in griechischen Bildwerken häufig zu sehen ist, kennzeichnet die verheiratete Frau und symbolisiert den legitimen Bund der Ehe.

Hera wird oft würdevoll auf einem Thron sitzend dargestellt, nicht, weil sie die Gattin des Zeus ist, sondern weil ihr als seine Schwester auch der Status der «hohen» Geburt zukommt.

Zu den Beinamen der Göttin gehörte Teleia, *die »Vollkommene«. Er verweist auf die Vollkommenheit der legalen Ehe, das Ziel jeder Frau.*

▲ *Zeus und Hera,*
Ostfries am Parthenon, 447–432 v. Chr., London, British Museum.

► *Thronender Poseidon mit dem Sohn Theseus und einer Nereide,* attisch-rotfiguriger *Krater* des Syriskos-Malers, aus Agrigent, 480–470 v. Chr., Paris, Cabinet des Médailles.

»Auf der Akropolis in Athen steht ein Tempel des Erechtheus ... mit einem Ölbaum und einem Brunnen mit Meerwasser. Die Sage erzählt, dass Poseidon und Athene bei ihrem Streite um das Land sich auf diese beiden Dinge berufen hätten.« (Herodot)

Poseidon

Poseidon, Bruder von Zeus, Hera, Hestia, Demeter und Hades, wurde wie seine Geschwister vom Vater Kronos verschlungen und von Zeus befreit. Nach der Entmachtung des Kronos übertrug ihm Zeus die Herrschaft über das Meer. Mit seinem Dreizack besitzt Poseidon, der Gott des Meeres, die Fähigkeit, Erdbeben und Seestürme auszulösen. Poseidon werden zahlreiche Liebschaften zugeschrieben, die er in der Regel durch Entführungen gewinnt. Aus den Verbindungen gehen je nach der göttlichen oder menschlichen Natur der Geliebten göttliche Wesen oder irdische Helden wie der mythische Theseus hervor. Obwohl Poseidon keine differenzierte Ikonographie ausgebildet hat und als Motiv vor allem in der Vasenmalerei vorkommt, war sein Kult in ganz Griechenland verbreitet. Die ihm geweihten Heiligtümer befanden sich außerhalb der Städte und waren über das Meer zugänglich. Sie lagen bevorzugt auf Vorgebirgen, Inseln oder an Meerengen, dort, wo die Elemente Land und Wasser zusammentrafen. Die bedeutendste Kultstätte entstand im 8. Jh. v. Chr. in Isthmia. Das Heiligtum lag außerhalb von Korinth, an der wichtigsten Straße, die Nordgriechenland und die Peloponnes verband; auf dem Meerweg war es sowohl vom Saronischen Golf als auch vom Golf von Korinth aus erreichbar. Seit Ende des 6. Jh. v. Chr. wurden an diesem Ort die isthmischen Spiele ausgetragen, sportliche Wettkämpfe, die mit den olympischen Spielen vergleichbar waren und die der Kultstätte panhellenische Bedeutung verliehen.

Siehe auch
Zeus und Hera, Demeter und Persephone, Sport, Agora von Athen, Olympia

Das Vorgebirge von Kap Sounion bildet die äußerste südöstliche Grenze von Attika und war ein wichtiger Orientierungspunkt für die Schifffahrt.

Die kultische Bedeutung reicht vermutlich bis in mykenische Zeit zurück. Einige der frühesten überlieferten Kouroi stammen aus dem ältesten Heiligtum des Meeresgottes. Dort waren sie im letzten Viertel des 7. Jh. v. Chr. wahrscheinlich als Weihegaben aufgestellt.

Der Tempel aus klassischer Zeit erhebt sich über den Fundamenten einer spätarchaischen Kultstätte; noch unvollendet, wurde der Tempel 480 v. Chr. von den Persern zerstört.

Der dorische Peripteros (Ringhallentempel) aus der Mitte des 5. Jh. v. Chr. wird den Baumeistern zugeschrieben, die den Tempel des Hephaistos auf der Agora in Athen, den Nemesis-Tempel in Rhamnous und den Ares-Tempel im Demos Acharnai errichtet haben.

Der Tempel des Poseidon erhob sich am höchsten Punkt des heiligen Bezirks, den man durch einen monumentalen Eingang betrat; Säulenhallen gewährten Pilgern im Heiligtum Unterkunft. Während des Peloponnesischen Krieges umgaben Befestigungsanlagen das Vorgebirge, die bis Mitte des 3. Jh. v. Chr. mehrmals verändert wurden.

▲ Poseidon-Tempel am Kap Sounion, 450–440 v. Chr.

Der Gott ist im Begriff, eine Waffe zu schleudern. Die Haltung der rechten Hand, die das Gerät für den Abstoß in Position bringt, lässt eher auf einen Dreizack, als auf den Blitzstrahl des Zeus schließen, den dieser gewöhnlich mit der ganzen Hand umfasst.

Die Bronzestatue wurde 1928 im Meer bei Kap Artemision, in Euboia, gefunden. Sie gehörte zur Ladung eines Handelsschiffes mit griechischen Skulpturen, das gegen Ende des 1. Jh. v. Chr. oder zu Beginn der Zeitenwende versenkt wurde.

Poseidon und Zeus sind in ihrer Ikonographie vergleichbar, beide treten sowohl als thronende wie auch als erzürnte Götter mit Blitz oder Dreizack auf. Ohne ihre spezifischen Attribute sind sie daher nur schwer zu unterscheiden.

► *Poseidon vom Kap Artemision*, Bronzestatue, 460 v. Chr., Athen, Archäologisches Nationalmuseum.

»Zeus gebar aus seinem Haupt die helläugige Athene, die schreckliche, Kämpfe erregende Heerführerin und unbesiegliche Herrin, der Kampflärm gefällt und Kriege und Schlachten.« (Hesiod)

Athene

Siehe auch
Phidias, Zeus und Hera, Ares, Herakles, Religiosität der Frauen, Akropolis von Athen, Epidauros, Sparta

Athene ist eine sehr komplexe Gestalt mit einer Vielfalt von Attributen. Schon in voller Rüstung aus dem Haupt ihres Vaters Zeus geboren, tritt sie vor allem als kriegerische Jungfrau (Parthenos, Promachos) auf: Sie nimmt am Kampf gegen die Giganten teil, steht Herakles bei seinen Abenteuern zur Seite und schreitet in der Schlacht um Troja ein. Dabei setzt sie stets ihre Klugheit und taktische Intelligenz ein, ganz im Gegensatz zum blutrünstigen Ares, dem Gott des Krieges. Als Polias, als Schützerin der Städte und der Institutionen, ist Athene eine friedfertige Gottheit, die auf der Akropolis nicht nur von Athen, sondern von vielen anderen Städten wie Sparta, Argos und Epidauros verehrt wurde. Als Athene Ergane (»die Arbeitsame«) ist sie die Schutzherrin der Künste und verschiedener Handwerke wie der Holzbearbeitung, des Schiffbaus, des Spinnens und Webens. Da sie nach dem Mythos den Anbau des Olivenbaums in Griechenland eingeführt und damit den Wettstreit mit Poseidon über die Herrschaft Attikas gewonnen hat, ist Athene auch die Schutzgottheit der Landwirtschaft. Die bewaffnete Göttin trägt den Beinamen Pallas Athene. Ihr mythenumwobenes hölzernes Urbild, das Palladion, soll in Troja vom Himmel gefallen sein und dem Besitzer Unbesiegbarkeit garantieren. Der Legende nach soll es von den Griechen aus dem Tempel der Athene in Troja entwendet worden sein. In der Folge rühmten sich viele Städte, das Palladion zu besitzen.

► Bronzestatuette der Athene *(Athene Elgin)*, um 450 v. Chr., New York, The Metropolitan Museum.

Im Augenblick ihrer Geburt tritt Athene schon in voller Rüstung auf: mit Lanze, Helm, der Ägis, einem schützenden Brusttuch aus Leder, und dem Schild mit dem Kopf der Gorgo.

Hephaistos hat mit der Doppelaxt den Schädel des Zeus geöffnet und so die Geburt der Athene aus dem Kopf des Vaters ermöglicht. Als Lohn gab ihm Zeus Athene zur Frau, die jedoch verschwand, als Hephaistos das Hochzeitszimmer betrat. Athene gilt als jungfräuliche Göttin.

Die Herkunft des Beinamens »Pallas« ist nicht gesichert. Nach einer Variante des Mythos bezieht sich der Name auf eine Doppelgängerin der Göttin, auf Pallas, die jungfräuliche Tochter des Flussgottes Triton, die zusammen mit Athene zur Kriegerin ausgebildet wurde.

Athene ist die Tochter des Zeus und seiner ersten Geliebten Metis (»Klugheit«, »Schlauheit«); Zeus verschlingt die schwangere Metis, da nach einem Orakelspruch Metis ein dem Gott gleichrangiges Kind gebären werde, dass Zeus den Thron streitig machen werde.

▲ *Geburt der Athene,*
attisch-rotfigurige *Pelike* des Malers der Geburt der Athene, namengebende Vase, aus Vulci, um 450 v. Chr., London, British Museum.

Athene trägt den korinthischen Helm, ihren Mantel hat sie wie ein Handwerker an der Hüfte geknotet, um die Hände zum Modellieren eines Pferdes frei zu haben.

Zu den Tätigkeiten, als deren Schutzherrin Athene gilt, zählte auch die Pflege und Dressur der Pferde; nach der Legende soll sie das Zaumzeug eingeführt haben.

Ursprünglich war Athene nur die Schutzherrin für das Spinnen und Weben, im Laufe der Zeit erweiterte sich ihr Zuständigkeit auf alle handwerklichen Künste.

Zu Füßen der Göttin liegt ein Klumpen Ton, aus dem sie nach und nach die Kreatur formt.

▲ *Athene, die eine Pferdestatue modelliert,* attisch-rotfigurige *Oinochoe* aus Capua, Gruppe von Berlin 2415, um 470 v. Chr., Stiftung Staatliche Museen Berlin, Antikensammlung.

»Gegen schwere Krankheiten / Teilt er Heilmittel Männern und Frauen zu, / stellte die Kithara bereit und gibt die Muse, wem er will, / führt kampflose / Wohlgesetzlichkeit in die Gesinnungen / Und waltet des Seherwinkels.« (Pindar)

Apollon

Siehe auch
Praxiteles, Zeus und Hera, Artemis, Weissagung, Delphi, Olympia, Delos

Apollon ist Sohn des Zeus und der Leto und Bruder der Artemis. Die eifersüchtige Hera verfolgte die schwangere Leto unerbittlich und ordnete an, dass niemand auf dem Festland ihr für die Geburt Asyl gewähren dürfe. Deshalb kamen die Zwillinge auf der schwimmenden Insel Delos zur Welt, die zum Dank auf dem Meeresgrund verankert wurde. Da Apollon in der *Ilias* als Beschützer der Trojaner erwähnt wird, nahm man an, dass sein Kult ursprünglich aus Klein-Asien kommt. Tatsächlich lassen die heterogenen Kompetenzen Apollons den Schluss zu, dass es sich hier um eine synkretistische Gottheit handelt, die Vorzüge verschiedener göttlicher Wesen in sich vereint: Er ist Hirten- und Bauerngott, Beschützer der Herden und der Ernten, er kann als Kriegsgott Unheil bringen oder mit Seuchen die Übel der Gottlosigkeit bestrafen, aber ebenso heilbringend wirken; er bewahrt die Zivilisation vor ihren barbarischen Feinden, er gilt als Inspirator der Gesetzesgebung und wacht über Verträge und Eide, er ist der Erfinder der Musik und der Dichtung. Durch die Tötung der Python-Schlange brachte er sich in den Besitz des Orakels von Delphi und avancierte zur ersten Orakelgottheit Griechenlands, die mit ihren Voraussagen das religiöse und politische Leben des Landes beeinflussen kann und schließlich besitzt allein Apollon die Macht, Regeln für die rituelle Reinigung von Verbrechen, das der Gottlosigkeit eingeschlossen, aufzustellen.

▼ *Apollon auf dem Omphalos*, Silbermünze der delphischen Amphiktyonie, 336 v. Chr., Athen, Museum für Numismatik.

Diese Votivgabe an ein Heiligtum ist eine der ältesten erhaltenen Darstellungen des Gottes Apollon.

Die Dreiecksform des Gesichts, die großen Augen und das auf die Schultern fallende Haare sind bereits stilistische Merkmale der dädalischen Kunst der 2. Hälfte des 7. Jh. v. Chr.

Der additive Aufbau der Figur aus einem dreieckigen Oberkörper, einem pyramidenstumpfartigen Hals und den zylindrischen Beinen entspricht noch vollkommen der Formensprache der geometrischen Kunst. Aber in der leichten Schwellung der Muskelmassen kündigt sich schon die anatomische Durchbildung des Körpers an, die die weitere Entwicklung der Statuen bestimmen wird.

Die Inschrift auf den Beinen lautet: »Mantiklos hat mich Apoll mit dem silbernen Bogen als Zehnten geweiht. Du, Phoibos, schenk mir zum Lohn ein freundlich Geschick.«

▲ *Mantiklos-Apollon,*
Bronzestatuette, aus Theben, 700–680 v. Chr.,
Boston, Museum of Fine Arts.

1959 fand man das Bildwerk zusammen mit anderen Bronze- und Marmorstatuen bei Ausbaggerungen für die Kanalisation in Piräus. Sie gehörten wahrscheinlich zur Ladung eines römischen Schiffes, das noch vor dem Auslaufen im Hafen gesunken ist.

In der rechten, nach oben geöffneten Hand hielt der Gott vermutlich eine Schale für ein Trankopfer.

Historiker sehen in dieser Figur ein Bildnis des Apollon und begründen dies mit dem zylindrischen Gegenstand in der linken Hand; bei dem es sich um den Teil eines Bogens handeln soll.

Der Apollon vom Piräus ist die älteste überlieferte Bronzeguss. Bei dieser Technik wurde ein Modell aus Wachs ummantelt, dass beim Eingießen des Metalls zerschmolz. Der Gusstechnik verdankt sich die Hohlheit der Figur.

▲ *Jüngling vom Piräus,*
Bronzestatue, 520–510 v. Chr.,
Athen, Archäologisches Nationalmuseum

Apollon bildet das formale und ideelle Zentrum der Komposition. Mit seinem strengen und gebieterischen Habitus repräsentiert er die Ordnung und das rationale Handeln, die über das Chaos siegen.

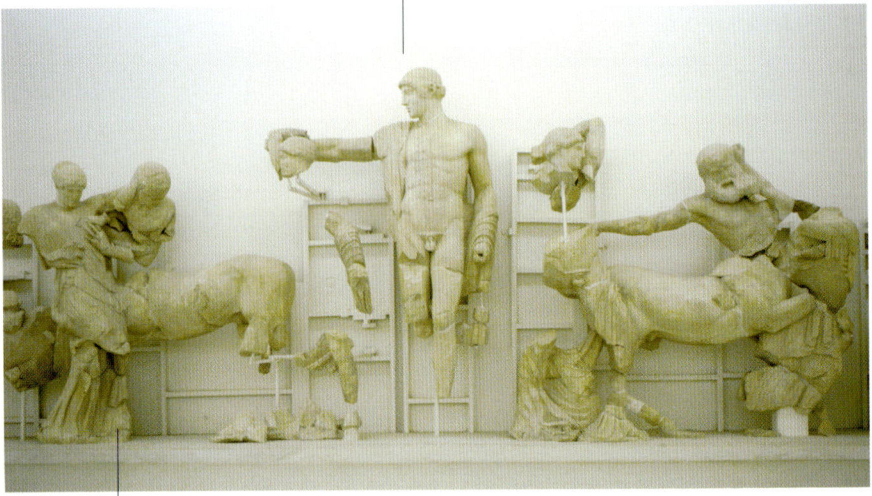

Der Skulpturen am Westgiebel des Zeustempels in Olympia stellen den Kampf zwischen den Lapithen und Kentauren auf der Hochzeit des Peirithoos dar. Dieser brach aus, als die Kentauren versuchten, die Braut zu rauben. Die handelnden Figuren sind in Zweier- und Dreiergruppen zu beiden Seiten des Apollon postiert; die Verspannung ihrer Körper und die vom Kampf verzerrten Gesichter drücken die Dramatik des Geschehens aus.

▲ *Apollon und Kentaur,*
Westgiebel des Zeustempels in Olympia, um 460 v. Chr.,
Olympia, Archäologisches Museum.

Der Typus des Apollon Sauroktonos *(»Eidechsentöter«) fand durch mehrfache Vervielfältigung weite Verbreitung. Er wird dem Praxiteles zugeschrieben, der die Statue im Auftrag einer Stadt in Klein-Asien angefertigt haben soll.*

Mit großer Wahrscheinlichkeit hielt der jugendliche Gott ursprünglich in seiner rechten Hand einen kleinen Pfeil, um damit die Eidechse zu töten.

Apollon verfügt, neben anderen Fähigkeiten, über die göttliche Macht, Unheil abwehren zu können (Alexikakos) *und Krankheiten zu heilen* (Epikourios). *Die Eidechse als Krankheiten symbolisierendes Tier spielt auf diese Funktion an. Praxiteles betont mit der lässigen Haltung und natürlichen Eleganz seiner Figur diese »menschliche« Seite des Gottes mehr als er seine gebieterische Macht akzentuiert.*

► Praxiteles,
Apollon Sauroktonos, um 360 v. Chr., röm. Kopie, Rom, Musei Vaticani.

»Auch die Gedanken des Zeus berückt sie. Er ist der Größte und teilhaftig der größten Ehren. Ihm auch wirrt sie die Sinne nach Laune und bringt ihn mit sterblichen Frauen zusammen.« (Homer)

Aphrodite und Eros

Siehe auch
Praxiteles, Zeus und Hera

▼ *Aphrodite und Eroten*, attisch-weißgrundige *Kylix* des Leandros-Malers aus Cesa, 460 v. Chr., Florenz, Museo Archeologico.

Aphrodite, die Göttin der Schönheit und der Liebe, ist eine machtvolle Gottheit der griechischen Mythologie. Sie weckt in den Göttern Begierden, überwältigt Menschen und Tiere auf dem Land und im Meer. Sie sichert die Geburten und garantiert das Überleben der *Polis*. Ihr wurde daher nicht nur in den großen Heiligtümern gehuldigt – wie in ihrem Hauptheiligtum auf Zypern–, sondern auch innerhalb der Städte, auf den Akropolen oder in unmittelbarer Nähe der Agora.
Eros ist ein Teil ihres Wesens: sowohl die dritte Ursprungsmacht nach Chaos und Gaia als auch, in Versionen des Mythos, der Sohn der Göttin und des Ares oder des Hephaistos. Mit Bogen und Liebespfeile bewaffnet, attackiert er Götter, Menschen und Tiere. Ikonographisch unterliegt die Figur seit klassischer Zeit einem Wandel von der Repräsentanz kosmischer Macht zum hübschen Knaben und Diener der Aphrodite, der oft zu einer Schar schelmischer Putten vervielfacht, zu Füßen der Göttin spielt. Analog zu diesem Bedeutungswandel verliert sein Kult an Einfluss, wird aber in hellenistischer Zeit wieder von Kreisen aufgegriffen, die der Orphik nahe stehen. Diese philosophisch-religiöse Bewegung knüpft wieder an die Wesenheit des Eros als kosmischer Kraft, geboren aus dem Urei, der Schöpferin des Lebens, an.

Das Urteil des Paris ist eine wichtige Episode im Mythos der Aphrodite, die häufig als Motiv in der Vasenmalerei anzutreffen ist.

Bei der Hochzeit von Peleus und Thetis, an der alle Götter teilnehmen, wirft Eris, die Göttin der Zwietracht, einen goldenen Apfel unter die Gäste und widmet ihn der Schönsten der Göttinnen und löst damit einen Streit zwischen Aphrodite, Hera und Athene aus.

Der Trojaner Paris, Sohn des Priamos und der Hekabe, wurde nach seiner Geburt auf dem Berg Ida ausgesetzt, weil er nach einer Prophezeiung den Untergang Trojas herbeiführen soll; Hirten fanden das Kind und zogen es auf.

Wie Zeus es angeordnet hat, geleitet Hermes die drei Göttinnen auf den Berg Ida, wo Paris der Schönsten unter ihnen den Siegespreis zusprechen soll.

Aphrodite, von Eroten umgeben, erhält von Paris den begehrten Apfel, weil sie ihm die Liebe der schönen Helena, der Frau des spartanischen Königs Menelaos, versprochen hatte. Die Entführung Helenas löst schließlich den Krieg um Troja aus.

▲ *Das Urteil des Paris,*
attisch-rotfigurige *Kylix* des Makron,
aus Vulci, 500–485 v. Chr.,
Stiftung Staatliche Museen Berlin,
Antikensammlung.

Es existieren mehr als 20 Repliken der Statue, die als Aphrodite Sosandra *(»Retterin der Menschen«) des Kalamis in die Kunstgeschichte eingegangen ist. Lukian beschrieb sie als Figur mit einem »reinen und verehrungswürdigen« Lächeln.*

Diese keusche Darstellung der Göttin, deren Körper von einem weiten Mantel vollkommen eingehüllt ist, stellt in der ikonographischen Tradition der Figur eine Ausnahme dar.

In der Vasenmalerei ist hauptsächlich jenes Motiv verbreitet, dass Aphrodite vor dem Spiegel zeigt, sich schmückend und umgeben von einer Schar Eroten. Nackte oder halbnackte Statuen der Göttin fanden erst nach der Knidischen Aphrodite *des Praxiteles allgemeine Verbreitung.*

► Kalamis,
Aphrodite Sosandra, 470–460 v. Chr.,
röm. Kopie aus den Thermen von
Baia, Neapel, Museo Nazionale.

»Artemis, ... die in schattigen Bergen, auf windigen zackigen Höhen ihren Bogen spannt, der ganz aus Gold ist, und Pfeile jauchzend vor Jagdlust schießt, die Seufzer erregen.« (Homer)

Artemis

Artemis, Tochter des Zeus und der Leto, Schwester des Apollon, ist eine Gottheit, die in sich viele Elemente vorgriechischer Religionen vereint. In archaischer Zeit wurde sie als *Potnia Theron,* als Herrin der wilden Tiere, dargestellt, oft geflügelt, manchmal auf dem Gipfel eines Berges, ein oder zwei Tiere tragend. In klassischer Zeit bildete sich ein neuer Typus heraus: Jetzt stand die jugendliche Artemis mit ihrer Leidenschaft für die Jagd im Zentrum der Bildkunst. Dennoch verloren ihre archaischen Wurzeln als Gottheit der Natur und der Fruchtbarkeit ihre Bedeutung nicht: Trotz ihrer gepriesenen Jungfräulichkeit blieb sie die Patronin der Gebärenden, der die Frauen die Geburtstücher weihten, die große Nährerin, der die Neugeborenen gereicht wurden, damit die Göttin ihr Wachstum beschütze. Ihre Heiligtümer wie das von Brauron in der Nähe von Athen oder das der *Artemis Orthia* bei Sparta lagen gewöhnlich am Rande des städtischen Territoriums, in der Nachbarschaft von Quellen, Flüssen und Seen, am Ufer des Meeres oder auf Bergen. Obgleich die klassische Artemis nicht mehr vorrangig als Naturgottheit gesehen wurde, blieb sie die Wächterin über die Grenzbereiche zwischen Natur und Zivilisation, fungierte sie als Mittlerin und bestrafte sie die Exzesse des Menschen gegen die Natur. Von da leitet sich ihre Rolle als Erzieherin der Jugend ab, die sie beim Übergang von der unbeschwerten Zeit der Kindheit zum Erwachsenenleben begleitet.

Siehe auch
Zeus und Hera, Apollon, Religiosität der Frauen, Sparta

▼ *Artemis, Herrin der Tiere,* Volutenkrater des Ergotimos und Kleitias, *François-Vase,* aus Chiusi, um 570 v. Chr., Florenz, Museo Archeologico.

Artemis ist im Begriff den Pfeil abzuschießen, der Aktäon den Tod bringen wird.

Der Jäger Aktäon hatte Artemis beim Bad in einer Quelle beobachtet; als Rache für diese Kränkung verwandelte ihn die Göttin in einen Hirsch und hetzte seine Hunde auf ihn, die ihn zerfleischten, da sie ihn nicht erkannten.

In der Mythologie wird Artemis als unbarmherzige und rächende Göttin dargestellt, deren Zorn viele zum Opfer fallen. Das Schicksal des Aktäon und des Riesen Orion, der bestraft wurde, weil er übermäßig viel Wild getötet hatte, veranlasste die Jäger, die Göttin mit Weihegeschenke wohlgesinnt zu machen und sie um eine erfolgreiche Jagd zu bitten.

Vasenmalereien zeigen Aktäon häufig in seiner menschlichen Gestalt; der mythische Hintergrund war so leichter von einer gewöhnlichen Jagdszene zu unterscheiden.

▲ *Tod des Aktäon*, attisch-rotfiguriger Glockenkrater des Pan-Malers, um 470 v. Chr., Boston, Museum of Fine Arts.

»Der Verhassteste bist du mir von den Göttern / immer ist Streit dir lieb und Kriege und Kämpfe. / In dir ist der Mutter Ungestüm, das unbändige, nicht bezähmbare der Here.« (Homer)

Ares

Ares, Sohn des Zeus und der Hera, war für die Griechen der Kriegsgott schlechthin. Im Unterschied zu anderen kriegerischen Göttern, die im Kampf ihre Weisheit oder taktische Intelligenz einsetzen, wird von Ares kein positives Bild gezeichnet: Er ist aufbrausend und streitsüchtig, beherrscht vom kriegerischen Furor und wird sogar von Sterblichen besiegt. Selten wird er von Heroen und königlichen Kriegern angerufen, die sich nicht als seine Schutzbefohlenen empfinden, sondern als seine Sklaven. Die negative Konnotation zeigt sich auch in den dämonischen Wesen, die ihn begleiten und aus seiner ehebrecherischen Liebe zu Aphrodite hervorgehen: *Eris* (Streit) *Deimos* (Schrecken) und *Phobos* (Furcht). Der Kult des Ares kam wahrscheinlich aus Thrakien und war in Griechenland nicht sehr verbreitet. In Athen war ihm der Hügel geweiht, auf dem das Tribunal angesiedelt war, dessen Name Areopag von Ares kommt: »Hügel des Ares«, weil er der Erste war, gegen den man dort wegen Mordes verhandelte. Ares war angeklagt, Halirrhotios, einen Sohn des Poseidon, getötet zu haben, weil dieser versucht hatte, Alkippe, die Tochter des Ares, zu vergewaltigen. Das Gericht der Götter sprach den Kriegsgott frei. Es ist seiner geringen Popularität geschuldet, dass er in der Kunst keine besondere Rolle spielt und seine Ikonographie nur dürftig ist. Oft wird er als gewöhnlicher Hoplit ohne besondere Attribute dargestellt.

Siehe auch
Zeus und Hera, Poseidon, Agora von Athen, Sparta

▼ *Ares*, Volutenkrater des Ergotimos und Kleitias, *François-Vase*, aus Chiusi, um 570 v. Chr., Florenz, Museo Archeologico.

Aphrodite, mit einem Chiton und einen Schleier bekleidet, gießt aus einer Oinochoe *Wein für ein Trankopfer in eine Schale, die Ares ihr hinhält.*

Aphrodite hebt in Gegenwart des Ares ihren Schleier. Die Geste suggeriert eine legitime Vereinigung der beiden Gottheiten, die jedoch eine ehebrecherische Beziehung unterhalten, da Aphrodite die Gemahlin des Hephaistos ist.

Die Darstellung des Gottes geht wahrscheinlich auf die Kultstatue des Alkamenes zurück, die sich im Tempel von Acharnai bei Athen befand, an einem der wenigen Orte, wo Ares wirklich verehrt wurde. Der von Alkamenes geschaffene Figurentypus wird allgemein mit dem Ares Borghese *im Louvre in Verbindung gebracht.*

Ares trägt Beinschienen und einen der Anatomie angepassten Brustharnisch, über einem kurzen Chiton angelegt; neben ihm lehnt sein Schild.

Der Adorant, in kleinerem Maßstab dargestellt, scheint den beiden Göttern nur zu assistieren; er ist jedoch der Sterbliche, der das Trankopfer darbietet.

▲ *Ares und Aphrodite,*
attisches Votivrelief,
Ende 5. bis 1. Hälfte 4. Jh. v. Chr.,
Paris, Musée du Louvre.

Der Tempel steht in der Mitte der Agora. Er wurde in augusteischer Zeit Stück für Stück zerlegt und vom Demos Acharnai, wo er sich ursprünglich befand, hierher transportiert und wieder aufgebaut.

»Wandernde Tempel« sind ein Phänomen der römischen Kaiserzeit. Klassische Bauten wurden aus Dörfern in Attika in die Städte umgesetzt und dienten jetzt vermutlich der Vergöttlichung der römischen Kaiser.

Die Fundamente des Tempels lassen sich auf den Beginn der Kaiserzeit datieren, die Baublöcke stammen jedoch aus dem Ende des 5. Jh. v. Chr. Sie tragen Spuren, die die Rekonstruktionsarbeiten und -techniken der römischen Maurer hinterlassen haben.

Der Tempel war ein dorischer Peripteros und ursprünglich mit Giebelskulpturen und Akroteren geschmückt, die Ähnlichkeiten mit dem Hephaisteion zeigen; er kann daher dem selben Architekten zugeschrieben werden.

▲ Tempel des Ares auf der Agora von Athen.

»O du mein Trauter, du Gauner, du listiger Denker! ... die Unsterblichen werden nunmehr mit diesem dich ehren: Räuberhauptmann heißen sie dich in künftigen Tagen!« (Homer)

Hermes

Siehe auch
Phidias, Alkibiades, Zeus und Hera, Apollon, Straßen und Transportmittel, Gymnasien und Palästren

Hermes, Sohn des Zeus und der Bergnymphe Maia, ist eine schillernde Gottheit mit mehr menschlichen als himmlischen Tugenden und Lastern. Er besitzt keine außergewöhnliche Macht, ist aber für viele Bereiche zuständig. Schon kurz nach seiner Geburt verlässt er die Wiege und baut aus dem Panzer einer Schildkröte die erste Lyra – ein Hinweis auf seine technische Begabung. In den Bergen von Pieria lernt er Feuer zu entfachen und raubt die Rinderherde des Admetos, die Apollon hütet. Mit einem Tieropfer besänftigt er den Zorn der Götter und wird zum Begründer des Ritualopfers. Gegenüber Apollon beteuert Hermes seine Unschuld, und es gelingt ihm, die Lyra gegen die Herde zu tauschen und die Freundschaft Apollons zu gewinnen. Hermes erhält den *Kerykeion* oder *Caduceus* des Apollon, mit dem dieser die Herde geführt hatte, zum Geschenk. Er ist das Hauptattribut des Hermes und sein Symbol als Herold und Schützer der Viehzucht. Selbst ein Dieb und Betrüger, steigt er zum Gott der Diebe und des Meineids auf. Mit seiner Intelligenz und rhetorischen Begabung verkörpert er zugleich das Erziehungsideal der Jugend. Aufgrund seiner Beredsamkeit und Schnelligkeit wählen ihn die Götter zu ihrem Boten; sie machen ihn auch zum Schutzgott der Reisenden, die Reise ins Jenseits eingeschlossen. Da sich der flinke und gewitzte Hermes aufs Verhandeln versteht, ist er auch der Gott der Kaufleute. Generell gilt er als Mittler zwischen der göttlichen und menschlichen Sphäre.

► *Hermes Kriophoros (Widderträger)*, Bronzestatuette, 520–510 v. Chr., Boston, Museum of Fine Arts.

Hermes, der Gott der Reisenden, trägt die typische Kleidung eines Wanderers: den um den Körper geschlossenen und auf der rechten Schulter verknoteten Mantel sowie den Petasos, *als Schutz gegen Sonne und Unwetter.*

Die Statuette entspricht der gängigen Ikonographie des Hermes, die unverändert auf den römischen Merkur übertragen wurde.

Die Lederbörse verweist auf Hermes als den Schutzherrn des Handels und zugleich der Diebe und Betrüger.

Der Gott hält den Caduceus *in der Hand, den er von Apollon erhalten hat. Er ist das Attribut der Hirten und Herolde, deren Schutzgott Hermes ist. Die beiden Schlangen symbolisieren das Jenseits und verweisen auf seine Rolle als Begleiter der Seelen in den Hades, während die geöffneten Flügel für seine Rolle als Götterbote stehen. Zeichen seiner Schnelligkeit sind auch die Sandalen.*

▲ Bronzestatuette des Hermes mit Caduceus und Geldbörse, 4. Jh. v. Chr., Paris, Musée du Louvre.

Das Relief schmückt eine Lekythos *aus Marmor, eine schlanke einhenklige Vase, die als Salbungsgefäß, gefüllt mit duftenden Ölen, dem Grab eines Verstorbenen beigegeben wurde.*

Links im Bild sind die trauernden Eltern abgebildet, die Abschied von der Verstorbenen nehmen.

Das Mädchen Myrrhine, deren Name über der Figur eingraviert ist, überschreitet, von Hermes an der Hand geleitet, den Acheron.

Als Schutzherr der Reisen und der Übergänge ist Hermes auch der Psychopompos, *der Geleiter der Seelen auf ihrer Reise ins Jenseits. An der kurzen* Chlamys *des Reisenden und den geflügelten Schuhe ist Hermes schnell zu identifizieren.*

▲ *Hermes Psychopompos, Lekythos,* aus Athen, um 420 v. Chr., Athen, Archäologisches Nationalmuseum.

Der nackte Gott trägt die Chlamys *über dem linken Arm und auf dem Kopf sein Erkennungsmerkmal, den Petasos, dessen seitlich heruntergebogene Krempe an geöffnete Flügel erinnert.*

Der Rednergestus kennzeichnet den Gott der Beredsamkeit, der deshalb in den Gymnasien als Vorbild der Jugend verehrt wurde.

Alessandro Algardi hat bei seiner Restaurierung 1631 die Figur durch den Caduceus *in der rechten und die Geldbörse in der linken Hand vervollständigt, was die Rednerpose abschwächte. Zu Beginn des 20. Jh. wurden die Ergänzungen wieder entfernt, weil nicht eindeutig geklärt werden konnte, ob diese Attribute Teil des griechischen Originals waren. Einige Wissenschaftler sehen in der Statue ein Jugendwerk des Phidias.*

▲ *Hermes Logios (Hermes Ludovisi),*
Original Bronze, Mitte des 5. Jh. v. Chr.,
röm. Marmorkopie aus der Sammlung Boncampagni Ludovisi,
Rom, Museo Nazionale Romano, Palazzo Altemps.

Der Priester, der dem Opferritual vorsteht, bringt das Trankopfer dar, indem er Wein aus einer Schale auf den Altar fließen lässt.

Ein junger Diener (oder Sohn) trägt den Opferkorb mit den Instrumenten und den Getreidekörnern, die als Voropfer auf den Altar gestreut werden. Der zweite Gehilfe (oder Sohn) röstet an einem langen Spieß über dem Feuer das Opferfleisch.

Das Opfer findet vor einer Herme statt, ein vierkantiger Schaft mit einer Büste des Gottes und einem Phallussymbol.

Die Hermen sind die ältesten Darstellungen des Hermes, nach dem sie auch benannt sind. Sie waren ursprünglich anikonisch, bestanden manchmal nur aus Steinen oder Steinhaufen und markierten die Grenzen der Felder oder Wegkreuzungen, um sie unter den Schutz des Gottes zu stellen.

In klassischer Zeit verbreiteten sich Hermen, die dem Hermes Agoraios *und* Hermes Propylaios *geweiht waren und am Eingang zur Agora oder bei den monumentalen Propyläen aufgestellt wurden. Im Laufe der Zeit wurde der Begriff »Herme« auf alle Statuen mit Büsten ausgedehnt, unabhängig von der dargestellten Person.*

▲ *Opfer vor einer Herme,*
attisch-rotfiguriger Kolonettenkrater des Pan-Malers, aus Cumae, um 460 v. Chr., Neapel, Museo Archeologico Nazionale.

»Die übrigen Schlangen und eine Art, die mehr ins Rötlichgelbe übergeht, gelten als dem Asklepios heilig, für die Menschen sind sie zahm. Sie kommen nur im epidaurischen Lande vor.« (Pausanias)

Asklepios

Dem Mythos nach war Asklepios ursprünglich kein Gott, sondern ein Heros, Sohn des Apollon und der Prinzessin Koronis. Der eifersüchtige Apollon, der sich von Koronis betrogen glaubte, tötete die schwangere Geliebte; das Kind wurde gerettet und vom Kentauren Chiron aufgezogen, von dem Asklepios die Heilkunst erlernte. Als Wohltäter der Menschheit erwarb er viel Anerkennung, doch als er einen Toten wieder zum Leben erweckte, erschlug ihn Zeus mit seinem Blitz. Auf Bitten des Apollon wurde Asklepios nicht in die Unterwelt gestürzt, sondern in das Sternbild des *Ophiuchus* (»Schlangenträger«) verwandelt. Von seiner Verehrung als Gott zeugt eine Grotte in Trikke (Trikala) in Thessalien, der erste Kultort des Asklepios. Von da verbreitete sich der Ritus nach Epidauros, das zur zentralen Kultstätte wurde, weiter nach Kos, wo die Asklepiaden, die als Nachkommen des Gottes galten, sich der Heilkunst widmeten, nach Athen, nach Korinth und in der ganzen hellenistischen Welt. Seine Heiligtümer lagen in der Regel außerhalb der Städte, an Gewässern, die die Pilger auf der Suche nach Heilung aufsuchten. Nach einer Zeit des Fastens und Reinigungen erfolgte die Heilung durch die »Inkubation«: In der Nacht erschien den Kranken der Gott im Traum, heilte sie oder übermittelte visionär seine therapeutischen Botschaften. Als Zeichen ihrer Dankbarkeit hinterließen die Kranken Votivgaben; ihr Heilungsprozess wurde minutiös auf Steintafeln aufgezeichnet.

Siehe auch
Zeus und Hera, Apollon, Votivgaben, Medizin, Epidauros

▼ Palatin, Marmorkopf des Asklepios, 4. Jh. v. Chr., röm. Kopie, Rom, Museo Antiquario del Palatino.

Der Piräus, wo das Relief gefunden wurde, war im 4. Jh. v. Chr. Sitz eines bedeutenden Asklepios-Heiligtums. Der Kult des Gottes wurde 420 v. Chr. nach einer großen Pest offiziell in Athen eingeführt.

Die Behandlung des Jungen durch den Gott erfolgt im Beisein der Familie; sie ist in der linken Bildhälfte in kleinerem Maßstab dargestellt. Oft begleiteten Familienangehörige die Kranken auf ihrer Wallfahrt, die sich zu einem langen Aufenthalt in der Fremde entwickeln konnte.

▲ *Heilung im Schlaf,*
Votivrelief, Piräus, 4. Jh. v. Chr.,
Athen, Archäologisches Museum des Piräus.

Unter den Ausgrabungsfunden in Epidauros befanden sich auch Spieltafeln aus Holz oder Stein. Denkbar ist, dass sie von den Kranken, die sich damit während ihres Aufenthalts im Heiligtum die Zeit vertrieben haben, als Votivgaben zurückgelassen wurden.

Asklepios ist hier als Arzt dargestellt, der den Patienten durch Berührung oder durch Anwendung anderer Mittel heilt. Die Heilung erfolgt, während der Patient schläft.

Dem Gott steht seine Tochter Hygieia zur Seite, die Verkörperung der Gesundheit, die im Kult ihres Vaters eine wichtige Roll einnahm. Zur Vorbeugung von Krankheiten und zum Erhalt einer guten körperlichen Verfassung wandten sich die Menschen an sie.

Eine Gruppe von Gläubigen, vielleicht eine Familie, erscheint mit bittender Geste vor dem Gott. Wie häufig auf Votivbildern, sind die Gläubigen in der Bedeutungsperspektive dargestellt, d.h. sie werden gemäß ihres niedrigeren Ranges kleiner als die Götter abgebildet.

Der Gott wird von seinen vier Töchtern begleitet: von Hygieia, der Personifikation der Gesundheit, von Panacea, die jede Krankheit heilen kann, und von Iaso, Aegle sowie den beiden Söhnen Machaon und Podaleirios, die als Ärzte am Trojanischen Krieg teilgenommen haben. Von den Söhnen des Asklepios stammen die Asklepiaden ab, die das geheime Wissen der Heilkunst von Generation zu Generation weitergaben. Auch Hippokrates zählte zu ihren Nachkommen.

Asklepios ist am Stab erkennbar, um den sich eine Schlange windet. Sie symbolisiert (durch das Abwerfen ihrer Haut) die Wiedergeburt. Von einer Schlange erhielt Asklepios das wundertätige Kraut, womit er Hippolytos heilte, den Sohn des Theseus. Zu seinen Attributen gehört auch der Hahn, ein Symbol des Tages und der Rückkehr zum Leben. An seinen Festen wurden ihm daher Hähne geopfert.

▲ *Asklepios und die Gläubigen,*
Votivrelief, um 360 v. Chr.,
Athen, Archäologisches Nationalmuseum.

»Ich glaube, dass es vollkommen richtig ist, wenn einige hellenische Städte zwei verschiedene Arten von Heraklestempeln erbauen. In dem einen opfern sie ihm als dem unsterblichen Olympier, in dem anderen bringen sie ihm als einem Heros Totenopfer dar.« (Herodot)

Herakles

Herakles, Sohn des Zeus und der Sterblichen Alkmene, wurde zwar von Hera gehasst, bekam dennoch die unsterblich machende Milch der Göttin zu trinken. Schon als Kind zeigt er eine außergewöhnliche Kraft, als er die Schlangen erwürgt, die Hera ihm in die Wiege schickte. Aber er wurde auch von Tobsuchtsanfällen heimgesucht, so tötet er grundlos seinen Musiklehrer und sogar seine eigenen Kinder. Daraufhin weist ihn das Orakel in Delphi an, seine Taten am Hof des Eurystheus, König von Mykene, in Tyrins zu sühnen. Von diesem wird Herakles mit den »zwölf Arbeiten« beauftragt und durchzieht die Welt, besiegt Ungeheuer, gründet Städte, lernt die Sklaverei kennen, befleckt sich selbst mit Freveltaten und Untreue. Schließlich greift sein Vater Zeus ein und führt ihn als Lohn für seine Taten auf den Olymp. Herakles ist der populärste Heros der griechischen Welt, in seinen Mythen spiegeln sich alle Themen und Probleme der *conditio humana*. Die Wurzeln seines Sagenkreises reichen vermutlich bis in das Neolithikum zurück, als die Vision eines jugendlichen Heros als Ordner der Welt Gestalt annahm. Seine Legende wurde im Lauf der Jahrhunderte durch zahlreiche Episoden bereichert, die mit den Phasen der griechischen Expansion im Mittelmeerraum unmittelbar verknüpft sind. Die »zwölf Arbeiten« sind vermutlich ein Produkt des 5. Jh. v. Chr., denn in dieser Zeit erscheint ihre erste vollständige Darstellung, im Zeus-Tempel in Olympia.

Siehe auch
Euphronios, Exekias, Zeus und Hera, Delphi, Olympia

▼ *Herakles tötet den Kentauren Nessos,* attisch-schwarzfigurige Amphora, aus Athen, 620 v. Chr., Athen, Archäologisches Nationalmuseum.

Nach dem Mord an Iphitos, dessen Sühne einen weiteren Tatkreis eröffnet, begibt sich Herakles nach Delphi. Da die Pythia sich weigert, für ihn das Orakel zu befragen, raubt Herakles den Dreifuß.

Die Szene stellt dar, wie Herakles mit dem von der Pythia zu Hilfe gerufenen Apollon um den Dreifuß streitet.

Zeus steht zwischen den Gegnern und versucht den Streit zu beenden. Die Strafe der Pythia für den Mord und die Profanierung des Heiligtums führt Herakles in die Sklaverei; dazu verurteilt, die conditio humana *bis in die tiefsten Tiefen auszuloten.*

Der Mythos des Herakles kennt zahlreiche Episoden, in denen der Heros die dunklen Seiten seiner halb menschlichen und halb göttlichen Natur erfahren muss und sich dabei auch mit der Sünde der Gottlosigkeit befleckt.

▲ *Streit um den Dreifuss zwischen Apollon und Herakles*, Ostgiebel des Schatzhauses der Siphnier, um 525 v.Chr., Delphi, Archäologisches Museum.

Herakles, bewaffnet mit einem Schwert und bedeckt mit dem Fell des Löwen von Nemea, das er diesem bei seiner ersten Tat abgezogen hat, tötet den Riesen Geryon, um sich seiner Herden zu bemächtigen.

Der Riese Geryon, dargestellt als Monster mit drei Köpfen und drei Oberkörpern, bewohnte die Insel Erytheia.

Zu Füßen des Heros liegt der Hirte Eurytion, der Wächter der Herden des Geryon, von einem Pfeil durchbohrt.

▲ *Herakles und Geryon,*
attisch-schwarzfigurige Amphora des Exekias, aus Vulci, um 540 v. Chr., Paris, Musée du Louvre.

Herakles hat den Riesen zu Boden gestreckt und versucht, ihn mit einem Würgegriff zu ersticken. Die schlaff herabhängende Hand und das nach oben verdrehte Auge des Riesen signalisieren das Schwinden seiner Kräfte. Nach der Legende muss ihn Herakles vom Boden abheben, um den Kontakt zur Mutter Erde zu lösen; nur so verliert er seine überirdischen Kräfte.

Der Riese Antaios, Sohn des Poseidon und der Gaia, trieb sein Unwesen in Libyen; er forderte alle Reisenden zum Ringkampf heraus und tötete sie; die Schädel der Getöteten soll er als Trophäen am Tempel seines Vaters aufgehängt haben.

Das Motiv der im Kampf verschlungenen Körper gab dem Maler Gelegenheit, seine anatomischen Kenntnisse zu demonstrieren.

Die Gegner kämpfen nackt miteinander, wie es beim Ringkampf in der Palästra üblich war, und stemmen sich dabei gegeneinander, jeder mit einem ausgestreckten und einem angewinkelten Bein. Dass Herakles die Waffen abgelegt hat, zeigt, dass er seiner Köperstärke vertrauen kann.

▲ *Kampf des Herakles mit Antaios,* attisch-rotfiguriger Kelchkrater des Euphronios, aus Cerveteri, um 510 v. Chr., Paris, Musée du Louvre.

Herakles steigt auf einer von Pferden gezogenen Kutsche in den Olymp auf, begleitet von der Siegesgöttin Nike.

Herakles starb durch ein mit dem Blut des Kentauren Nessos vergiftetes Gewand, das ihm seine zweite Frau Deianeira aus Eifersucht gab, ohne jedoch von dessen tödlicher Wirkung zu wissen. Das Gift begann die Haut des Herakles zu verbrennen, sodass er sich den Tod auf dem Scheiterhaufen wünschte, den er selbst auf dem Berg Oite errichtete und bestieg. Aus dem brennenden Scheiterhaufen wurde er empor getragen und in die Götterwelt aufgenommen.

Während das antike Griechenland in der Figur des Herakles seine aristokratischen Ideale von Leidenschaft und Heldentum verkörpert sah, interpretierten frühchristliche Gelehrte die Apotheose des Heros als Metapher für die Leiden und die Erlösung eines missionarischen Menschen.

▲ *Apotheose des Herakles*,
attisch-rotfiguriger *Krater*, um 400 v. Chr.,
Wien, Kunsthistorisches Museum.

Der Hercules Farnese, *so genannt, weil er lange im Hof des Palazzo Farnese aufgestellt war, ist die berühmteste der mehr als 20 überlieferten Kopien einer Bronzestatue des Lysippos; sie war auch auf vielen Münzen abgebildet.*

In der rechten Hand, hinter seinem Rücken, hält Herakles die Trophäe seiner letzten Heldentat: die goldenen Äpfel aus dem Garten der Hesperiden, die er mit Hilfe des Atlas raubte.

Die Skulptur hält einen Moment nach der Erledigung der Ruhmestaten fest. Herakles stützt seinen schweren Körper auf einen Gesteinsblock, über dem die Trophäe seiner ersten Tat hängt, das Fell des nemeischen Löwen.

Auf dem Felsblock ist der Name des Kopisten, des Athener Bildhauers Glykon, vermerkt, der im 2. Jh. n. Chr. lebte.

Der Herakles des Lysippos repräsentiert ein völlig neues Götterbild, das sich im Vergleich zum klassischen Typus nicht durch Idealisierung des Körpers und Erhabenheit der Erscheinung auszeichnet, sondern durch Passivität und Nachdenklichkeit. Diese Entwicklung steht im Kontext einer Humanisierung der Götterwelt am Übergang zum Hellenismus.

▲ *Hercules Farnese,*
Kopie des Glykon nach Lysippos aus dem 2.Jh.n.Chr aus Rom, Caracalla-Thermen, Neapel, Museo Archeologico Nazionale.

»Trinken wir! ... / Reich mir Becher zum Trunk ... / Denn der Semele Sohn gab ja den Wein einst den Menschen, damit / Man vergäße das Leid: Mische mir recht einen und zwei dazu! / Füll sie bis an den Rand!« (Alkaios)

Dionysos

Dionysos, der Gott des Weines, vergnügt sich im trunkenen Gefolge der Satyrn und lädt zu sinnlichen Exzessen ein, die die gesellschaftliche Ordnung aufzulösen drohen. Obgleich sein Wirken im offenen Gegensatz zum Wertesystem der griechischen Gesellschaft zu stehen schien, gehörte er zu den populärsten Göttern der Antike. Seine Andersartigkeit kommt schon in der Art seiner Geburt zum Ausdruck. Wie Athene wurde er nicht von einer Frau geboren, sondern aus dem Schenkel seines Vaters Zeus. Von daher rührt seine sinnliche und irrationale Natur, die dem griechischen Ideal von Männlichkeit widersprach und als effeminiert galt. Nach der Legende wurde er von den Nymphen in den Wäldern aufgezogen, fernab von der zivilisierten Welt, ein Milieu, das ihm zum Gott der Vegetation und Fruchtbarkeit prädestinierte, oft als phallisches Götterbild dargestellt. Dionysos wurde vor allem von der Landbevölkerung verehrt, daher findet man in den griechischen Städten keine Tempel des Gottes. Im Mittelpunkt des Kultes standen große Feste mit Tänzen und Gesängen, auf denen zugleich in symbolischen und ritualisierten Formen die Zivilisierung der sinnlichen und orgiastischen Ekstase vorgeführt wurde.
Die Riten wurden im Laufe der Zeit von musikalischen und dichterischen Wettstreiten abgelöst und nahmen den Charakter von religiösen Feiern an. Aus diesem Grund waren die Theater, die seit dem 4. Jh. v. Chr. an festen Orten spielten, Kultstätten des Dionysos und beherbergten dort häufig ihm geweihte Altäre.

Siehe auch
Zeus und Hera, Mysterienreligionen, Religiosität der Frauen, Theater

▼ *Dionysos und Mänaden,* attisch-rotfigurige Spitzamphora des Kleophrades-Malers, aus Vulci, 500–490 v. Chr., München, Antikensammlungen.

Im Mythos des Hesiod ist Dionysos der Sohn des Zeus und der sterblichen Semele, die beim Anblick des göttlichen Geliebten vom Blitz getroffen wird, als Strafe für ihr Verlangen, ihn in seiner wahren Gestalt zu sehen.

Um den Fötus der schwangeren Semele zu retten, ließ ihn Zeus sich in den Oberschenkel einnähen und gebar ihn schließlich, indem er die Schnürriemen von seinem Bein löste. Dionysos wurde daher Dissotokos *(»der zweimal Geborene«) oder* Dimetor *(»der mit zwei Müttern«) genannt.*

Die eifersüchtige Hera, die hier der Geburt beiwohnt, hatte Semele zu dem todbringenden Wunsch überredet und so den Tod der Rivalin verursacht. Nach der Geburt des Dionysos verfolgte sie verbissen dessen Weg und zwang ihn zu einer langen Pilgerschaft, auf der er seine göttliche Natur unter Beweis stellen sollte, um auf den Olymp zurückkehren zu können.

▲ *Geburt des Dionysos*,
apulisch-rotfiguriger *Krater*, 400–380 v. Chr.,
Tarent, Museo Archeologico Nazionale.

Die Kylix des Exekias stellt eine Episode aus dem Mythos des Dionysos dar, die zu den bekanntesten Ereignissen seines irdischen Lebens vor der Rückkehr auf den Olymp gehört.

Dionysos lässt mit Zauberkraft seltsame Dinge auf dem Schiff geschehen: Weinlaub mit schweren Trauben rankt sich um die Segel, Mast und Ruder verwandeln sich in Schlangen, Efeu wächst über das Schiff.

Durch den Klang unsichtbarer Flöten verfiel die Schiffsbesatzung dem Wahn und warf sich ins Meer, wo jedes ihrer Mitglieder in einen Delfin verwandelt wurde.

Das Schiff mit einem Tierkopf am Bug gehörte tyrrhenischen Piraten, die den Gott, den sie nicht erkannten, gefangen genommen hatten, um ihn in die Sklaverei zu verkaufen.

▲ *Meerfahrt des Dionysos*,
attisch-schwarzfigurige *Kylix* des Exekias, 540–530 v.Chr.,
München, Antikensammlungen.

»Neun lange Tage durchstreifte das Land die waltende Deo, / Brennende Fackeln trug sie in Händen, in leidvoller Stimmung / Wies sie ambrosianische Speise zurück, verschmähte des Nektars.«
(Homer)

Demeter und Persephone

Siehe auch
Zeus und Hera, Mysterienreligionen, Religiosität der Frauen, Eleusis

Demeter, die Göttin der Vegetation und des Ackerbaus, wurde, obwohl sie wahrscheinlich eine Gottheit älteren Ursprungs war, als Tochter des Kronos und der Rhea in das olympische System integriert. Ihre Gestalt ist eng mit der ihrer Tochter Persephone verbunden, deren Vater Demeters Bruder Zeus ist. Von zentraler Bedeutung im Mythos ist der Raub der Persephone durch Hades, den König der Unterwelt. Aus Verzweiflung über die erfolglose Suche nach ihrer Tochter zwingt Demeter die Götter, ihr Gerechtigkeit widerfahren zu lassen: Sie vernachlässigt die Vegetation und bringt so eine schreckliche Hungersnot über die Menschen. Die Götter lenken ein, da aber Persephone bereits vom Granatapfel, der Speise der Toten, gegessen hat, bleibt ihr die endgültige Rückkehr zum Olymp verwehrt und ist gezwungen, ein Drittel des Jahres, den Winter, in der Unterwelt zu verbringen. Demeter gab sich zufrieden und ließ die Früchte der Erde wieder wachsen. Aus Dankbarkeit gegenüber Eleusis, wo sie während ihrer Pilgerschaft wohlwollend aufgenommen worden war, weihte sie den jungen Eleusiner Triptolemos in den Ackerbau ein, damit er ihn unter den Völkern verbreite, und lehrte die Mädchen des Ortes die heiligen Riten zu Ehren der Göttin. In Eleusis lag die bedeutendste Kultstätte der Göttinnen und der Sitz eines Heiligtums, wo alljährlich die Eleusinischen Mysterien stattfanden und sich die Athener in einem 20 km langen Prozessionszug hinbegaben.

▼ *Triptolemos zwischen Demeter und Persephone*, attisch-rotfigurige *Hydria*, um 450 v. Chr., Wien, Kunsthistorisches Museum.

Die Gestalt mit den zwei Fackeln, die Persephone vorangeht, ist Hekate, die Geleiterin der Toten und Wächterin der nächtlichen Straßen. Es war üblich, für sie Speiseopfer an Kreuzungen niederzulegen.

Fackeln gehörten zum Ritual der eleusinischen Mysterien, das in Erinnerung an die nächtliche Rückkehr der Persephone in der Dunkelheit stattfand.

Persephone tritt durch eine Erdspalte aus dem Reich der Schatten hervor; Hermes hat Persephone durch das Reich des Hades begleitet, das ihm als dem Geleiter der Seelen bekannt ist.

Diese Figur stellt die wartende Demeter dar.

▲ *Rückkehr der Persephone*, attisch-rotfiguriger *Krater* des Persephone-Malers, um 440 v. Chr., New York, Metropolitan Museum.

Demeter trägt ihr Attribut, das lange Zepter, das an den Wanderstab erinnern soll, den sie auf ihrer langen Suche nach Persephone mit sich führte.

Nach einer weit verbreiteten Version des Mythos war Triptolemos der Sohn des Keleos, des Königs von Eleusis, der Demeter wohlwollend aufgenommen und beherbergt hatte, ohne von ihrer Göttlichkeit zu wissen. Nach einer anderen Version warnte Triptolemos Demeter vor dem Raub der Tochter.

Persephone, die an der langen Fackel zu erkennen ist, streckt ihre Hand nach dem Haupt des Triptolemos aus, vielleicht eine symbolische Geste der Erhöhung oder des Schutzes.

Der jugendliche Triptolemos empfängt aus der Hand Demeters eine Kornähre; sie hat ihn beauftragt, den Getreideanbau unter den Menschen zu verbreiten. Oft wird Triptolemos auf einem geflügelten Wagen dargestellt, den die Göttin ihm geschenkt hat, um die Ausführung des Auftrages zu beschleunigen.

▲ *Die Aussendung des Triptolemos,*
Marmorrelief, aus Eleusis, 2. Hälfte 5. Jh. v. Chr., Athen, Archäologisches Nationalmuseum.

Der Kernos *war ein Kultgefäß mit kleinen aufgesetzten Gefäßen für Samen und Getreidekörner, Früchte oder Flüssigkeiten und fand vor allem im Kult der Demeter Verwendung.*

Aus einer antiken Quelle wissen wir von den Opfergaben, die Demeter in solchen Kernoi *dargebracht wurden: Weizen- und Gerstenkörner, Erbsen, Körner von Wicken, Salbei, Mohnkapseln, Linsen, Bohnen, Hafer, Obst, Honig, Öl, Wein, Milch, Schafwolle.*

▲ Terrakotta-*Kernos,* aus Eleusis, Eleusis, Archäologisches Museum.

»Vom Ambosshalter stand auf die schnaufende Ungestalt, hinkend, ... die Blasebälge stellte er weg vom Feuer,... tauchte in den Rock und ergriff den Stab, den dicken, und ging hinaus, hinkend.«
(Homer)

Hephaistos

Siehe auch
Zeus und Hera, Athene, Herakles, Dionysos, Agora von Athen

▼ *Hephaistos auf einem geflügelten Wagen,* attisch-rotfigurige *Kylix* des Ambrosios-Malers, aus Vulci, 510–500 v. Chr., Stiftung Staatliche Museen Berlin, Antikensammlung.

Hephaistos, der Gott des Feuers und des Schmiedehandwerks, Sohn des Zeus und der Hera, ist wie viele mythische Gestalten, die mit Technik zu tun haben, missgestaltet: Er hinkt und nimmt deshalb unter den Göttern einen niederen Rang ein. Homer zufolge soll Hera sich des unförmigen Sohnes geschämt und ihn nach der Geburt vom Olymp hinabgeschleudert haben. Das Stigma des Makels verbindet ihn mit den Schmieden in antiken Gesellschaften; die oft abgesondert lebten und denen man wegen ihrer Fähigkeit, Naturgewalten wie Feuer, Wind und die Metalle zu beherrschen, mit Skepsis und Furcht begegnete. Fern vom Olymp lernt Hephaistos die Geheimnisse der Metallurgie kennen und entwickelt große Geschicklichkeit im Bau von Fallen und tückischen Gegenständen. Um sich an der Mutter zu rächen, schickte er ihr einen goldenen Thron, an dem gefesselt blieb, wer sich auf ihn setzte. Die Götter baten Hephaistos auf den Olymp zurückzukehren, um Hera zu erlösen. Erfolg hatte aber nur Dionysos, der ihn mit Wein trunken machte und ihn auf dem Rücken eines Maultiers wieder zu den Göttern brachte.

Auf dem Olymp setzt Hephaistos seine handwerkliche Tätigkeit fort: Er fertigt die Blitze des Zeus, den goldenen Wagen des Sonnengottes, den Schild des Herakles, die Waffen des Achilleus. Der Kult des Hephaistos wurde besonders in Athen gepflegt, wo er, zusammen mit Athene, als Schutzherr der Handwerker verehrt wurde und sein Tempel an prominenter Stelle die Agora beherrschte.

Hephaistos, der von Dionysos in einer feierlichen Prozession von Satyrn und Mänaden auf den Olymp zurückgeführt wird, sitzt trunken auf dem Rücken seines Reittiers. In der Hand hält er die Doppelaxt, das Symbol seiner handwerklichen Tätigkeit.

Trotz seines unvorteilhaften Aussehens, das stets Heiterkeit unter den Göttern hervorruft, ist Hephaistos mit Göttinnen von außerordentlicher Schönheit verbunden: Die Ilias *nennt Charis als seine Gattin, während er in der* Odyssee *sogar mit Aphrodite verheiratet ist.*

Die Behinderung des Gottes ist durch den nach hinten gedrehten Fuß angedeutet; sie ermöglichte ihm beim Gehen eine doppelte Ausrichtung, ähnlich einer Krabbe, das mit ihm verbundene Tier, von dessen Name – Karkinos *– auch die Bezeichnung der Schmiedezange abgeleitet ist.*

Über den Makel des Hephaistos gibt es schon bei Homer zwei unterschiedliche Überlieferungen: Nach der einen ist der Gott schon hinkend geboren worden, und Hera habe ihn deshalb ins Meer geworfen, nach der anderen Version hat Zeus das Hinken verursacht, der ihn vom Olymp auf die Insel Lemnos geschleudert haben soll, weil er bei einem Streit mit Hera Partei für die Mutter ergriffen hatte.

▲ *Rückkehr des Hephaistos auf den Olymp*, attisch-schwarzfigurige Amphora, 550–500 v. Chr., Wien, Kunsthistorisches Museum.

Die Nymphe Thetis, eine der 50 Nereiden, war die Mutter des Achilleus, der ihrer Verbindung mit dem sterblichen Peleus entstammte. Sie hatte den vom Olymp geschleuderten Hephaistos aufgenommen und bat ihn nun, Waffen für Achilleus anzufertigen, die ihn vor dem von Kalches vorhergesagten Tod schützen sollten.

Über den mythischen Ort der Schmiede des Hephaistos geben die Quellen verschiedene Hinweise; nur Homer verlegt sie auf den Olymp, spätere Autoren vermuteten sie auf einem Berg auf der Insel Lemnos, dem bevorzugten irdischen Aufenthaltsort des Gottes, oder in den Vulkanen Süditaliens.

Hephaistos, mit der kurzen Arbeitstunika bekleidet, ist bei der Arbeit an dem Helm des Achilleus dargestellt; Thetis prüft den Schild und die Lanze, an der Wand hängen die Beinschienen.

▲ *Thetis nimmt von Hephaistos die Waffen entgegen,* attisch-rotfigurige *Kylix*, aus Vulci, 490–480 v. Chr., Stiftung Staatliche Museen Berlin, Antikensammlung.

»Demeter ... war den Athenern gegenüber sehr freundlich gesinnt und überreichte ihnen zwei Geschenke, und zwar die denkbar größten: die Feldfrüchte ... und die Mysterien.« (Isokrates)

Mysterienreligionen

Die *Mysteria* (von *myein:* »den Mund schließen«) waren nur Eingeweihten vorbehalten; in der Regel konnten an den Kulten alle Gläubigen teilnehmen. Für die Athener waren die Feste zu Ehren der Demeter in Eleusis die Mysterien schlechthin. Zu ihnen zählten außerdem bestimmte Dionysoskulte, die mit Orpheus verbundenen Riten und die Verehrung der Kabiren, Söhnen des Hephaistos, auf der Insel Samothrake. Da die Offenlegung der Mysterien gesetzlich bestraft wurde, gibt es, abgesehen von den abwertenden Berichten christlicher Autoren, nur wenige Quellen, die darüber Auskunft geben. Gemeinsam war ihnen eine Initiationszeremonie, bei der ein Kandidat rituell den Leiden unterworfen wurde, die die jeweilige Gottheit durchlebt hat. Vermutlich stellten die Teilnehmer an den Mysterien der Demeter ihre verzweifelte Suche nach Persephone nach, in den Mysterien des Dionysos wurde der Zerreißung des kindlichen Gottes durch die Titanen gedacht und seine Wiedergeburt aus dem unversehrt gebliebenen Herzen zelebriert. Auf die Initiation folgte die Offenbarung bestimmter Geheimnisse, die mit der Hoffnung auf individuelle Erlösung verbunden war, und es wurden besondere symbolische Objekte dargeboten: eine »im Schweigen geerntete« Ähre, die für Demeter stand, oder Kinderspielzeug, das sich auf Dionysos bezog. Oft schlossen die Zeremonien mit ekstatischen und orgiastischen Ritualen, in denen die symbolische Vereinigung mit der Gottheit vollzogen wurde.

Siehe auch
Dionysos, Demeter und Persephone, Hephaistos, Religiosität der Frauen, Eleusis

▼ Terrakottabüste des Dionysos, aus Böotien, 1. Hälfte 4. Jh. v. Chr., Wien, Kunsthistorisches Museum.

Anstelle der traditionellen Verbindung Hades–Persephone ist das Paar Dionysos–Demeter getreten: diese Konstellation geht auf den Einfluss der Mysterienreligionen zurück, deren Hauptfiguren die beiden Gottheiten waren.

Dionysos und Demeter sind an ihren Attributen zu erkennen: Der doppelhenkelige Kantharos *ist ein Gefäß für den Wein, der Granatapfel die Speise der Unterwelt und zugleich das Symbol der Fruchtbarkeit.*

Die Schlange auf der Rückenlehne des Throns identifiziert die beiden Gottheiten als Regenten des Totenreichs; als chthonische Tiere, verbunden mit der Erde, stehen die Reptilien immer im Zusammenhang mit den Kulten der Unterwelt.

Der Hahn, die Lotosblume und die Eier, die von dem klein dargestellten Elternpaar als Opfer dargebracht werden, sind Symbole des Übergangs und der Wiedergeburt; sie fanden in Kulten Verwendung, die den Eingeweihten ein Dasein nach dem irdischen Leben versprachen.

▲ *Demeter und Dionysos,*
Grabrelief aus der Nekropole von Chrysapha (Lakonien), 550–540 v. Chr., Stiftung Staatliche Museen Berlin, Antikensammlung.

Eurydike wendet sich mit zärtlicher Geste ihrem Gatten Orpheus zu, während Hermes ihr Handgelenk erfasst, um sie zurück in die Unterwelt zu führen.

Dem Sänger Orpheus, traditionell in thrakischer Kleidung, war es gelungen, die Götter mit seinem Gesang milde zu stimmen, sodass sie ihm erlaubten, seine Frau auf die Erde zurückzubringen. Das daran geknüpfte Versprechen, Eurydike erst im Reich des Lichts anzuschauen, konnte er jedoch nicht halten.

Auf den Orpheus-Mythos bauten die »Orphiker« ihre Lehren über die Natur des Menschen auf, der eine Urschuld trage, da er aus der Asche der Titanen geboren worden war: Zeus hatte die Titanen mit seinem Blitz verbrannt, da diese seinen Sohn Dionysos zerrissen und verschlungen hatten. Nach dem Glauben der Orphiker muss sich der Mensch zu diesem Ursprung bekennen und sich durch Reinigung von dem Makel befreien, um seinen Platz unter den Göttern zu finden.

Die Verbreitung der Orphik ist seit dem 5. Jh. v. Chr. durch Grabfunde von Goldplättchen nachweisbar, die mit Worten der Tröstung und Ermahnung versehen sind, und durch Fragmente des sog. Derveni-Papyrus mit einem Kommentar zu einem dem Orpheus zugeschriebenen Gedicht, der in einem Grab in Derveni in Makedonien gefunden wurde.

▲ *Abschied des Orpheus von Eurydike,* attisches Relief, 5. Jh. v. Chr., röm. Kopie, Neapel, Museo Archeologico Nazionale.

»Sieben Jahr alt trug ich schon / Herses Heiligtum beim Fest, / Mit zehn Jahren mahlt' ich dann / Opfermehl der Artemis, / Ward im Safrankleid in Brauron ihr geweiht beim Bärenfest.«
(Aristophanes)

Religiosität der Frauen

Siehe auch
Athene, Aphrodite und Eros, Artemis, Dionysos, Demeter und Persephone, Opfer

Im antiken Griechenland nahmen zwar die Frauen aktiv an den großen religiösen Festen teil, besetzten aber nur marginale Rollen. Junge Frauen waren zuständig für das Weben und die Übergabe des *Peplos*, der Athene anlässlich der Panathenäen dargebracht wurde, auch das Waschen und Einkleiden der Kultstatuen oblag in vielen Städten den Mädchen. Vom politischen Leben blieben Frauen ausgeschlossen und waren auch nicht zum blutigen Opfer und der Aufteilung des Fleisches unter den Bürgern zugelassen. Nur bei bestimmten Anlässen spielten sie eine Rolle. Bei den Thesmophorien, dem Demeter und Persephone geweihten Fest der Aussaat, versammelten sich die verheirateten Frauen in den Tempeln und feierten ein Opfer, bei dem der männliche Opferpriester nur die Schlachtung vollziehen durfte. Bei den Lenäen und dem Dionysos geweihten Festen zur Weihe und zum Ausschank des neuen Weins, tranken sie Wein, vollführten Tänze und vollzogen Riten, wie die rituelle Hochzeit der *Basilinna* (Frau des *Archon Baslileus*) mit Dionysos, von denen die Männer ausgeschlossen waren. Bei den *Adonia* (Adonis-Festen) wurde des frühen Todes des Jünglings Adonis gedacht. Exklusiv für Frauen und beschränkt auf die heranwachsenden Mädchen waren die Rituale am Heiligtum der Artemis in Brauron, wo Mädchen im Alter von elf bis 14 Jahren der Göttin als *Arktoi* (»Bärinnen«) dienten, zur Wiedergutmachung für die Tötung einer heiligen Bärin.

► *Opferkorbträgerin*, attisch-rotfigurige *Lekythos* des Ikarus-Malers, 480 v. Chr., Paris, Musée du Louvre.

Die Figur hält ein Kaninchen im Gewandbausch. Solche Statuetten wurden in großer Zahl in Brauron, am Heiligtum der Artemis, gefunden und waren Weihegaben der »Bärinnen«, der Mädchen, die vor ihrer Hochzeit für eine bestimmte Zeit im Tempel der Göttin lebten.

Kleine Vasen aus dem Heiligtum in Brauron waren oft mit Darstellungen nackter oder in kurze Chitone gekleideter versehen, die zusammen mit Hunden, Hirschen und Erwachsenen mit Bärenmasken eine schnelle Jagd nachstellen. Denkbar ist, dass dieser rituelle Vorgang den Abschied der Mädchen von der »wilden« Unbefangenheit der Kindheit symbolisiert.

► Terrakotta-Statuette aus dem Heiligtum der Artemis in Brauron, 4. Jh. v. Chr., Brauron, Archäologisches Museum.

Eine weibliche Figur, vermutlich Aphrodite darstellend, nimmt von Eros eine zerbrochene Amphora entgegen, in der zarte Pflänzchen wachsen.

Wiedergeben ist hier ein typisches Ereignis aus dem Adonis-Ritual: Frauen stellen Gefäße, in die sie Korn und Salat gesät haben, unter das Dach ihrer Häuser, und lassen die Pflanzen in der Sonne verwelken. Das Austrocknen der Triebe symbolisierte den verfrühten Tod des Adonis, des schönen Geliebten der Aphrodite, der von Ares getötet wurde.

Der Kult des Adonis, der aus dem Osten kam, soll von Aphrodite selbst gestiftet worden sein; er wurde ausschließlich von Frauen praktiziert, die sich zu Klagegesängen versammelten und Trauer trugen.

Die weibliche Prägung des Kultes wird zeigt sich auch darin, dass sich solche Szenen fast ausschließlich auf Gefäßen für Parfüms befinden.

▲ *Adonisgärtlein,*
attisch-schwarzfigurige *Lekythos*, um 390 v. Chr.,
Karlsruhe, Badisches Landesmuseum.

Das Bild des bärtigen Dionysos im kurzem Chiton ist auf einem Holzpfahl aufgesetzt. Zwischen den Zweigen zu beiden Seiten des Kopfes sind zwei flache Fladen oder Kuchen zu sehen, die vermutlich Weihegaben für den Gott darstellen.

Bacchantinnen nähern sich im Tanzschritt mit Thyrsosstab und langer brennender Fackel; sie spielen auf Doppelaulos und Schellentrommeln.

Eine Frau mit aufgelöstem Haar und Efeukrone schöpft Wein aus einem Stamnos *und schickt sich an, ihn in einen* Skyphos *zu gießen.*

Die Darstellung bezieht sich auf eines der nächtlichen, den Frauen vorbehaltenen Feste während der Lenäen, an denen dem Gott Dionysos der neue Wein geweiht wurde.

▲ *Dionysos Lenaios mit Mänaden*, attisch-rotfiguriger *Stamnos* des Dinos-Malers, aus Nocera, 425–415 v. Chr., Neapel, Museo Archeologico Nazionale.

»Von allen Göttern verlassen nannte er [Sokrates] aber auch die, welche durch Orakel erfahren wollten, was die Götter den Menschen durch eigenes Studium zu entscheiden gestattet haben.«
(Xenophon)

Weissagung

Siehe auch
Apollon, Asklepios, Delphi, Epidauros

Mit dem Begriff »Divination« (Weissagung) werden alle Techniken erfasst, mit deren Hilfe die Zukunft vorausgesagt und die Gunst der Götter in Erfahrung gebracht werden konnte. Weit verbreitet war die Eingeweideschau, insbesondere die Leberschau, die über die Opportunität einer Handlung Auskunft geben sollte. Hinweise erhoffte man sich auch durch *Lekanomantie,* die Wahrsagerei aus den Formen, die Öl auf einer Wasseroberfläche hinterlässt, oder durch *Libanomantie,* die auf der Deutung der Rauchfahnen basierte, die von einem auf einem Altar entzündeten Feuer aufstiegen. In den großen Orakelheiligtümern wurde vor allem die prophetische Divination praktiziert, bei der ein Sterblicher im Namen eines Gottes sprach. In manchen Heiligtümern wandte man die *Nekromantie* an, die Befragung der Geister der Toten, die durch »szenische Vorrichtungen« und durch die Einnahme von halluzinogenen Substanzen unterstützt wurde. Das ergaben Grabungen im Heiligtum von Ephyra im Epirus beim Fluss Acheron, wo Odysseus in den Hades hinabgestiegen sein soll, um den Geist des Teiresias zu befragen. Die *Oneiromantie,* die Traumdeutung, wurde in den Heiligtümern des Asklepios praktiziert, dort übermittelte der Gott den Kranken durch ihre Träume die Art der Behandlung. Im Volk war die *Kleromantie* beliebt, vergleichbar mit dem modernen Kartenlegen, wobei Steine, Stäbe, Würfel, Astragale gemischt und nach dem Zufallsprinzip ausgewählt wurden.

▼ *Eingeweideschau beim Abschied des Kriegers,* attisch-rotfigurige Amphora des Kleophrades-Malers, aus Vulci, 490–480 v. Chr., Würzburg, Martin von Wagner Museum.

Die Frau auf dem Dreifuß mit Schale und Ölzweig ist die Göttin Themis, die Personifikation der Ordnung und des Gesetzes. Ihr wurde die Erfindung der Riten und der Orakel zugeschrieben, nach mythischer Überlieferung hat sie den Apollon die Prozedur der Weissagung gelehrt.

Die bärtige, mit Lorbeer gekrönte Gestalt, die das Orakel befragt, ist Aigeus, der mythische König von Athen, Vater des Theseus und namengebender Heros einer der attischen Phylen.

Das Orakel von Delphi sprach durch die Pythia; für diese Aufgabe wurde ein Mädchen von hoher moralischer Integrität ausgewählt, dabei spielten prophetische Gaben keine Rolle. Im Delirium der Priesterin, hier auf dem Dreifuß sitzend und einen Lorbeerzweig schwenkend, nahm der Gott von ihr Besitz und veranlasste sie, Töne und Schreie von sich zu geben, die die Priester in verständliche Botschaften umdeuteten.

An anderen Orakelstätten gab sich der Gott durch andere Formen zu erkennen, z. B. durch das Rascheln des Laubwerks eines bestimmten Baums oder durch das Gezwitscher von Vögeln.

Im Heiligtum des Zeus in Dodona sind über 150 Bleitäfelchen mit eingeritzten Fragen an das Orakel gefunden worden, datierbar vom 6.–2. Jh. v. Chr.; sie waren so formuliert, dass nur eine bejahende oder verneinende Antwort gegeben werden konnte.

▲ *Befragung des Orakels,*
attisch-rotfigurige *Kylix* des Kodros-Malers,
aus Vulci, 450–425 v. Chr.,
Stiftung Staatliche Museen Berlin, Antikensammlung.

»Er [Sokrates] behauptete, es werde zu den Göttern nicht gut passen, wen sie sich über große Opfer mehr freuen würden als über kleine. Sonst könnten ihnen oft die Opfer von schlechten Menschen lieber sein als von tüchtigen.« (Xenophon)

Opfer

Siehe auch
Votivgaben, Tempel und Sakralbauten, Öffentliche Bauten für Festmahle, Säulenhallen

Das Opfer stellte für die Griechen die wichtigste Kulthandlung dar, die gemeinschaftlich oder individuell vollzogen werden konnte. Ein Opfer darbringen, den Göttern geschlachtete oder verbrannte Opfertiere zu weihen, um sie zu besänftigen oder ihre Gunst zu gewinnen. Die gemeinschaftlichen Opfer fanden während der periodisch wiederkehrenden heiligen Feste statt. In der Regel gingen ihnen Prozessionen voraus, in denen die Gläubigen mit Ritualwerkzeugen und Opfertieren zu den heiligen Bezirken zogen. Die Opferung selbst erfolgte an den Altären, die außerhalb der Tempel lagen, und wurde in einer festgelegten Abfolge von Handlungen zelebriert: Gebet, Tötung des Opfertiers, Röstung der Fleischstücke. Den Göttern blieben die Knochen und das Fett vorbehalten, die verbrannt wurden, während die Menschen das essbare Fleisch unter sich aufteilten und verzehrten. Den Abschluss bildete das Festmahl, das meist im Sakralraum des Heiligtums stattfand und einen Akt der Erneuerung des Bundes der Bürgerschaft darstellte, an dem alle freien Bürger teilnahmen. Private Opfer konnten jederzeit stattfinden, sowohl in den Räumen des Heiligtums als auch auf Hausaltären. Wenn sie nicht mit einem Festmahl beschlossen wurden, das geschah in den meisten Fällen, dann verbrannte man das Fleisch entweder vollständig oder vergrub es.

► Votivaxt aus Bronze, der Hera geweiht, aus San Sosti (Sybaris), Mitte 6. Jh. v. Chr., London, British Museum.

Das Opfer eines Rindes durch einen Privatmann war besonders anspruchsvoll, da das Tier einen beträchtlichen ökonomischen Wert darstellte.

Während einigen Gottheiten nur eine bestimmte Tierenart geopfert wurde – z.B. der Demeter bei den Thesmophorien kleine Schweine –, zelebrierte man bei den Festen zu Ehren der Athene ein dreifaches Opfer von Rindern, Schweinen und Schafen.

Die Statue des Moschophoros *(»Kalbträger«), gefunden im »Perserschutt«, ist eine Weihegabe eines Mannes namens Rhombos an Athene; sie ist die bekannteste Darstellung eines Opfertierträgers.*

Inschriften mit Berichten über Opferkulte und Abbildungen auf Vasen und Votivreliefs lassen den Schluss zu, dass Schafe die häufigsten Opfertiere waren.

▲ *Moschophoros,*
Akropolis in Athen, 570–560 v. Chr.,
Athen, Akropolis-Museum.

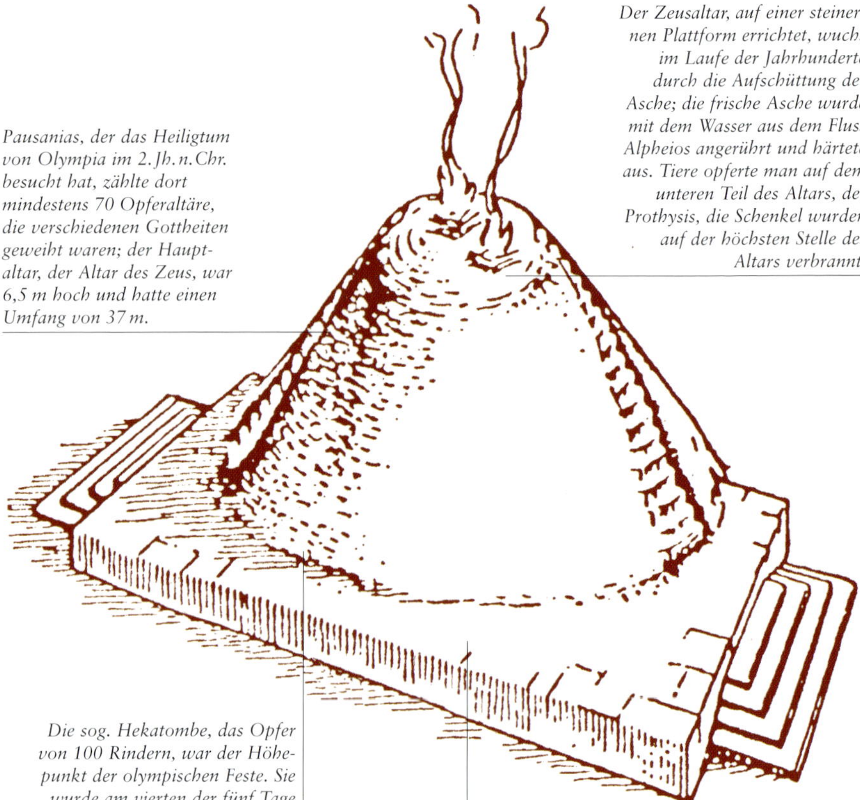

Pausanias, der das Heiligtum von Olympia im 2. Jh. n. Chr. besucht hat, zählte dort mindestens 70 Opferaltäre, die verschiedenen Gottheiten geweiht waren; der Hauptaltar, der Altar des Zeus, war 6,5 m hoch und hatte einen Umfang von 37 m.

Der Zeusaltar, auf einer steinernen Plattform errichtet, wuchs im Laufe der Jahrhunderte durch die Aufschüttung der Asche; die frische Asche wurde mit dem Wasser aus dem Fluss Alpheios angerührt und härtete aus. Tiere opferte man auf dem unteren Teil des Altars, der Prothysis, die Schenkel wurden auf der höchsten Stelle des Altars verbrannt.

Die sog. Hekatombe, das Opfer von 100 Rindern, war der Höhepunkt der olympischen Feste. Sie wurde am vierten der fünf Tage währenden Wettkämpfe vor der Siegerehrung vollzogen.

Der Altar konnte auch für alltägliche private Opfer genutzt werden. Pausanias berichtet, dass die Eleer täglich auf sehr altertümliche Weise opferten: Sie räucherten Weihrauch und honiggetränkte Weizenkörner auf dem Altar, legten Ölbaumzweige dazu und nahmen Wein als Trankopfer.

▲ Rekonstruktion des Aschenaltars des Zeus-Tempels in Olympia (aus: S. Settis 2002).

Die Darstellung zeigt die Opferung des Fleisches, die auf die Schlachtung des Opfertieres folgt; die Weinrebe und der Efeu, die eine Art Pergola bilden, verweisen auf Dionysos, dem das Opfer dargebracht wird.

Auf den Spießen stecken die edlen Eingeweide (Splanchna) *der Tiere, die den Sitz des Lebens symbolisieren und als Erstes über den Flammen des Altars geröstet werden.*

Ein Mann schöpft Wein aus einer Amphora, der als Trankopfer über den Altar gegossen wird.

Die Knochen, die Schwänze und alle nicht essbaren Teile der Tiere werden mit Fett umhüllt und mit Gerstenfladen bedeckt. Sie sind für die Götter bestimmt und werden verbrannt, während die Fleischstücke, geröstet oder gekocht, unter die Anwesenden verteilt werden.

Die Ausrichtung eines Opfermahls war kostspielig; im Laufe der Zeit übernahmen immer häufiger Privatleute die Aufwendungen, denn das Opfer war eine wirksame Form der politischen Werbung, wenn sie das Fleisch auch an Fremde und Sklaven verteilen ließen.

▲ *Röstung des Opferfleisches,*
ionisch-schwarzfigurige Hydria, 525–500 v. Chr., Rom, Museo Nazionale Etrusco di Villa Giulia.

Dieses Täfelchen ist das besterhaltene Exemplar einer Gruppe von vier bemalten Pinakes *aus Holz, die in Pitsa gefunden wurden, in einer Höhle, die dem Kult der Nymphen geweiht war.*

Drei Frauen in bestickten blauen Peplen *und roten Mänteln, bewegen sich mit Myrtenzweigen auf den Altar zu; zwei Figuren sind mit Namen versehen: Euthydike und Euqolis.*

▲ Votivtafel mit Opferprozession,
aus Pitsa (Korinth), 540 v. Chr.,
Athen, Archäologisches Nationalmuseum.

Zwei Knaben nehmen als Aulos- und Lyraspieler an der Prozession teil, ein dritter führt ein Schaf, das den Göttern geweiht ist.

Die Inschrift am oberen und unteren Rand im korinthischen Alphabet enthält die Widmung einer namenlosen Person aus Korinth an die Nymphen.

Malereien auf Holz wie die Tafeln von Pitsa sind kaum erhalten geblieben, so selten wie Wandmalereien. Die Figuren sind auf weißem Gipsgrund gezeichnet, den man auch für schriftliche Dokumente verwendete.

Die Frau am Altar hält einen kleinen Krug, auf dem Kopf trägt sie den Kanoun, *den Opferkorb. Er enthielt die Gerste, die auf den Altar und auf den Kopf des ersten Opfertiers gestreut wurde; unter dem Getreide, den Blicken verborgen, befand sich das Opfermesser.*

»Vor ihrer Hochzeit brachte Timarete hier diese Pauken / Diesen entzückenden Ball, auch von den Locken das Netz / Und die Puppen mitsamt den Puppengewändern als Jungfrau / Jungfrau Artemis dar.«
(Anthologia Palatina)

Weihe- und Votivgaben

Siehe auch
Apollon, Artemis, Asklepios, Opfer, Tempel und Sakralbauten, Säulenhallen, Epidauros

Die Weihe an die Gottheit stellte in der Antike das zentrale Ereignis praktizierter Religiosität dar, das je nach öffentlichem oder privatem Charakter und nach sozialem Status des Weihenden unterschiedliche Formen annahm. Bei privaten Opferhandlungen war es Brauch, der Gottheit Symbole einer abgeschlossenen Lebensphase zu weihen: die Haare oder das Spielzeug Jugendlicher beim Übergang in die Welt der Erwachsenen, die jungfräulichen Kleider der Mädchen, die heirateten. Ebenso gebräuchlich war die Darbringung von Ritualinstrumenten und von Bildern der Titelgottheiten des jeweiligen Heiligtums sowie von Kultakten, die von schlichten Terrakotten bis zu anspruchsvollen monumentalen Skulpturen reichen konnten. Diese gingen in den Schatz des Heiligtums ein, wurden genau inventarisiert und aufbewahrt, manchmal in eigens dafür bestimmte Gebäude wie *Stoai* und *Thesauroi*. Weihegaben von geringem Wert, die sich um die Altäre ansammelten, wurden von Zeit zu Zeit entfernt und in Gruben gebracht. Eine besondere Kategorie von Weihegaben waren Votivgaben, mit denen Gläubige um göttliche Hilfe flehten oder sich für diese bedankten. In Kriegszeiten opferten die Städte den zehnten Teil ihrer Beute, Waffen oder Bildwerke, die von ihrem Erlös finanziert wurden. Privatpersonen weihten den Gottheiten als Dank für die Heilung eines Körperteils dessen anatomische Nachbildung.

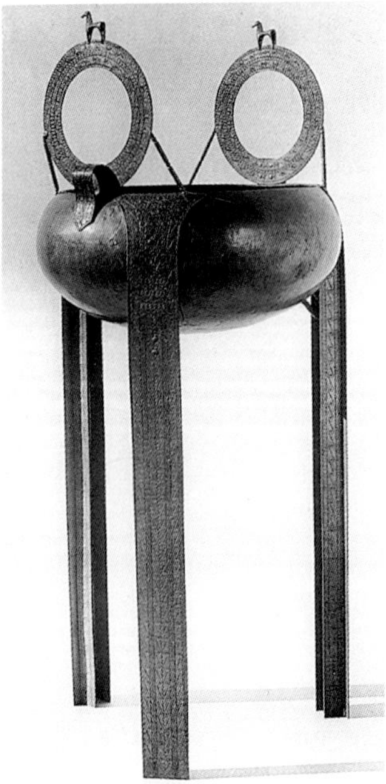

► Rekonstruktion eines Votiv-Dreifußes mit Treibarbeit, Bronze, Olympia, Archäologisches Museum.

An der Wand des Tempels hängen Frauenkleider (ein Paar Schuhe, ein Chiton, Tücher mit Fransen und ein Peplos*), die in großer Zahl auch in den Inventaren der Heiligtümer der Artemis in Brauron aufgeführt sind, darunter von Wöchnerinnen geweihte Geburtstücher.*

Das Bild stellt ein privates Opfer dar, das aus Anlass einer Geburt an Artemis dargebracht wird. Trotz ihrer Jungfräulichkeit war die Göttin auch Schutzherrin der Neugeborenen und der Geburten.

Die beiden Frauen überbringen der Göttin verschiedene Geschenke: Eine von ihnen trägt ein Tablett mit Früchten auf dem Kopf, die andere, deren verhülltes Haupt sie wohl als Familienälteste kennzeichnet, eine kleine Schachtel unbestimmten Inhalts.

Auf die symbolische Opferung im Heiligtum verweist die Figur des Opferpriesters, der sich anschickt, dem Rind die Kehle durchzuschneiden; da diese Szene für den Weiheakt von geringerer Bedeutung ist, wurde sie kleiner dargestellt.

▲ *Weihegaben an Artemis,*
Rekonstruktion eines Reliefs aus Achinos, Ende 4. Jh. v. Chr., Lamia, Archäologisches Museum (aus: S. Settis 2002).

Anatomische Votivgaben wurden vor allem in Heiligtümern, die Heilgöttern geweiht waren, gefunden.

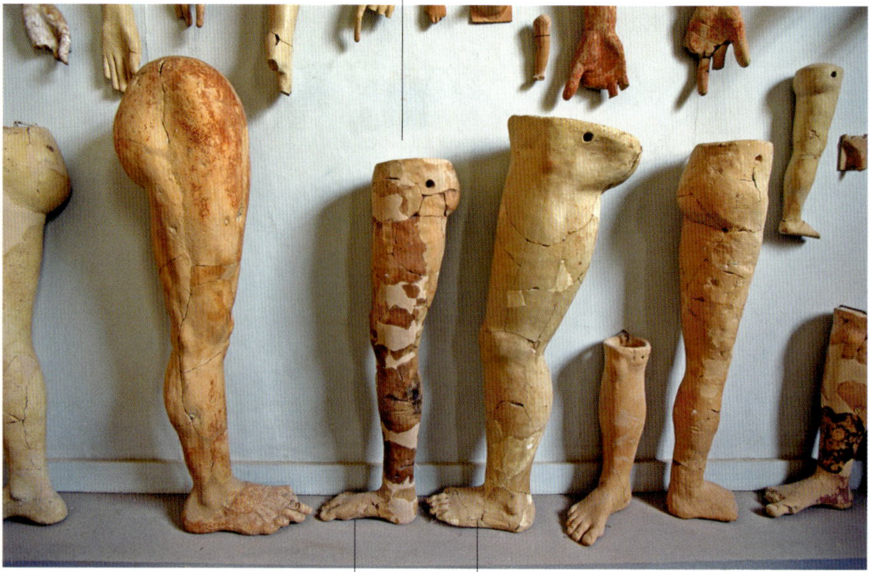

Außer Gliedmaßen in Terrakotta, die den kranken Körperteil oft in realer Größe nachbildeten, wurden auch Abformungen von inneren Organen gefunden, die Zeugnis von den anatomischen Kenntnissen der Zeit ablegen.

Vermutlich wurden die anatomischen Votivgaben aus Terrakotta von spezialisierten Werkstätten quasi seriell im Gussverfahren hergestellt. Sie lagen in der unmittelbaren Nähe der Heiligtümer, wo die Gläubigen aus einer breiten Palette von Organen, das ihnen gemäße Körperteil auswählen konnten.

▲ Anatomische Votivgaben aus dem Asklepios-Heiligtum in Korinth.

Der Männerkopf, dessen Glasaugen noch erhalten sind, trägt langes, gescheiteltes Haar.

Beide Köpfe wurden 1939 in einem Votivgabendepot unter der Via sacra *des Apollon-Heiligtums in Delphi gefunden. Vermutlich gehörten sie zu den Statuen von Apollon und Artemis.*

Der Frauenkopf aus Elfenbein wird von einem hohen Diadem aus Blattgold gekrönt; die beiden goldenen Ohrringe in Rosettenform waren ursprünglich von der Haartracht bedeckt.

Beide Köpfe sind bis zum Halsansatz gearbeitet, daraus kann man schließen, dass sie auf ein Holzgerüst gesteckt wurden, das man mit Kleidern und Textilien behängte. Diese These wird durch Fußfragmente aus Elfenbein, die aus dem selben Depot stammen, gestützt: Die Füße reichten nur bis zum Knöchel, wo der Saum des Kleides endete. Nur die sichtbaren Teile wurden demnach aus kostbaren Materialien gefertigt.

▲ ► Goldelfenbein-Köpfe aus Delphi, Mitte 6. Jh. v. Chr., Delphi, Archäologisches Museum.

Alltagsleben

Schrift
Ernährung und Tischsitten
Symposion
Kleidung
Frisuren und Schminke
Medizin
Schule und Unterricht
Musik und Tanz
Sport
Spiele und Spielsachen
Ehe
Kunst und Handwerk
Töpferkunst
Straßen und Transportmittel
Gewichte und Maßeinheiten

◀ *Musikerin,*
attisch-rotfigurige *Hydria*, aus Rodi, 440–430 v. Chr.,
London, British Museum.

»Diese mit Kadmos eingewanderten Phoiniker … haben viele Wissenschaften und Künste zu den Griechen gebracht, unter anderem auch die Schrift, die die Griechen … bis dahin nicht kannten.«
(Herodot)

Schrift

Siehe auch
Schule und Unterricht

Die alphabetische Schrift wurde im 8. Jh. v. Chr. in Griechenland durch die Phönizier eingeführt. Eine wesentliche Veränderung des phönizischen Alphabets nahmen die Griechen mit der Ausbildung und Bezeichnung von Vokalen vor. Jedoch verfuhr jede Region auf ihre Weise mit der Vokalisierung der Schrift, sodass von einem einheitlichen Alphabet Griechenlands noch lange Zeit keine Rede sein konnte. Am Ende des 5. Jh. v. Chr. erwies sich das Alphabet, das in Milet und in den ionischen Städten Kleinasiens gebräuchlich war, als das vollkommenste. Es wurde zunächst von Athen übernommen, später zum offiziellen Alphabet der gesamten griechischen Welt. Lange Zeit ging man davon aus, dass die Etablierung der alphabetischen Schrift vor allem auf die Bedürfnisse des Handels wie die Inventarisierung von Waren oder die Registrierung von Transaktionen zurückzuführen sei. Allerdings verweist keine der ältesten Inschriften auf die Welt des Handels; viele besitzen Votivcharakter und sind in Versform abgefasst. Dies führte zur Annahme, die Einführung der Schrift sei im literarischen Kontext erfolgt, um die seit Jahrhunderten mündlich überlieferte Dichtung, vor allem ihre epische Version, niederzuschreiben. Deren Inhalte waren soweit im kollektiven Gedächtnis verankert, dass man jetzt daran denken konnte, sie zur Unterstützung von Rezitationen schriftlich zu fixieren.

► Bronzetäfelchen mit griechischem und phönizischem Alphabet aus Zypern, 8. Jh. v. Chr., Oslo, Schoien Collection.

Die Oinochoe *war ein Gefäß zum Ausschenken des Weins und bei Festgelagen gebräuchlich.*

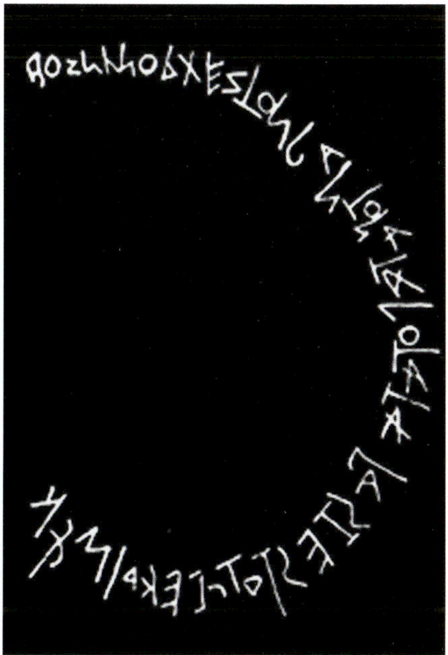

Auf der Schulter des Gefäßes befindet sich die älteste datierbare attische Inschrift. Es handelt sich um Hexameter, die von einem Preis für einen Tanzwettbewerb berichten; möglicherweise stellte das Gefäß diesen Preis selbst dar.

Einigen Wissenschaftlern zufolge belegen diese und andere Zeilen, dass die Schrift zuerst im Zusammenhang mit Gast- und Festmahlen benutzt wurde, um poetische Verse notieren und Scherze oder Liebeserklärungen austauschen zu können.

▲ *Oinochoe* vom Dipylon, um 740 v. Chr., Athen, Archäologisches Nationalmuseum.

Im 6. Jh. beschriftete man bereits Gefäße, um auf ihre Verwendung, auf ihren Besitzer, auf die dargestellten Figuren oder auf die Gottheit, der sie gewidmet waren, hinzuweisen.

Die Inschrift zwischen den Figuren, die vor dem Brennen des Gefäßes angebracht wurde, nennt den Namen des Doppelaulos-Spielers, Polyterpos, und den Besitzer des Gefäßes, den »Chormeister« oder »ersten Tänzer« Pyrrhias.

Wahrscheinlich stellt die Figur, die mit erhobenen Armen einen Sprung vollführt, Pyrrhias dar; es ist denkbar, dass er das Gefäß als Preis erhielt.

▲ Korinthisch-schwarzfiguriger *Aryballos*, Apollon-Tempel in Korinth, um 580 v. Chr., Korinth, Archäologisches Museum.

»Sokrates riet, sich vor Speisen in Acht zu nehmen, die zum Essen anregten, wenn man eigentlich keinen Hunger hat, und zum Trinken, wenn man eigentlich keinen Durst hat.« (Xenophon)

Ernährung und Tischsitten

Bis zum 6. Jh. v. Chr. nahmen die Griechen im Sitzen ihre Mahlzeiten ein. Nach Homer war Fleisch das wichtigste Nahrungsmittel, das man über der Glut röstete und zusammen mit großen Brotlaiben verzehrte. Es ist aber wahrscheinlich, dass in einem von Hirten geprägten Land auch Käse eine wichtige Rolle gespielt hat, neben Fisch, Obst und Wildkräutern. Es gab weder Teller noch Besteck, Funde verweisen lediglich auf Trinkkrüge und auf Messer zum Tranchieren des Fleisches. Wein wurde reichlich genossen und vermutlich mit Wasser verdünnt. Der Brauch, auf einem gepolsterten Lager ausgestreckt zu essen, wurde aus Persien eingeführt und verbreitete sich ab dem 6. Jh. v. Chr. Im Sitzen zu Essen galt als Zeichen der Unterwerfung: Die Frauen taten es bei Mahlzeiten in der Familie – zu anderen Mahlen waren sie nicht zugelassen –, ferner die Kinder und die Kostgänger. Die Landwirtschaft machte in dieser Zeit enorme Fortschritte und trug mit dem Anbau neuer Getreidesorten zu einer abwechslungsreichen Ernährung bei. Grundbestandteile der Volksernährung waren Gemüsesuppen und Polenten aus Gerste und Zweikorn. Die Quellen berichten auch von äußerst üppigen und raffinierten Mahlzeiten im 5. Jh., bei denen vor dem gerösteten oder gekochten Fleisch Vorspeisen in Schüsselchen serviert wurden: Fisch, Krustentiere und Muscheln, gefolgt von Gemüse, Salaten, Obst und Süßigkeiten aller Art. Den Wein trank man nicht zum Essen, sondern am Ende des Mahls, während des Symposions.

Siehe auch
Opfer, Symposion, Öffentliche Gebäude für Bankette

◄ *Metzger, ein Ferkel schlachtend,* Terrakotta, aus Theben, 500–475 v. Chr., Paris, Musée du Louvre.

Ein Thunfischverkäufer bedient einen Kunden; mit einem großen, scharfen Messer zerlegt er auf einem Bock geschickt den Fisch, wobei der Abfall zu Boden fällt.

▲ *Fischverkäufer*, kampanischer Kelchkrater, 380–370 v. Chr., Cefalù, Museo della Fondazione Culturale Mandralisca.

Obgleich die mykenische Keramik oft mit stilisierten Fischen und Kraken verziert wurde, gibt es in der homerischen Dichtung keinen Hinweis auf den Verzehr von Meeresfrüchten; sie galten als ärmliche Speise und waren der Helden nicht würdig.

Komödien aus klassischer Zeit bezeugen jedoch den Verzehr von Fisch und Meeresfrüchten aller Art; Kochbücher beschreiben ausführlich raffinierte Speisen aus frittiertem, gebratenem und geschmortem Fisch in süßbittererer Soße.

Das Grillen über der Glut, das in der Ilias *und der* Odyssee *als die einzige Zubereitungsart für Fleisch erwähnt wird, war auch für Fisch und Gemüse weit verbreitet.*

In den normalen Behausungen grillte man auf den Rosten nicht im Haus, sondern auf Feuerstellen und Backöfen im Hof.

Auf städtischen Märkten konnte man bereits gegarte Speisen kaufen; frisch geröstete Würste gehörten zu den beliebtesten Fleischgerichten.

Grillen war auch für Opfermahle die übliche Zubereitungsart, für viele Menschen die einzige Gelegenheit, Fleisch zu essen.

▲ Grillroste von der Agora in Athen,
5./4. Jh. v. Chr.,
Athen, Agora-Museum.

Die gebräuchlichste Garmethode war das Kochen in Ton- oder Eisentöpfen, die man entweder auf Kochherde stellte, die mit glühenden Scheiten befeuert wurden, oder direkt auf die Feuerstelle mit eigens dafür vorgesehenen Haltevorrichtungen.

Durch Kochen bereitete man vor allem Suppen und Breie aus Getreide und Gemüse zu, die den Grundbestandteil der Ernährung der unteren Schichten bildeten.

Bei dieser Kochstelle legte man brennende Holzscheite in den unteren Teil des Gefäßes und stellte den Kochtopf auf die Platte.

▲ Terrakotta-Kochstelle von der Agora in Athen, 5./4. Jh. v. Chr., Athen, Agora-Museum.

Brot war Grundbestandteil der Ernährung; das gewöhnliche Brot (Maza) *bestand aus Gerste oder gemischtem Getreide, während das Brot aus reinem Weizen* (Artos) *edler und teurer war.*

In den Bäckereien wurde das Brot in Öfen gebacken, während man im Hause Herdstellen aus gebranntem Ton mit kuppelförmigem Deckel benutzte oder Kohlenbecken, aus denen man ein dünnes, weiches, schwammartiges Brot gewann, das in süßen Wein getunkt wurde.

Backstuben waren weit verbreitet, denn viele Menschen kauften ihr Brot auf dem Markt. Dagegen war die häusliche Zubereitung des Brots in den reichen und aristokratischen Familien verbreitet, die eigens Bäcker dafür einstellten. Besonders geschätzt und begehrt waren Bäcker aus Lydien und Phönikien.

Es gab unterschiedliche Brotformen, darunter den Kubos, *vergleichbar mit dem Kastenbrot, den* Boletinos, *in Pilzform und mit Mohnsamen bestreut, die Blumenbrötchen und die Zöpfe mit Öl, Speck und Pfeffer.*

▲ *Frauen bei der Brotherstellung,*
Terrakotta, aus Theben, Ende 6. Jh. v. Chr.,
Paris, Musée du Louvre.

Auch wenn er in den Quellen nur selten erwähnt wird (vielleicht galt er als bescheidene Nahrung), muss Käse ein verbreitetes Nahrungsmittel gewesen sein.

Es war Sitte, dem Wein geriebenen Käse beizufügen; das lassen Funde von Reiben vermuten, die in Gräbern als Teil des Symposion-Bestecks gefunden wurden.

Schon bei Homer ist vermerkt, dass man Kranken und Verwundeten mit geriebenem Ziegenkäse vermengten Wein als kräftigendes Stärkungsmittel gereicht hat.

▲ *Käse reibender Mann,*
Terrakotta, aus Ritsona, 6. Jh. v. Chr.,
Theben, Archäologisches Museum.

»Nun ist der Boden gefegt, die Hände sind sauber, die Becher; / Ein Bedienter bekränzt allen Geladnen das Haupt, / ... Wein steht da in nie versiegender Fülle, / Mild wie Blüten entströmt Duft den Fässern aus Ton.« (Xenophanes)

Symposion

Das Symposion bildete den Abschluss des Banketts und war den erwachsenen Männern vorbehalten. Dabei lagen sie auf sog. Trikliniumsliegen, tranken zusammen, plauderten, sangen Trinklieder, hörten Rezitationen von Gedichten zu und erfreuten sich an Tänzen und diversen Darbietungen. Der Übergang vom Mahl zum Symposion erfolgte, wenn der *Andron,* der für diesen Anlass vorgesehene Bereich des Hauses, von den Speiseresten gesäubert war und die kostbaren Gerätschaften für das Servieren des Weins hereingebracht wurden. Nach rituellen Waschungen wandten sich die Gäste mit Gebeten und Gaben an die Götter. Einer der Teilnehmer wurde zum Symposiarchen gewählt, der die Veranstaltung leitete. Seine Aufgabe war es, die Anzahl der Trinksprüche festzulegen, den Anteil des Wassers, der dem Wein zugefügt wurde, und den Fortgang des Symposions in seinen Einzelheiten anzuordnen. Obwohl durch Trunkenheit und die anwesenden Hetären und Knaben ein weitaus weniger erhabenes Klima geherrscht haben dürfte, als von den Dichtern beschrieben, war das Symposion keine einfache Tafelrunde, sondern ein wichtiger Bestandteil der aristokratischen Kultur, und es bot den politisch Interessierten eine Plattform zum Austausch ihrer Ideen. Die Gäste nannten sich *Hetairoi,* Gefährten. Sie fühlten sich einander verbunden durch ihre Lebensform und durch Treueschwüre. Mit der Entwicklung der Demokratie verlor das Symposion seine politische Bedeutung und wurde zu einem Ort der Poesie und Philosophie.

Siehe auch
Ernährung und Tischsitten, Häuser

▼ *Herakles bei König Eurytos,* korinthischer Kolonettenkrater, aus Cerveteri, um 600 v. Chr., Paris, Musée du Louvre.

Der Psykter *war ein Krug zum Kühlen des Weins: Nach dem Füllen stellte man ihn in einen Kelchkrater mit Eis oder Schnee, dabei ragte lediglich der obere geschmückte Teil des Gefäßes heraus.*

Jeder Hetäre ist namentlich gekennzeichnet; das verweist auf den hohen Bekanntheitsgrad der Frauen in der Athener Gesellschaft. Hier handelt es sich um die Hetäre Agapa.

Die Hetären trinken Wein; spielen Flöte oder zeigen ihre Geschicklichkeit im Kottabos, *wobei sie mit dem letzten Tropfen Wein versuchen, ein Ziel zu treffen, das auf diese Abbildung jedoch nicht sichtbar ist.*

Analog zur Funktion des Gefäßes sind vier Hetären – Agapa, Sekline, Smikra und Palaisto – bei einem Symposion dargestellt: Sie liegen nackt auf Klinen, die mit Tüchern und bestickten Kissen bedeckt sind.

▲ *Hetären beim Symposion,*
attisch-rotfiguriger *Psykter* des Euphronios, 515–510 v. Chr., St. Petersburg, Eremitage.

Die Kalpis *war ein großer Krug, der beim Symposion verwendet wurde; er enthielt das Wasser, mit dem man den Wein verdünnte.*

Wein wurde selten unverdünnt getrunken, da man dies für schädlich hielt. Vermutlich lag sein Alkoholgehalt höher als der heutiger Weine.

Üblich waren Verdünnungen zu fünf oder zu drei Teilen (drei Teile Wasser, zwei Teile Wein oder zwei Teile Wasser, ein Teil Wein).

Die Szene zeigt zwei Kellner, die im Begriff sind, den Wein aus der Amphora in eine Schale zu gießen, wo er später mit Wasser verdünnt wird. Die dritte Figur mit der Flöte, zeigt an, dass das Symposion bereits begonnen hat.

▲ *Zubereitung des Weins,*
attisch-rotfigurige *Kalpis* des Euthymides aus Vulci, 480–470 v. Chr.,
Rom, Vatikan, Museo Gregoriano Etrusco.

Die Szene stellt das Nachspiel eines Symposions dar; eine Magd ist gezwungen, einem Gast beim Erbrechen des im Übermaß genossenen Weins zu helfen.

Sinn dieses Bildes auf dem Grund einer Weinschale war vermutlich die Warnung vor übermäßigem Weingenuss.

Obwohl die Symposiendichtung Mäßigkeit und Anstand als aristokratische Werte hervorhebt, dürften solche Situationen nicht selten gewesen sein. Es gibt auch Vasenmalereien und Beschreibungen, die den öffentlichen Gebrauch der Nachtgefäße unter den Klinen zum Gegenstand haben.

▲ *Trinkexzesse*, attisch-rotfigurige *Kylix* des Douris, aus Vulci, 480–470 v. Chr., Rom, Musei Vaticani.

»Dann legte sie ein ambrosisches Gewand an ... und befestigte es an der Brust mit goldenen Nadeln. Und sie gürtete sich mit dem Gürtel, mit hundert Troddeln versehen ... Und unter die glänzenden Füße band sie sich schöne Sohlen.« (Homer)

Kleidung

Die Griechen trugen sehr einfache Kleidung, die meist zu Hause gewebt und geschneidert wurde. Sie war für Männer und Frauen ähnlich zugeschnitten. Die Stoffe waren in der Regel aus Wolle, doch verwendete man auch Garne aus Hanf und Lein. Vornehme Frauen trugen Kleider aus Byssos, einem Gewebe aus Fäden, die von besonderen Muscheln gewonnen wurden. Baumwolle und Seide verbreiteten sich erst in hellenistischer Zeit. Die Kleidung der Männer war gewöhnlich weiß; die Frauen bevorzugten leuchtende Farben wie Krokusgelb und Purpurrot. Die Säume der Frauengewänder verzierte man oft mit Stickereien, vor allem in archaischer Zeit. Die Kleidungsstücke lassen sich in zwei große Gruppen unterteilen: die *Endumata*, zugeschnittene und genähte Gewänder, die auf der Haut getragen wurden, und die *Epiblemata*, die Übergewänder, die aus langen Tüchern bestanden und die man mit Falten und Spangen dem Körper anpasste. Das gebräuchlichste Gewand war der Chiton, eine schlichte Tunika mit einfachen Öffnungen für die Arme oder mit Ärmeln versehen. Die Frauen trugen einen bodenlangen Chiton, die Männer in der Regel einen kurzen, der mehr Bewegungsfreiheit bot.

Das typische Überkleid war der *Himation*, ein weiter, rechteckiger Mantel, den man um den Körper geschlungen trug. Ausschließlich Männer trugen die *Chlamys*, ein kurzer Mantel, der an einer Schulter mit einer Nadel zusammengehalten wurde und den Soldaten und Reisenden charakterisierte.

Siehe auch
Frisuren und Schminke

▼ *Hochzeit von Peleus und Thetis*, Volutenkrater des Ergotimos und Kleitias, *François-Vase*, aus Chiusi, um 570 v. Chr., Florenz, Museo Archeologico.

Die 1886 gefundene Kore ist auch als Peplos-Kore *bekannt, weil man annahm, sie sei die einzige im archaisch-dorischen Gewand unter den Koren der Akropolis; diese waren in der Regel nach ionischer Mode gekleidet.*

Der Peplos *bestand aus zwei rechteckigen Wolltüchern, die an den Schultern von Nadeln gehalten wurden; sie waren an einer oder beiden Seiten zusammengenäht und im Rücken so drapiert, dass eine lange, Apoptygma genannte Falte entstand.*

Bei neuesten Untersuchungen der Farbreste auf der Statue entdeckte man eine Zeichnung auf der Vorderseite des Gewands, ein Band, verziert mit einem Fries aus Sphinxen, Steinböcken und Löwen.

Übergewänder, ähnlich dem dorischen Peplos, *jedoch reich an farbigen Verzierungen, waren in Ionien Priestern und Gottheiten vorbehalten; demnach könnte diese Statue auch eine Göttin darstellen.*

▲ *Peplos-Kore,*
Akropolis von Athen, 540 v. Chr.,
Athen, Akropolis-Museum.

Die Arme werden nicht durch Ärmel bedeckt, sondern durch die weiten Tücher, aus denen das Gewand besteht; entlang der Oberkante sind sie an mehreren Stellen vernäht.

Die Kore trägt einen bodenlangen und im oberen Bereich dicht gefältelten Chiton, der an der Taille von einem Gürtel zusammengehalten wird und üppig über das Gewand fällt.

Der Chiton ist orientalischen Ursprungs, er verbreitete sich seit der 2. Hälfte des 6. Jh. v. Chr. und verdrängte in klassischer Zeit fast vollständig den dorischen Peplos, *der nur in der traditionalistischen spartanischen Gesellschaft weiterhin getragen wurde.*

▲ *Kore 670,*
Akropolis von Athen, um 520 v. Chr.,
Athen, Akropolis-Museum.

Diese Kore ist ein Beispiel für die raffinierte ionische Mode, die von Mädchen aus einflussreichen Familien getragen wurde.

Über dem gefältelten Chiton aus feinem Stoff trugen die Frauen den Himation, *den sie so um den Körper drapierten, dass er vorne eine Querfalte bildete; er wurde auf der rechten Schulter geschlossen.*

Auf der Statue sind noch die Farben zu erkennen, die die Gewänder und die Stickereien auf dem Mantel ursprünglich besaßen.

► *Kore 675*,
Akropolis von Athen , 520–510 v. Chr.,
Athen, Akropolis-Museum.

Typisch für die Tanagrafiguren ist die weiße Grundierung des Tons – hier im Gesicht gut zu sehen –, auf die die Farben, einschließlich Blattgold, zu einer reichen Polychromie aufgetragen wurden.

Die Tanagrafiguren, in vielen Versionen serienmäßig produziert, stellen vorwiegend junge Frauen dar, die in der Mode der Zeit gekleidet sind.

Diese Figur trägt einen bodenlangen Chiton und einen weiten Mantel, der ihr Haupt bedeckt; die Kapuze wird von einer kreiselförmigen Kopfbedeckung bekrönt; in der rechten Hand hält sie einen herzförmigen Fächer.

Terrakottafiguren dieses Typs sind sog. Tanagrafiguren oder Tanagräerinnen, benannt nach der Stadt Tanagra in Böotien, wo man sie 1872/73 bei der Plünderung von über 8 000 Gräbern in großer Zahl fand und massenhaft auf den europäischen Antiquitätenmarkt brachte.

► Terrakotta-Statuette einer Frau, aus Tanagra, 325–300 v. Chr., Stiftung Staatliche Museen Berlin, Antikensammlung.

Ödipus, in Theben angekommen, um das Rätsel der Sphinx zu lösen, trägt das typische Gewand des Wanderers.

Der breitkrempige Hut, der Petasos, *wurde mit einem Band unter dem Kinn geschlossen, er schützte vor Sonne und Regen. Die Seitenflügel konnten nach unten geklappt werden, sodass sie die Ohren bedeckten.*

Der kurze Umhang ist eine Chlamys, *die auch Soldaten über der Rüstung trugen; sie wurde mit einer Fibel auf der Brust oder der Schulter zusammengehalten.*

Solche Stiefel, von schrägen Schnürbändern gehalten, wurde auch von Jägern getragen und besaßen oft genagelte Sohlen, damit sie sich auf den holperigen Straßen nicht zu schnell abnutzten.

▲ *Ödipus und die Sphinx,* attisch-rotfigurige *Kylix* des Ödipus-Malers, aus Vulci, um 460 v. Chr., Rom, Musei Vaticani.

Balsamare *waren Behältnisse für Duftsalben, mit denen man den Körper eincremte.*

Die hier abgebildete Dianette, ein Frauenschuh, besteht aus dünnen Bändern und ist mit Metallverzierungen versehen.

Sandalen waren ein einfaches und gewöhnliches Schuhwerk mit einer dünnen Sohle aus Leder oder Kork, die von Riemen unterschiedlicher Machart am Fuß gehalten wurde.

Das nackte Mädchen hat seine Haare mit einem Tuch bedeckt und hält ein Paar Stiefel in Händen; das Becken zu seinen Füßen stellt vermutlich eine Waschgelegenheit dar.

Diese Stiefel, hochgeschlossen und bis zur Wadenmitte reichend, waren ausschließlich für Frauen bestimmt, während eine bis zum Knöchel reichende kürzere Sorte von beiden Geschlechtern getragen wurde.

▲ *Balsamar* in Form eines Fußes, Samos, 6. Jh. v. Chr., London, British Museum.

► Attisch-rotfigurige *Kylix* des Epiktetos, 520–510 v. Chr., Athen, Agora-Museum.

»Ich würde Mennige nicht lieber berühren als dich, nicht Schminke lieber sehen als deine natürlichen Farben, und nicht deine gemalten Augen lieber als deine gesunden.« (Xenophon)

Frisuren und Schminke

Siehe auch
Kleidung

Die Griechen frisierten sich auf sehr unterschiedliche Weise, wobei jede Epoche ihre eigene Haarmode kreierte. In archaischer Zeit trugen Männer und Frauen die Haare schulterlang, mit kurzen Löckchen über der Stirn; später bevorzugten die Männer kurzes Haar und begannen sich, der makedonischen Sitte folgend, zu rasieren, während lange Mähnen Merkmal freier Frauen blieb. In klassischer Zeit liebte man schlichte Frisuren, bei denen die Haare am Oberkopf zusammengefasst oder in Zöpfen um den Kopf gelegt wurden; im Hellenismus kamen Korkenzieherlocken, gelockte und gewellte Frisuren, aber auch Haarteile in Mode. Weil blondes Haar sehr geschätzt wurde, waren Färbemittel weit verbreitet, die jedoch anständige Frauen nicht anwanden. Auch die Verwendung von Kosmetika trug das Stigma des Ungehörigen: Solon bemühte sich vergeblich, sie zu verbieten, und Lykurg verjagte die Parfümhersteller aus Sparta. Ungeachtet dessen benutzten Männer und Frauen für ihre persönliche Toilette eine Vielzahl von Salben und Duftwässerchen. Anfang des 7. Jh. v. Chr. entwickelte sich Korinth zum bedeutendsten Zentrum für die Herstellung von Parfüms, die man von hier aus auch in viele Regionen und Länder exportierte. Es wurde in filigranen und kostbaren Gefäßen aus Keramik aufbewahrt, *Aryballoi* und *Alabastra* genannt. Neben Parfüms benutzten die Griechen diverse Pülverchen, die *Diapasmata*, die für einen guten Geruch der Wäsche sorgen sollten oder als Deodorants und Schweißhemmer dienten.

▼ Kosmetikschale, Muschel mit Schnitzarbeit, syrisch-palästinische Arbeit, 700–600 v. Chr., London, British Museum.

Der Gott Apollon, stets dargestellt als bartloser junger Mann, trägt hier eine jugendliche Frisur mit langem, gewelltem Haar.

Zwei seitliche Haarsträhnen sind über der Stirn durch einen hohen Knoten, dem Krobylos, *miteinander verbunden. Diese Frisur trugen auch Soldaten und Athleten.*

Die Augen aus Glas, Marmor oder Elfenbein sind verloren gegangen; sie waren innen an Bronzeplatten befestigt, die nach außen ragten und so die Wimpern bildeten.

▲ Kopf des *Apollo Chatsworth*, aus Tamassos (Zypern), um 460 v. Chr., London, British Museum.

Der 44 cm hohe Kopf gehörte zu einem monumentalen Kouros, der ursprünglich ein aristokratisches Grab schmückte; er wurde 1916 in der Athener Nekropole beim Dipylon entdeckt.

Die Frisur wird von einem Band zusammengehalten, der Tenia, die die Stirn umfasste und am Hinterkopf gebunden wurde.

Die Haartracht besteht aus einem dichten Vorhang stilisierter Lockenreihen, die schwer auf die Schultern fallen.

Diese Frisur, sowohl bei den Kouroi als auch bei den Koren gebräuchlich, wurde »Perlen- oder Schneckchenfrisur« genannt.

▲ Kolossalkopf vom Dipylon, um 600 v. Chr., Athen, Archäologisches Nationalmuseum.

Sowohl Apollon als auch Poseidon tragen nach der zeitgenössischen Mode die Haare kurz und gelockt; Poseidon besitzt als erwachsener Mann einen langen Bart – ein Symbol der Würde. Erst in hellenistischer Zeit rasierten sich auch ältere Männer und ließen sich bartlos darstellen, nach dem Vorbild Alexander d. Gr.

Artemis hat ihr gewelltes Haar zu einem Chignon aufgesteckt und mit einem Tuch umschlungen, genannt Kekryphalos, *wie es im 5. und 4. Jh. v. Chr. gebräuchlich war.*

Auf der Agora von Athen gab es zahlreiche Barbierläden, die von den Komödienschreibern als Klatschzentren beschrieben wurden.

▲ *Poseidon, Apollon und Artemis,* Ostfries am Parthenon, 447–432 v. Chr., Athen, Akropolis-Museum.

Der ältere, bärtige Soldat schneidet sich mit seinem Schwert eine Haarlocke ab. Der Brauch, eine Haarlocke der Gottheit zu weihen, deren Schutz man erflehte, war bei Soldaten, aber auch bei Wanderern und bei jungen Männern, die zu heiraten gedachten, verbreitet.

Die Krieger bereiten sich auf die Schlacht vor, indem sie die Waffen überprüfen und Rüstungen und Beinschienen anlegen.

Die jüngeren Soldaten sind bartlos und tragen das Haar kurz und gelockt.

▲ *Krieger beim Anlegen der Waffen*, attisch-rotfigurige *Kylix* des Makron, aus Capua, um 480 v. Chr., Paris, Musée du Louvre.

Spiegel waren weit verbreitete Toilettenartikel, zumeist aus Bronze, mit einer versilberten, spiegelnden Oberfläche. Die einfachen Ausführungen besaßen keine Verzierungen und manchmal auch keinen Griff.

Der sehr fein gearbeitete Spiegel hat einen Griff in Form einer Frauengestalt, die durch zwei geflügelte Sphingen mit der Halterung verbunden ist.

Die Figur stellt eine Göttin dar, vermutlich Aphrodite. Sie ist auch ein Beleg für die Adaption kleiner Bildhauermodelle für private Luxusgegenstände.

Der Sockel deutet darauf hin, dass der Spiegel auf einem Toilettenmöbel stand und nicht dafür gemacht war, in der Hand gehalten zu werden.

► Bronzespiegel mit Frauenfigur und Sphingen, spartanisch oder korinthisch, Mitte 6. Jh. v. Chr., Athen, Archäologisches Nationalmuseum.

Kämme aus Holz, Knochen und Elfenbein waren allgemein gebräuchliche Toilettenartikel und wurden von beiden Geschlechtern benutzt.

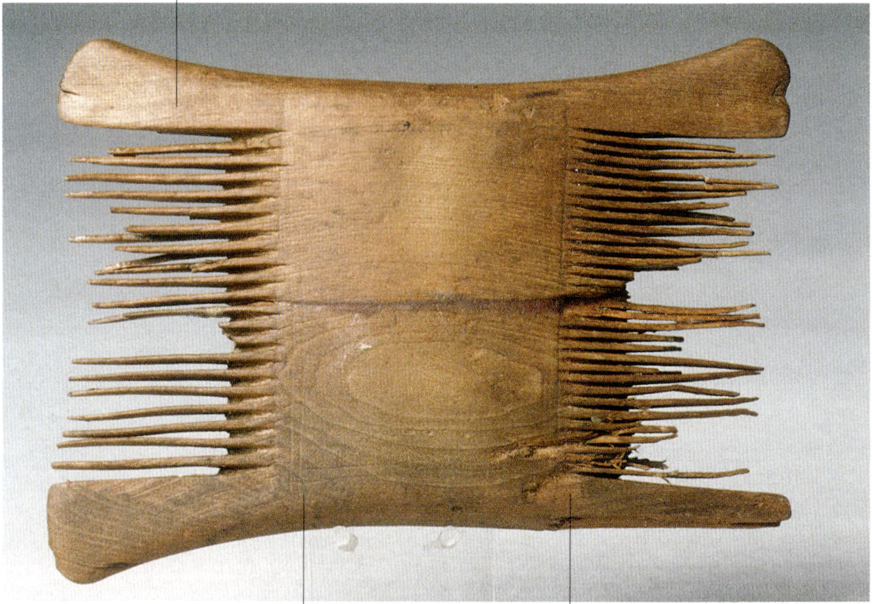

Zahlreiche Darstellungen auf Gefäßen zeigen, dass Toilettenartikel wie Spiegel, Kämme und Salbenbehälter an die Wand gehängt, auf den Boden gelegt oder in Kästchen oder Pyxiden aus Keramik aufbewahrt wurden, da man keine Konsolen mit Fächern oder Schubladen kannte.

Gewöhnliche Kämme besaßen zwei gegenüberliegende Reihen von Zinken.

▲ Holzkamm von der Agora in Athen, 6. Jh. v. Chr., Athen, Agora-Museum.

»Alles, was das Heilmittel nicht heilt, heilt das Eisen. Was das Eisen nicht heilt, heilt das Feuer. Was aber das Feuer nicht heilt, das muss man als unheilbar ansehen.« (Hippokrates)

Medizin

Seit dem 8. Jh. v. Chr. gab es eine klare Zweiteilung der medizinischen Praxis. Auf der einen Seite standen die in den Heiligtümern tätigen religiösen Pfleger, auf der anderen praktizierten laikale Ärzte auf der Grundlage ihrer Erfahrungen; sie galten als bescheidene Handwerker. Der Übergang zu einer medizinischen Wissenschaft mit spezifischen Kenntnissen und Techniken wird Hippokrates zugeschrieben, der um 460 v. Chr. in Kos zur Welt kam. Er gehörte zum Geschlecht der Asklepiaden, die sich rühmten, vom Gott Asklepios abzustammen. Obgleich sie sich traditionell der Ausübung der Heilkunst in den Heiligtümern widmeten, löste Hippokrates die Disziplin aus dem religiösen Kontext und legte sein Augenmerk auf experimentelle Methoden und eine Diagnostik, die auf Symptomen und der persönlichen Geschichte der Patienten beruhte. Er bestritt die religiöse Begründung von Krankheiten und verfasste ein umfassendes Rezeptbuch mit abführenden, harntreibenden, adstringierenden und beruhigenden Mitteln. Hippokrates wird auch der Eid zugeschrieben, der die ethische Verantwortung des Arztberufs definiert. Seit dem 5. Jh. v. Chr. entwickelte sich die Medizin in den Poleis rasant. In Athen wurde ein regelrechter Gesundheitsdienst eingeführt, mit Ärzten, Chirurgen, Zahn- und Augenspezialisten, die durch ein von der *Ekklesia* durchgeführtes Verfahren zur Prüfung ihrer medizinischen Eignung ausgewählt und vom Staat bezahlt wurden.

Siehe auch
Asklepios, Epidauros

▼ *Arzt beim Aderlass, Aryballos* des Klinik-Malers, 480–470 v. Chr., Paris, Musée du Louvre.

Die Instrumente, die in den Heiligtümern des Asklepios gefunden wurden, bezeugen, dass sich die Ärzte nicht nur auf die diätetische Therapie oder die Verabreichung von Medikamenten beschränkten, sondern auch chirurgische Eingriffe vornahmen.

Da man noch keine Sektionen kannte, beschränkten sich die anatomischen Kenntnisse vor allem auf den äußeren Körper und die Kontrolle der Wunden. Die Chirurgen behandelten vorrangig Knochenbrüche und Verrenkungen von Gliedmaßen.

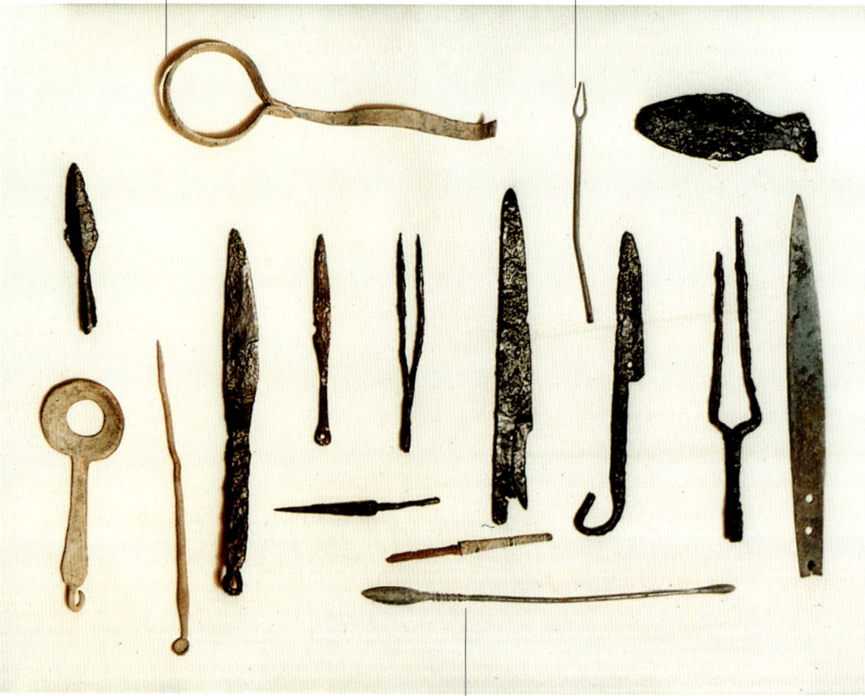

Typisch für die Arbeit des Arztes waren das »Schneiden« und das »Brennen«; große Wirkung bei vielen Krankheiten wurde deshalb dem Aderlass zugesprochen, der beides vereinte: Auf Einschnitte setzte der Arzt erhitzte Schröpfköpfe.

▲ Chirurgische Instrumente, vom Asklepios-Heiligtum in Korinth, Korinth, Archäologisches Museum.

» … wie beim Elementarlehrer, der mit dem Griffel den noch nicht schreibfertigen Kindern Linien zieht und sie zwingt sich mit ihren Schreibversuchen nach diesen Linien zu richten.« (Platon)

Schule und Unterricht

Im antiken Griechenland gab es keine öffentlichen Schulen, sondern nur Privatschulen, deren Lehrer von den Familien bezahlt wurden. Obwohl viele Kinder diese Schulen besuchten, erhielten nicht alle den Elementarunterricht, es sei denn, ein großzügiger Wohltäter finanzierte eine Schule, die allen freien Knaben offen stand. Im Alter von sieben Jahren begann der Unterricht mit Turnen, Sprache, Schrift und Musik. Diese Fächer, die den Geist nähren und den Körper formen sollten, bildeten die Voraussetzungen für das Erziehungsziel der *Kalokagathia,* des Ideals körperlicher und moralischer Vollkommenheit. Der Unterricht fand gewöhnlich in den Privathäusern der Lehrer statt und dauerte vom Morgengrauen bis zum Sonnenuntergang. Die Knaben saßen auf Schemeln und benutzten gewachste Täfelchen, auf die sie mit einem Griffel Worte oder Zahlen einritzten. Es war selten erlaubt, mit Feder und Tinte auf Papyrusrollen zu schreiben. Im Jugendalter *(Ephebia),* zwischen 18 und 20 Jahren, traten die Knaben in die Gymnasien ein, die für ihre Bildung als Bürger zuständig waren. Der Unterricht auf dem Gebiet der Literatur wurde durch den *Grammatikos* oder *Philologos* fortgesetzt, Unterweisungen in der Redekunst erteilte ein Rhetor, ebenso zählten Mathematik und Naturwissenschaften zum Fächerkanon. Während des Wehrdienstes, der mindestens ein Jahr dauerte, erhielten die jungen Männer militärische Instruktionen, lernten als Hopliten zu kämpfen und zu jagen.

Siehe auch
Schrift, Musik und Tanz, Sport, Gymnasien und Palästren

▼ *Schüler mit Schreibzeugtasche,* rotfigurige *Kylix,* 475–450 v. Chr., New York, Metropolitan Museum.

Der auf dieser Kylix festgehaltene Unterricht in Musik, Sprache und Schrift einer Athener Schule ist die vollständigste bildliche Darstellung der Schulpraxis, die überliefert ist.

Die Szene links im Bild stellt die Unterweisung im Spiel der Lyra dar, dabei sitzen sich der Lehrer (Kitharistes) *und der Schüler gegenüber.*

Für die schulischen Übungen benutzte man Holztäfelchen und überall erhältliche Materialien wie Kokosnüsse und geschliffene Steine.

▲ *Schulunterricht,*
attisch-rotfigurige *Kylix* des Douris,
aus Cerveteri, um 480 v. Chr.,
Stiftung Staatliche Museen Berlin, Antikensammlung.

Das gebräuchlichste Schreibgerät bestand aus einem Rohrstiel, dem Kalamos, *der regelmäßig gespitzt werden musste, aber auch Griffel aus Bein waren verbreitet. Die Tinte wurde auf der Basis von Kupfer, Eisen und Blei hergestellt.*

Auf der Papyrusrolle steht ein incipit, *ein typischer Vermerk am Anfang einer epischen Dichtung: »O Muse, finde mir an den Ufern des Skamandros den Stoff für den Beginn meines Gesangs«.*

Der Schüler rezitiert vor dem Lehrer, der anhand des Textes die Richtigkeit des Vortrags überprüft, während der Direktor *der Schule, der* Didaskalos, *den Unterricht aufmerksam verfolgt.*

Ab Mitte des 7. Jh. v. Chr. kursierten Bücher in Form von Papyrusrollen, seltener waren Leinen und Pergament.

»Das Absehen der Lehrer des Saitenspiels ist auf Maß und Sittsamkeit gerichtet ... und sie verabsäumen nichts, um den Seelen der Knaben den Sinn für Takt und Harmonie fest einzuprägen.« (Platon)

Musik und Tanz

Siehe auch
Schule und Unterricht, Sport, Theater, Gymnasien und Palästren

In der griechischen Kultur bezog sich der Begriff *Mousike* nicht nur auf die Tonkunst, sondern auch auf Dichtung und Tanz. Der Musiker komponierte nicht nur die Melodie, sondern schrieb auch die Texte und entwarf die Choreografien. Ursprünglich wurde der Gesang von Instrumenten einstimmig begleitet. Mit der Zeit schuf man komplexere Partituren und entstanden große Orchester. Wahrscheinlich im 5. bis 4. Jh. v. Chr. begann man, die Musik mittels eines alphabetischen Systems aufzuschreiben, das die gesanglichen von den instrumentalen Notationen unterschied; Komposition und Vermittlung erfolgten weiterhin vor allem mündlich. Die gebräuchlichsten Instrumente, mit denen man den Gesang der Dichter und die Chöre der Tragödien begleitete, waren die Lyra, die aus einem Schildkrötenpanzer bestand, über den Darmsaiten gespannt waren, und der *Aulos*, eine Art Flöte mit doppeltem Rohr. Die Musik galt als unerlässlich für die sittliche Erziehung der Bürger und war daher Teil des Schulunterrichts. In Athen gehörte sie, neben der Schrift, zum primären Lernstoff, und in Sparta erhielten die jungen Männer eine musikalische Erziehung, weil der rhythmisierte Takt des Chorgesangs der Vorbereitung eines disziplinierten Manövers diente, denn die Märsche des Heers wurden stets vom Spiel der *Aulos* und von Gesängen begleitet. Auch das Turntraining im Gymnasion wurde bei Flötenklängen durchgeführt und bei profanen oder religiösen Zeremonien war in der Regel Musik zu hören.

► Bronzestatuette einer *Krotalen*-Spielerin, aus Sparta, um 530 v. Chr., New York, Metropolitan Museum.

Die Erfindung der Lyra wurde dem Hermes zugeschrieben, der sie Apollon als Entschädigung für den Diebstahl der Kühe von Pieria überließ; Hermes machte so Apollon zur Schutzgottheit der Musik.

Erfinderin des Aulos *war die Göttin Athene. Als sie in einem Bach ihr vom Spielen verzerrtes Gesicht sah, warf sie das Instrument fort und drohte jedem, der es aufheben würde, schreckliche Strafen an.*

Der Mythos reflektiert den von antiken Autoren oft erwähnten Gegensatz zwischen der Musik, die magische Kraft besitzt – symbolisiert vom Aulos *und den dionysischen Riten –, und der Musik, die das Wort begleitet, verbunden mit der Lyra und der apollinischen Vernunft.*

Die Szene stellt Marsyas beim verzweifelten Versuch dar, den Wettkampf mit Apollon zu gewinnen; dieser schaut ihm mit der Lyra auf dem Schoß herablassend zu. Eine dritte Figur, nach phrygischer Mode gekleidet, hält bereits das Messer in der Hand, womit dem Satyr die Haut abgezogen werden wird, da er es gewagt hat, den Gott herauszufordern.

Der Satyr Marsyas hatte in Phrygien den von Athene weggeworfenen Aulos *gefunden und war von seinem Klang so bezaubert, dass er Apollon aufforderte, mit seiner Lyra ebensolche Klänge hervorzubringen.*

▲ *Musikalischer Wettstreit zwischen Apollon und Marsyas,*
Statuensockel,aus Mantinea, um 320 v. Chr.,
Athen, Archäologisches Nationalmuseum.

Ein Schüler namens Euthymides spielt unter den Anweisungen des Lehrers die Lyra. Der in einen Mantel gehüllte Knaben, im Begriff zu singen, wird vom Spiel Euthymides begleitet.

Der Klangkörper der Lyra bestand aus einem Schildkrötenpanzer, in den man zwei mit einem Steg verbundene Tierhörner einfügte. Gewöhnlich besaß eine Lyra sieben Darmsaiten.

Man zupfte mit der rechten Hand die Saiten an oder spielte mit einem Plektron, während man mit der linken die Spannung der Saite erhöhen oder ihre Schwingung beenden konnte. Hier stimmt ein Lehrer das Instrument, indem er die Spannung der Saiten reguliert.

Eine Inschrift hinter der Figur besagt, dass es sich hier um Smikythos handelt, einen damals berühmten Lehrer.

▲ *Musikunterricht,*
attisch-rotfigurige *Hydria* des Phintias,
aus Vulci, um 510 v. Chr.,
München, Antikensammlungen.

Die Salpinx *war eine Trompete aus Bronze, mit geradem Rohr und glockenförmigem Trichter, die man nach unten geneigt spielte. Sie war vor allem im Militär gebräuchlich; ihr schriller Klang gab das Signal zum Aufbruch, zum Angriff und zum Rückzug des Heeres und kündete die Befehle der Kommandanten an.*

Ein Lederstreifen, der am Hinterkopf verknotet wurde, fixierte das tassenförmige Mundstück an den Lippen, wodurch die Hände mehr Bewegungsfreiheit erhielten.

Der skythische Bogenschütze trägt die spitz zulaufende Kopfbedeckung aus Leder und die charakteristische farbenfrohe Tracht, die gepolstert war, aber keinen metallenen Schutz besaß.

▲ *Salpinx spielender Bogenschütze,* attisch-schwarzfigurige *Kylix* des Psiax, aus Vulci, 520–500 v. Chr., London, British Museum.

Der Spieler des Doppelaulos steigt zum Zwecke einer Darbietung auf ein Podium, um das herum die Richter auf ihren Schemeln sitzen.

Das Instrument, aus Feigenbaum-, Ahorn- oder Pflaumenholz gefertigt, war zwischen 20 und 80 cm lang, je nachdem, ob es sich um ein Sopran-, Alt-, Tenor-, Bariton- oder Bassinstrument handelte. Wenn zwei Auloi *zusammen spielten, war ein Spieler für die Melodie, der andere für den Generalbass zuständig.*

Musikalische Wettstreite fanden gewöhnlich zusammen mit Sport- und Theaterwettkämpfen anlässlich der großen religiösen Feste statt. Sie sind seit Mitte des 6. Jh. auf den attischen Gefäßen dargestellt, was darauf schließen lässt, dass sie zum Programm der Panathenäen seit ihrem Beginn 566 v. Chr. gehörten.

Die Kithara-*Flötenspiele konnten als* Solo *geboten oder von einem Chor begleitet werden; mit beiden Instrumenten begleitete man auch Rezitationen und Wettgesänge.*

▲ *Musikwettbewerb,*
attisch-rotfiguriger Kelchkrater des Euphronios,
aus Cerveteri, 520–510 v. Chr.,
Paris, Musée du Louvre.

Ein Boxer, ein Diskuswerfer und ein Speerwerfer trainieren in einem Gymnasion, vom rhythmischen Klang der Flöte begleitet.

Die Flöte galt als panharmonisches Instrument, d.h., es war für jede Situation geeignet: für Wettkämpfe und den Krieg ebenso wie für das Symposion, das Theater, für Opfer- und Begräbnisfeiern.

Man glaubte, die Musik beeinflusst das sportliche Training und die militärischen Übungen positiv, weil man ihr die Fähigkeit zuschrieb, die Gemüter zu besänftigen und die Konzentration zu fördern.

▲ *Athleten, zum Spiel der Flöte trainierend,*
attisch-rotfigurige *Kylix* des Epiktetos,
aus Vulci, 520 v. Chr.,
Stiftung Staatliche Museen Berlin, Antikensammlung.

Die Malerei auf dem Gefäß zeigt in einer Sequenz lebhafter Szenen die damals beliebten Tänze und akrobatischen Übungen, die vom Flötenspiel und vom Klang der Krotalen *begleitet wurden.*

Der Krieger tanzt die Pyrrhica, *einen Waffentanz, zur Vorbereitung auf den Krieg, bei dem man mit einem imaginären Gegner kämpfte. Die* Pyrrhica *stammte wahrscheinlich aus Kreta, wurde aber vor allem in Sparta getanzt, wo sie fester Bestandteil der militärischen Ausbildung war.*

Der Akrobat auf dem Tisch ist ein Verrenkungskünstler, der in dieser Position versucht, aus einem Krug zu trinken.

Der junge Tänzer vollführt eine Tanzübung oder einen akrobatischen Sprung, nachdem er drei Schwerter senkrecht in den Boden gerammt hat.

▲ *Musiker, Tänzer und Akrobaten*, attisch-rotfigurige *Hydria* des Polygnotos, aus Nola, 430 v. Chr., Neapel, Museo Archeologico Nazionale.

»Bis zur Pubertät soll man leichtere Übungen wählen und allzu harte Diät und schwere Anstrengungen meiden, damit das Wachstum nicht gehindert werde.« (Aristoteles)

Sport

Der Sport als Wettkampf besaß für die Griechen große gesellschaftliche Bedeutung; es verwundert daher nicht, dass das älteste gesicherte Datum der griechischen Geschichte, das Jahr 776 v.Chr., nicht auf eine Schlacht oder ein politisches Ereignis verweist, sondern das Jahr der ersten Olympiasieger festhält. Sportliche Wettkämpfe waren nicht nur ein fundamentaler Bestandteil der Erziehung; sie spielten auch im religiösen Leben eine wichtige Rolle. Die *Agone,* die Wettkampforte, lagen ursprünglich in der Nähe von Begräbnisstätten bedeutender Personen und stellten eine Form der Ehrerbietung an den Verstorbenen dar. Wahrscheinlich gingen einige der panhellenischen Spiele aus der Ehrung großer Helden hervor, deren Tod man beklagte, wie den Tod des Oinomaos in Olympia. Später trat diese Bedeutung der Spiele zurück, sie glichen jetzt eher einem Spektakel, das die Götter gnädig stimmen sollte, und gehörten wie Umzüge und Opferfeste zum Programm der regelmäßig stattfindenden religiösen Feste, die unabhängig voneinander von den einzelnen Poleis nur für ihre eigenen Bürger organisiert wurden. Einige Wettkampfstätten wie Olympia, Delphi, Nemea und Isthmia gewannen mit der Zeit aus politischen und religiösen Gründen eine über ihre Grenzen hinausweisende Bedeutung. Zu diesen Kultorten kamen bald nicht nur Teilnehmer aus der eigenen Stadt, sondern auch aus anderen Regionen, bis die Spiele schließlich »panhellenisch« waren und ein so solches Format erreichten, dass kriegerische Konflikte während der Spiele ausgesetzt wurden.

Siehe auch
Schule und Unterricht, Musik und Tanz, Begräbnis, Gymnasien und Palästren, Stadien und Hippodrome, Delphi, Nemea, Olympia

◄ Bronzestatuette eines Läufers, Olympia, um 480 v.Chr., Olympia, Archäologisches Museum.

Der Wettlauf war 776 v. Chr. die erste und 13 Jahre lang die einzige olympische Disziplin. Anfangs lief man eine 192,27 m lange Strecke, einem Stadion *entsprechend; später führte man den* Diaylos *ein, der über zwei* Stadien *führte, und schließlich den,* Dolichon, *den Langlauf über 7 bis 24* Stadien.

Der Hoplitenlauf, bei dem die Läufer mit Helm, Schild und Beinschienen aus Bronze zwei Stadien *lang um die Wette liefen, war der einzige Wettlauf, bei dem die Athleten nicht nackt waren. Im Zeus-Tempel von Olympia standen 25 Bronzeschilde für die Athleten bereit.*

Preisamphoren, gefüllt mit Olivenöl aus Athen, wurden als Prämien bei den großen Panathenäen vergeben, die alle vier Jahre in Athen stattfanden. Der Staat ließ sie produzieren und aus Gründen der Tradition in der Technik des 6. Jh., also schwarzfigurig, bemalen, auch nachdem die Produktionsstätten längst ein neues Verfahren anwandten.

Auf einer Seite der Gefäße war stets Athene in Rüstung abgebildet, auf der anderen die sportliche Disziplin des geehrten Athleten. Diese Amphora kann genau datiert werden, weil man seit dem 4. Jh. v. Chr. neben Athene den Namen des zuständigen Beamten schrieb.

▲ *Hoplitenlauf,*
panathenäische Preisamphora aus der Serie des Nikomachos, Bengasi, 323–322 v. Chr., Paris, Musée du Louvre.

Der Fackellauf oder Lampadedromia *war keine olympische Disziplin, sondern Teil der Eröffnungszeremonien der panathenäischen Spiele; er fand auch anlässlich der Feste von Hephaistos und Prometheus statt.*

Den Wettkampf richteten Mannschaften aus, die die verschiedenen Volksgruppen Athens repräsentierten. Er bestand aus einer Staffel, die die Fackel von der Akademie, wo sich der dem Prometheus geweihte Altar befand, bis zum Erosaltar auf der Akropolis trug.

▲ *Fackellauf*, attisch-rotfigurige *Oinochoe*, Mitte 5. Jh. v. Chr., Paris, Musée du Louvre.

Die moderne Tradition, das olympische Feuer in einem Staffellauf von Olympia zum Veranstaltungsort der Spiele zu tragen, ist eigentlich nicht »olympischen« Ursprungs, sondern stammt aus Athen.

Die Bronzestatue stellt den Lenker einer Quadriga dar und gehörte zu einer Skulpturengruppe, die der Tyrann Polyzalos von Gela auf Sizilien anlässlich eines Sieges bei den pythischen Spielen im Jahre 478 oder 474 v. Chr. gestiftet hat.

Da nicht die Wagenlenker, sondern die Besitzer der Wagen als die Sieger geehrt wurden, konnte auch eine Frau, Kyniska, Tochter des Königs Archidamos von Sparta, zweimal Siegerin in Olympia werden.

Den Fragmenten zufolge gehörten zu der Skulpturengruppe noch zwei weitere Pferde, die jeweils an den Seiten angespannt waren und von zwei Bediensteten geritten oder an den Zügeln gehalten wurden. Hier ist der Moment der Ehrenrunde nach dem Sieg dargestellt.

Die Wagenrennen waren die prestigeträchtigsten und spannendsten Wettkämpfe der panhellenischen Spiele, nicht zuletzt wegen des hohen Risikos. Sie waren das Monopol der Mächtigen, die es sich leisten konnten, eine Mannschaft von Pferden, Wagenlenkern, Stallburschen und Bediensteten zu unterhalten.

Der junge Mann mit Augen aus hartem Stein und Lippen aus Kupfer trägt das für Wagenlenker charakteristische lange Gewand aus weißem Leinen, das von dünnen Trägern auf der Brust gehalten und über der Taille von einem Gürtel geschlossen wurde. Auf dem Kopf trägt er ein Band mit einer Silberverzierung.

▲ *Wagenlenker von Delphi,*
um 478 v. Chr.,
Delphi, Archäologisches Museum.

Die Niken, geflügelte Siegesgöttinnen, reichen einem siegreichen Athleten die Ehrenbänder.

In Olympia nahmen die Sieger Preise mit Binden aus roter Wolle entgegen, die um den Kopf, den Unterarm und um den Oberschenkel geschlungen wurden.

Die Sieger der panhellenischen Spiele erhielten symbolische Preise: In Olympia überreichte man Kronen aus Olivenzweigen, Lorbeer wurde bei den pythischen Wettkämpfen in Delphi vergeben, Kiefernzweige bei den isthmischen und aus wildem Sellerie bestand die Krone bei den nemeischen Spielen.

Nach der Rückkehr in ihre Heimatstädte wurden die Athleten mit wertvollen Preisen belohnt, die Geldsummen, den lebenslangen Unterhalt auf Staatskosten, Ehrenplätze bei den Schauspielen und andere materielle Vergütungen umfassen konnten.

▲ *Niken und siegreicher Athlet,*
attisch-rotfigurige *Kylix*, aus Vulci, um 480 v. Chr.,
Paris, Musée du Louvre.

Die Reiterstatue wurde aus einem Rumpf (hier eine Gipskopie) aus dem Akropolis-Museum von Athen und einem Kopf aus dem Louvre rekonstruiert. Der Archäologe Humphry Payne schlug 1936 diese Zusammensetzung der beiden Teile vor.

Der Kranz aus Eichenblättern kennzeichnet die Figur als einen Gewinner der vier Kranz-Wettkämpfe, bei denen Preise aus einem Blätterkranz überreicht wurden; die Eiche war allerdings weder für Olympia noch für Delphi, noch für die nemeischen oder die isthmischen Spiele typisch.

Auch bei den panathenäischen Spielen fanden die Pferdewettkämpfe den größten Zuspruch; die Pferdezucht war Ausdruck für den Reichtum der aristokratischen Familien Athens.

Die Pferderennen gingen ungefähr über einen Kilometer. In Olympia umfassten die Wettkämpfe acht Pferdedisziplinen: Rennen von Hengsten und Stuten, Zweigespann und Viergespann, Zweigespann von Mauleseln gezogen, Zweigespann, Viergespann und Rennen der Fohlen.

▲ *Reiter Rampin,*
Akropolis von Athen, um 560–550 v. Chr.,
Athen, Akropolis-Museum /
Paris, Musée du Louvre.

Der Weitsprung war keine Einzeldisziplin, sondern gehörte mit dem Laufen, dem Diskuswerfen, dem Speerwerfen und dem Ringen zum Pentathlon, *der als schwierigste und vollkommenste Disziplin der Antike galt.*

Der Athlet hält die Halteres *in den Händen, Hanteln aus Stein oder Metall, die in der Anlauf- und Absprungphase nach vorne geschwungen wurden, um die Absprungsenergie zu steigern.*

▲ *Athlet in Vorbereitung auf den Weitsprung,* attisch-rotfigurige *Kylix*, aus Vulci, um 510 v. Chr., Paris, Musée du Louvre.

Der Ringkampf war die älteste Sportart der Griechen, geboren aus den Überlebenskämpfen. Der Name Palästra, *die Institution, in der alle athletischen Disziplinen gelehrt wurden, leitet sich aus dem Begriff* Pale *(»Kampf«) ab.*

Die Regeln des Ringkampfes waren sehr streng: Von der aufrechten Haltung ausgehend, neigten beide Athleten die Köpfe zueinander, streckten die Arme aus und versuchten so, den Gegner zu Boden zu werfen. Als Sieger galt, wer den Gegner dreimal umgeworfen hatte.

▲ *Ringkampf,*
Statuensockel aus der Mauer des Themistokles,
Athen, 510–500 v. Chr.,
Athen, Archäologisches Nationalmuseum.

Der Kampf fand auf einem Platz mit weichem Boden, dem Skamma statt, so mussten die Ringer beim Fallen keine großen Verletzungen befürchten. Vor dem Kampf lockerte man die Erde mit den Füßen auf.

Erlaubt waren nur Griffe am Oberkörper, doch es war zulässig, den Gegner aus dem Gleichgewicht zu bringen, indem man ihm ein Bein stellte. Der Schiedsrichter hielt einen langen Stock in der Hand, um bei eventuellen Verstößen eingreifen zu können.

Sowohl das Diskuswerfen als auch das Speerwerfen gehörten zum Pentathlon. *Das Gewicht der erhalten gebliebenen Diskusscheiben reicht von 1,5 kg bis zu 6 kg. Fast immer handelt es sich dabei jedoch um Votivgaben, die siegreiche Athleten den Göttern geweiht haben, daher entsprechen sie vermutlich nicht den Eigenschaften der in den Wettkämpfen verwendeten Scheiben.*

Der Athlet ist im Begriff, den Speer zu werfen. Das 2,40 m lange Gerät wurde mit Hilfe einer Wurfschlinge geworfen, die in der Mitte angebracht war.

Der Bereich für den Diskuswurf war durch Linien an den Seiten und an der Vorderseite gekennzeichnet; die Wurftechnik ist durch Vasenmalereien und Skulpturen wie dem Diskobolos *des Myron überliefert.*

▲ *Speerwerfer,*
Bronzediskus, aus Ägina, um 470 v. Chr.,
Stiftung Staatliche Museen Berlin, Antikensammlung.

Das Boxen war eine sehr harte Disziplin; es gab weder Pausen noch zeitliche Begrenzungen, und da die Möglichkeit, den Kampf wie heute nach Punkten zu entscheiden, nicht vorgesehen war, dauerte er bis zum Zusammenbruch eines der beiden Boxer.

Die Bandagen hatten nicht den Zweck, die Schläge abzumildern, sondern um Finger und Handgelenke zu schützen. Anfangs benutzte man einfache Lederriemen (Himantes), *doch im 4. Jh. v. Chr. wurden »scharfe« Handschuhe eingeführt, mit großen Ringen aus hartem Leder um die Fingerglieder und einer Art Schiene am Unterarm, die mit Wolle gepolstert war.*

Vermutlich trafen die Schläge vor allem das Gesicht; es war nicht üblich, in die übrigen Teile des Körpers zu boxen.

▲ *Faustkampfszene,*
attisch-schwarzfigurige Amphora, 550–525 v. Chr.,
London, British Museum.

»Philokles brachte dem Hermes als Weihegeschenke die trefflich lärmende Klapper aus Buches, hier diesen nahtfesten Ball, Würfel, die er so herzlich geliebt.« (Anthologia Palatina)

Spiele und Spielsachen

Siehe auch
Symposion, Sport

Die Griechen liebten Spiele und füllten ganze Bücher mit ihren Regeln, die leider fast alle verloren gegangen sind. Heutige Kenntnisse stammen von Vasenmalereien und aus Grabungsfunden bei den Heiligtümern, wo Jungen und Mädchen den Göttern ihre Spielsachen weihten, wenn sie volljährig wurden oder heiraten wollten, oder aus den Kindergräbern der Nekropolen. Für die Neugeborenen fertigte man Saugflaschen in Tiergestalt an und unterhielt sie mit Rasseln und Glöckchen. Größere Kinder vergnügten sich mit Tierfiguren auf Rädern und mit einfachen Karren, die man ihnen zu den Anthesterien, dem Fest zu Ehren des Dionysos im Anthestorion (Februar) schenkte. Später widmeten sich die Buben vor allem Geschicklichkeitsspielen mit Kreisel, Reif und Garnspulen, die man als Yoyo benutzte, während man Mädchen Puppen schenkte. Zu den Gruppenspielen, die beide Geschlechter schätzten, gehörten Blindekuh, Huckepack und das Werfen von Nüssen und Astragalen, Tierknöchelchen, die man auch aus Ton, Bronze und kostbaren Materialien nachahmte. Die Astragale wurden auch von Erwachsenen für Glücksspiele benutzt. Ruhiger ging es dagegen beim Brettspiel zu, von dem diverse Spieltische zeugen, ihre Regeln sind jedoch heute nicht mehr durchschaubar. Die Teilnehmer eines Symposions vergnügten sich mit dem *Kottabos*, bei dem sie mit dem letzten Tropfen Wein spuckend versuchten, ein Ziel zu treffen.

▼ *Astragalspielerinnen*, Terrakotta, 330–300 v.Chr., London, British Museum.

Würfel wurden aus den unterschiedlichsten Materialien hergestellt, von Ton bis Gold. Man spielte mit drei Würfeln; die verschiedenen Kombinationen hatten Namen: drei Sechsen hießen »Venuswurf«, während man drei Einsen als »Hundewurf« bezeichnete.

Pausanias zufolge wurde das Würfelspiel vom griechischen Krieger Palamedes erfunden, um die Langeweile während der Belagerung Trojas zu verkürzen.

Die Zahlen, die Achilleus (»vier«) und Aias (»drei«) »aussprechen«, sind Hinweis auf ein Würfelspiel der beiden.

Wie hier wurde das Sujet der beim Brettspiel sitzenden Helden von vielen Malern aufgegriffen.

▲ *Achilleus und Aias beim Würfelspiel,* attisch-schwarzfigurige Bauchamphora des Exekias, aus Vulci, 540–530 v.Chr., Rom, Musei Vaticani.

Die ältesten erhalten gebliebenen Puppen stammen aus Böotien und wurden dort in der 2. Hälfte des 8. Jh. v. Chr. aus Ton hergestellt. Sie sind bis zu einem halben Meter groß, haben bewegliche Beine und tragen mit Fischen, Vögeln oder geometrischen Mustern verzierte Glockenröcke. Gewicht und Größe lassen darauf schließen, dass sie vorwiegend als Grab- und Opfergaben gedient haben.

In der Antike stellten die Puppen niemals kleine Kinder dar, um »Mama« spielen zu können, sondern immer heiratsfähige Mädchen. Beim Fest zu Ehren des Dädalus trug man in einer Prozession Puppen aus Ton mit, die wie Bräute gekleidet waren.

► Tonpuppe mit Ausstattung, Ende 5. Jh. v. Chr., London, British Museum.

Gewöhnlich wurden Puppen aus Ton oder Holz angefertigt. Weit verbreitet dürften auch die in den Familien selbst hergestellten Flickenpuppen gewesen sein, von denen einige Exemplare aus römischer Zeit erhalten geblieben sind.

Diese Tonpuppe besitzt bewegliche Arme und sitzt auf einem Stuhl, dessen Armlehnen auf zwei Frauenköpfen ruhen. Ihre Ausstattung besteht aus Stiefeln, einem Krater *auf hohem Fuß und einem* Epinetron, *einem Gerät, das man auf das gebeugte Knie legte, um Wolle zu verspinnen.*

Das wichtigste Utensil für den Verlauf des Kottabos *genannten Spiels war ein Bronzestab, an dessen Spitze ein Teller befestigt war,* Plastinx *genannt, dessen Gleichgewicht es zu halten galt.*

Der betrunkene Dionysos wird von einem Satyrn gehalten, während er den Wein gegen den Kottabos *zu schleudern versucht, der von einer Frau gehalten wird.*

Im unteren Teil des Stabs war eine zweite Scheibe angebracht, die Lekane. *Das Spiel bestand darin, mit dem aus einer Schale geschleuderten oder aus dem Mund gespuckten Wein den oberen Teller so zu treffen, dass dieser kippte und sich der Wein auf die untere Scheibe ergoss.*

Antiken Quellen zufolge entstand das Spiel im 6. Jh. v. Chr. in Sizilien und verbreitete sich später in Griechenland und in Etrurien. Da keine römischen Hinweise auf dieses Spiel existieren, ist es wahrscheinlich in hellenistischer Zeit aus der Mode gekommen.

▲ *Dionysos bereitet sich auf das Kottabos-Spiel vor,* rotfigurige *Kylix,* Ende 5. Jh. v. Chr., Florenz, Museo Archeologico.

Dieses Spiel, manchmal als Buße beim Würfeln eingesetzt, bestand vermutlich darin, mit dem siegreichen Gegner auf dem Rücken ein bestimmtes Ziel zu erreichen und dabei den verbalen Anweisungen eines Dritten zu folgen.

Das Huckepacktragen eines Freundes bei Mannschaftswettkämpfen nannte man Ephedrismos.

Ein junger Mann trägt einen Kameraden auf dem Rücken, der ihm mit den Händen die Augen zuhält.

Der dritte, hockende Spielkamerad weist mit der Hand auf das Ziel hin, das mit einem Stein markiert ist.

▲ *Ephedrismos*-Spiel, attisch-rotfigurige Oinochoe, aus Nola, 430–420 v. Chr., Stiftung Staatliche Museen Berlin, Antikensammlung.

Zwei Spieler versuchen mit langen gebogenen Stöcken sich gegenseitig einen Ball abzunehmen.

Über Ballspiele – einzeln oder in der Mannschaft, für Kinder und Erwachsene – finden sich zahlreiche Hinweise in Bild- und Schriftquellen.

Der dazu verwendete Ball, wahrscheinlich ein Arpaston, *war klein und hart, aus Wolle oder Werg gefertigt.*

Die Stöcke ähneln den Eishockeyschlägern von heute; der Ablauf und die Regeln des abgebildeten Spiels sind uns jedoch unbekannt.

▲ *»Hockey«-Spieler,*
Statuensockel von den Mauern des Themistokles, Athen, um 510 v. Chr.,
Athen, Archäologisches Nationalmuseum.

»Ich habe einem Mann sie gegeben als Gattin: Peleus, der über die Maßen im Herzen lieb war den Unsterblichen. Und alle nahmt ihr, Götter, teil an der Hochzeit.« (Homer)

Ehe

Die Hochzeit der Griechen stellte ein komplexes Ritual dar. Die wichtigsten Handlungen waren das formelle Einverständnis zwischen dem Vater der Braut und dem Bräutigam durch die Übergabe der Mitgift und die Übersiedlung der Braut in das Haus des Mannes, die in einer nächtlichen Prozession erfolgte, begleitet von Verwandten und Freunden. Da die Hochzeit als eine im Wesentlichen private Angelegenheit galt, wurde sie von der Stadt nicht reglementiert und nicht als offizielle religiöse Zeremonie ausgestattet, sondern stellte eher ein Ensemble von Riten dar: Die künftige Braut bereitete sich vor, indem sie Artemis ihr Spielzeug weihte; es war üblich, den Schutzgöttern der Ehe zu opfern. Am Hochzeitstag führten beide Brautleute Waschungen durch, und zuweilen hielt man im Haus der Braut ein Bankett ab, dem diese verschleiert beiwohnte. An der Prozession nahmen in jedem Fall ein Anführer, ein Begleiter des Brautpaares, die Mutter der Braut als Fackelträgerin und ein Kind, dessen beide Eltern noch lebten, als Glückssymbol teil. Nicht alle Ereignisse der Hochzeit sind gleichermaßen durch ikonographische Quellen belegt. Eheversprechen und Bankett werden nie dargestellt, wogegen die Prozession von Haus zu Haus und Szenen, die die Braut im Kreise ihrer Freundinnen beim Schmücken und Parfümieren zeigen, sich großer Beliebtheit erfreuten.

Siehe auch
Zeus und Hera, Artemis, Religiosität der Frauen, Opfer, Weihe- und Votivgaben, Häuser

▼ *Hochzeit von Peleus und Thetis,* schwarzfiguriger *Dinos* mit Ständer des Sophilos, 580–570 v. Chr., London, British Museum.

Der Hochzeitszug verlässt das Haus der Braut; in der halb geöffneten Tür steht eine weibliche Person, wahrscheinlich die Mutter der Braut.

Da die Prozessionen nachts stattfanden, wird das Brautpaar von Fackelträgern begleitet.

Der Zug wird von dem Gott Hermes angeführt, dem Schutzgott der Übersiedlungen, der Übergänge, aber auch der geschäftlichen Transaktionen.

Zwei Frauen transportieren einen Lebes gamikos, *der für die rituellen Waschungen der Braut gebraucht wurde, ein hölzernes Kästchen und einen Kessel. Diese Gegenstände symbolisieren den Transfer von Gütern, der ein wesentlicher Bestandteil einer Hochzeit war.*

Der Wagen mit dem Brautpaar stellt vermutlich eine Reminiszenz an den mythischen Hochzeitszug des Peleus und der Nymphe Thetis dar, denn es ist unwahrscheinlich, dass es sich hier um ein städtisches Gefährt des 5. Jh. handelt.

▲ *Hochzeitsprozession,*
attisch-rotfigurige *Pyxis* des Marlay-Malers,
um 430 v. Chr.,
London, British Museum.

Mit Hochzeitsszenen geschmückte Gefäße erhielten die Bräute zum Geschenk: Loutrophoros *und* Lebes gamikos, *die das Wasser für die Waschungen enthielten,* Pyxiden *für Kosmetika und Schmuck,* Lekythoi *und die* Alabastra *für Duftsalben und* Kratere, *die bei Banketten benutzt wurden.*

Eine Magd oder die Mutter der Braut richtet das Gewand der jungen, halb verschleierten Frau, die im Begriff ist, das Elternhaus zu verlassen.

Der Bräutigam, bereits im Gehen, nimmt die Braut bei der Hand. Der Griff um das Handgelenk symbolisiert die Inbesitznahme der Frau durch den Mann.

▲ *Hochzeitszug,*
attisch-rotfigurige *Pyxis* des Hochzeitsmalers, 470–460 v. Chr., Paris, Musée du Louvre.

»Die sog. handwerklichen Berufe sind verrufen und werden aus gutem Grund in den Städten besonders verachtet. ... Sie gewähren keine Zeit, sich noch um Freunde oder den Staat zu kümmern.«
(Xenophon)

Kunst und Handwerk

Siehe auch
Töpferkunst, Agora von Athen

Eine Verherrlichung körperlicher Arbeit kannte die griechische Kultur nicht. Im Gegenteil, handwerkliche Tätigkeiten wurden verachtet und galten einem freien Bürger als unwürdig. Nur die Arbeit der kleinen und mittleren Grundbesitzer war von der Geringschätzung nicht betroffen, da man in ihrer Landverbundenheit eine Form von Vaterlandsliebe sah. Die Bearbeitung der Felder kam als Beweis der Männlichkeit dem Dienst an der Waffe gleich. Trotz der Abwertung vieler Arbeiten basierte die wirtschaftliche Stärke von Städten wie Athen und Korinth größtenteils auf handwerklichen Betrieben. Im Bauwesen, im Schiffsbau und in der Waffenherstellung existierten fast industrielle Organisationsformen, in die auch kleine, auf Zimmererarbeiten, auf Seilerwaren, auf Segel, Leder und Holz spezialisierte Werkstätten einbezogen waren. Eine wesentliche Komponente aller Erwerbstätigkeiten bildete die Sklavenarbeit. Sklaven konnten selbständig Werkstätten leiten und zahlten ihrem Herrn einen festen Anteil der Einnahmen. Zumeist übten jedoch freie Männer die spezialisierten Handwerke aus. Sie arbeiteten für sich selbst oder für dritte und stellten die dynamischste Schicht der Gesellschaft dar, waren daher nur schlecht zu kontrollieren und folglich von höhergestellten Gruppen gefürchtet. Ihrem beruflichen Stolz sind wahrscheinlich die wenigen Bilder über Handwerke und Berufe zu verdanken, die meisten davon auf Gefäßen, deren Auftraggeber solchen Tätigkeiten nachgingen.

► *Abwägen von Waren,* attisch-schwarzfigurige Bauchamphora, aus Agrigent, 540 v. Chr., New York, Metropolitan Museum.

Im großen Bilderrepertoire der Gefäßmalerei sind kommerzielle Tätigkeiten eher eine Seltenheit. Gesellschaftlich missachtet, wurden sie wahrscheinlich nur auf ausdrücklichen Wunsch der Auftraggeber dargestellt.

Der Fischverkäufer trägt in zwei Körben seine Fische zum Markt. Seine Kleidung und die Kopfbedeckung charakterisieren ihn als einen einfachen Mann, der einer körperlichen Arbeit nachgeht.

Der Hund, der vielleicht auf die Fischreste wartet, verleiht der Szene einen volkstümlichen, genrehaften Zug.

Die kauernde Person ist dabei, die Fische auszuwählen oder zu säubern.

▲ *Fischverkäufer,*
attisch-schwarzfigurige Amphora, 520–510 v. Chr.,
Stiftung Staatliche Museen Berlin, Antikensammlung.

In der Werkstatt des Schuhmachers stehen zwei Schemel, ein Tisch und eine Konsole für die Arbeitsgeräte.

Dank eines reichen Fundes von Eisennägeln und von Ösen aus Knochen für die Schuhbänder konnte eine Schuhmacherwerkstatt in der Nähe der Agora von Athen ausgemacht werden. Der Name ihres Besitzers wurde auf einen Krug geritzt, es handelt sich dabei wahrscheinlich um den Schuster Simon, ein Freund und Schüler von Sokrates.

Der Kunde des Schusters ist auf den Arbeitstisch gestiegen, damit der Handwerker Maß für die Anfertigung neuer Schuhe oder Sandalen nehmen kann.

Das Becken unter dem Tisch enthält Wasser zum Einweichen des Leders oder ist für Materialabfälle bestimmt.

▲ *Schuster,*
attisch-schwarzfigurige *Pelike*,
aus Rodi, 500–490 v. Chr.,
Oxford, Ashmolean Museum.

Der junge Zimmermann bearbeitet mit einer Art Hammer ein Werkstück von ungewisser Bestimmung.

Die Zimmerleute arbeiteten nicht in eigenen Werkstätten, sondern waren vor allem an öffentlichen oder privaten Baustellen beschäftigt, in den Schiffsbauhütten und in den Werften.

▲ *Zimmermann*, attisch-rotfigurige *Kylix*, aus Chiusi, 510–500 v. Chr., London, British Museum.

An den Wänden der Werkstatt hängen Kopfformen und andere anatomische Glieder, die zu Skulpturen zusammengesetzt werden; die Täfelchen mit menschlichen Figuren und Tieren wurden wahrscheinlich als Schablonen benutzt.

Zwei Männer arbeiten an einem zylindrischen Schmelzofen, der eine bedient mit einem langen Haken das Schürloch, der andere bringt mit einem Blasebalg das Feuer zum Lodern.

Ein Handwerker setzt die Teilstücke einer lebensgroßen Statue zusammen.

Zwei Arbeiter glätten und verfeinern die Oberfläche einer monumentalen Kriegerstatue.

Bei den beiden Figuren, die der Arbeit beiwohnen und größer als die Handwerker dargestellt sind, handelt es sich wahrscheinlich um die Eigentümer der Werkstatt.

▲ *Erzgießerei,*
attisch-rotfigurige *Kylix*, aus Vulci, 490–480 v. Chr.,
Stiftung Staatliche Museen Berlin, Antikensammlung.

Die Arbeit wird von Athene, der Schutzgöttin des Handwerks, und vermutlich vom Eigentümer der Werkstatt, rechts im Bild, überwacht. Diese Figur ist durch ihre Sitzpositur und einen Kranz aus Olivenzweigen als herrschaftliche Person hervorgehoben.

Der Handwerker überarbeitet das Modell eines Pferdes mit Klüpfel und Stechbeitel; möglicherweise zeigt das Bild Epeios bei der Arbeit am Modell des Trojanischen Pferdes.

Im südwestlichen Bereich der Agora von Athen gab es zahlreiche Bildhauerwerkstätten, wie Funde von Steinblöcken und halbfertigen Statuen, von Gerätschaften aus Blei, Bronze und Bein, von Schleifwerkzeugen aus Reibstein und Gruben voller Schleifsand sowie Marmorsplitter- und Staubschichten belegen.

▲ *Bildhauer,*
attisch-rotfigurige *Kylix*, aus Vulci, 490–480 v. Chr.,
München, Antikensammlungen.

»Hast du nicht bemerkt, wie es die Handwerker damit halten? wie lange zum Beispiel den Töpfern ihre Söhne zusehen und Beihilfe leisten, ehe sie selbst die eigentliche Töpferkunst ausüben?«
(Platon)

Töpferkunst

Siehe auch
Euphronios, Exekias, Kunst und Handwerk

Wie allen Handwerkern brachte man auch den Töpfern Griechenlands keine große Wertschätzung entgegen; in antiken Quellen werden sie kaum erwähnt. Unser Wissen über Arbeitsformen und Herstellungsprozesse stammt von Darstellungen auf Gefäßen und von Funden antiker Brennöfen. Die Keramikwerkstätten, die Rauch und Staub ausstießen, lagen gewöhnlich an den Peripherien der Besiedlungen, in Gegenden mit viel Wasser und gut erreichbar für den Lehm- und Brennstoffnachschub. Sie besaßen einen großen Hof, auf dem der Brennofen stand. Viele Arbeitsprozesse wie die Vorbereitung und die Dekantierung des Lehms fanden im Freien statt, überdachte, helle und luftige Räume waren hingegen sowohl für die Herstellung als auch für die Trocknung der Gefäße nötig. Die meisten Werkstätten wurden wahrscheinlich als Familienbetriebe geführt, die auch Sklaven beschäftigten. Denkbar ist auch, dass in Hochzeiten des Töpferhandwerks große Fabriken entstanden, die auf der Grundlage hochspezialisierter Arbeit Töpferwaren produzierten. Die Signaturen – gefolgt von *epoiesen* (machte) für den Töpfer und von *egrapsen* (zeichnete) für den Maler – zeigen, dass Töpfern und Bemalen zwei verschiedene Tätigkeitsbereiche waren und dass die Töpfer, die öfter signierten als die Maler, sozial höher gestellt waren als diese.

▼ *Töpfer und Gehilfe beim Drehen eines Gefäßes,* attisch-schwarzfigurige *Kylix,* 550 v. Chr., Karlsruhe, Badisches Landesmuseum.

Die Töpferscheibe stammt aus dem Orient und ist in Griechenland seit dem 2 Jt. nachweisbar.

Die großen Gefäße, die höher waren als der menschliche Arm lang, wurden aus mehreren Teilen zusammengesetzt, die man mit einer sehr feinen Schlammschicht verklebte.

Die Töpferscheibe bestand aus Holz, Stein oder Terrakotta und wurde mit den Händen in Schwung gebracht; sie drehte sich auf einer Achse, die im Boden befestigt war.

Bei kleinen Gefäßen drehte der Töpfer selbst die Scheibe; große Scheiben, die für Amphoren oder Kratere *benötigt wurden, brachte ein Gehilfe in Schwung, der vom* Meister *Anweisungen über den Rhythmus und die Drehgeschwindigkeit erhielt.*

▲ *Drehen einer großen Vase,*
sikeliotisch-rotfiguriger Kelchkrater, 5. Jh. v. Chr., Caltagirone, Museo Regionale della Ceramica.

Nachdem der Ton mit einem Stück Fell sorgfältig geglättet worden war und die Konsistenz von Leder erreicht hatte, konnte mit der Bemalung des Gefäßes begonnen werden. Dieser Prozess ging langsam vonstatten, in schattiger, kühler Umgebung.

Athene und zwei Niken krönen die Maler mit Ehrenkränzen. Wahrscheinlich hat der Maler aus beruflichem Stolz und als Hommage an die Schutzgöttin der Handwerker die eigene Werkstatt abgebildet.

Der Meister der Werkstatt sitzt auf einem Stuhl und verziert mit einem Pinsel einen großen Kantharos, *ein Farbschüsselchen steht auf einem Schemel neben ihm.*

Die drei kleinen Figuren stellen Diener und Lehrlinge dar, die Zierbänder auf die Gefäße auftragen.

▲ *Vasenmaler bei der Arbeit,*
attisch-rotfigurige *Hydria,* um 470 v. Chr.,
Mailand, Sammlung Torno.

Die Pinakes *von Penteskouphia sind bemalte Tontäfelchen, die die korinthischen Töpfer den Göttern Poseidon und der Amphitrite im örtlichen Heiligtum für das gute Gelingen ihrer Arbeit geweiht haben. Sie dokumentieren sämtliche Phasen der Tonverarbeitung, von der Gewinnung bis zum Brennen.*

An der Spitze des Brennofens ist das Abzugsloch zu sehen. Die Öfen waren aus Stein gemauert und mit Lehm verkleidet oder aus luftgetrockneten Lehmziegeln gebaut, die während des Gebrauchs gebrannt wurden und so den Ofen stabilisierten.

Auf vielen Pinakes *ist das Brennen der Gefäße abgebildet, für den Töpfer die riskanteste Phase der Arbeit. Wahrscheinlich wurden die Tontäfelchen als Glücksbringer zusammen mit den Werkstücken in den Öfen gebrannt und später als Dankesgaben dargebracht.*

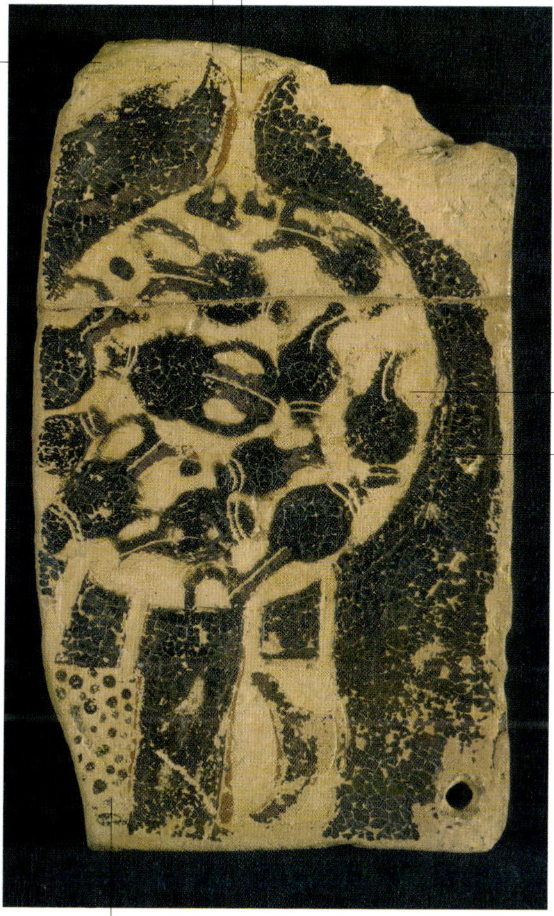

Die Gefäße standen auf luftdurchlässigem Boden in der Brennkammer. Die kostbarsten wurden in die Mitte gestellt, wo sich die Hitze gleichmäßiger als am Rande verteilte.

Der gefüllte Ofen ist im Querschnitt dargestellt, der durchlöcherte Boden ist nach oben gekippt, um einen Blick auf die zu brennenden Stücke zu bekommen.

Die Zuleitung des Ofens ist mit Kohle gefüllt. Im fehlenden Teil des Pinax *war wahrscheinlich der Töpfer abgebildet, der das Feuer anfacht.*

▲ *Pinax* aus Penteskouphia (Korinth), 6. Jh. v. Chr., Stiftung Staatliche Museen Berlin, Antikensammlung.

Das Bild stellt die Arbeit der Maler und Töpfer innerhalb der Werkstatt dar. Die Figur links, wahrscheinlich der Meister, bearbeitet ein bereits fertig gestelltes Gefäß, während die Helfer vor ihm Gefäßteile zum Trocknen bringen.

Die Säule markiert den Übergang zwischen dem Innenraum der Werkstatt und dem äußeren Bereich, dem Hof, wo die Krüge gebrannt wurden.

Nur in seltenen Fällen haben archäologische Ausgrabungen Gebäudeteile zutage gefördert, die mit Sicherheit als Überreste einer Töpferwerkstatt bestimmt werden konnten, denn das Gewerbe hat keinen architektonisch markanten Typus hervorgebracht, obendrein bestanden die Werkstätten häufig aus ärmlichen, nicht dauerhaften Materialien wie Lehm und Holz.

Die monströsen Maskarone, die hier am Ofen hängen, hatten apotropäische Funktion, d.h., sie sollten Gefahren abweisen, denn ein missglückter Brennvorgang stellte einen großen wirtschaftlichen Schaden dar.

▲ *Töpferwerkstatt*, attisch-schwarzfigurige *Hydria*, 510 v. Chr., München, Antikensammlungen.

»Nenn mir ... auch Häfen, Bäckerladen, Lustgärten und Bordelle, Städte, Brunnen, Gasthäuser, Nachtquartiere, wo der Wanzen nicht allzu viel ...« (Aristophanes)

Straßen und Transportmittel

Die spärlichen Wege in der gebirgigen Landschaft Griechenlands waren kaum geeignet, weite Strecken zurückzulegen und den Städten, die oft im Konflikt miteinander lagen, fehlten die ökonomischen Mittel, um ein engmaschiges Straßennetz auszubauen. Daher zog man, wenn möglich, den Weg über das Meer vor. Die Straßen waren oft nur einfache in den Fels gehauene Pfade. Gepflastert oder mit einem Untergrund aus Kies ausgestattet waren nur die Straßen in der Stadt, die Wege für den Transport der Agrarprodukte und jene, die zu den großen Heiligtümern führten und von vielen Besuchern frequentiert wurden. Seltener waren Straßen mit »Schienen«: Auf ihnen fuhren die Wagen auf Furchen, die dem Abstand der Wagenräder entsprechend in die Erde gegraben wurden. Einen Sonderfall stellte die Straße dar, die Athen mit den pentelischen Marmorbrüchen verband; sie war zweispurig angelegt, damit schwere Fuhrwerke gleichzeitig in beiden Richtungen fahren konnten. Verkehrszeichen kannte man nicht, lediglich die Hermen an den Wegkreuzungen, die den Schutz des Hermes auf den Straßen erbaten, konnten auch als Wegweiser dienen. Normalerweise ging man zu Fuß, ritt manchmal auf Eseln oder Maultieren. Pferde kamen nur im Krieg oder auf der Jagd zum Einsatz. Die gängigsten Fahrzeuge waren leichte, zweirädrige Wagen, mit einem Kasten aus Holz, offen oder mit bogenförmiger Bedachung. Schwere Frachten wurden mit einem vierrädrigen Ochsenkarren transportiert.

Siehe auch
Hermes, Flotte

▼ Gepflasterter Abschnitt der panathenäischen Straße in Athen.

Die Straße, die Athen mit dem Heiligtum des Apollon zu Delphi verband, war eine der wenigen mit »Schienen«, zwei 8 bis 10 cm tiefen Furchen mit einem Abstand von 14 cm, der dem Achsabstand der Wagenräder entsprach.

Der letzte Straßenabschnitt, die Via sacra, *war aus regelmäßigen Steinblöcken gepflastert. Der Belag dieser Straße wurde bis in die römische Zeit mehrmals erneuert.*

Anlässlich der panhellenischen Feste waren viel Menschen unterwegs. Wie heute reisten nicht nur die Athleten und die Zuschauer, sondern auch offizielle Delegationen der verschiedenen Poleis an, die als Ansprechpartner für ihre Landsleute fungierten.

Die Kosten für den Bau und den Erhalt der Straßen zu den Heiligtümern wurden unter den Poleis aufgeteilt, die am Kult teilnahmen.

▲ *Via sacra* im Heiligtum des Apollon in Delphi.

Der Wagenlenker benutzt keine Zügel, sondern führt die Tiere mit Hilfe eines einfachen Stocks.

Das Rad besteht aus einem starken Querbalken und zwei schmalen Parallelbalken, die im rechten Winkel zueinander verbunden sind. Dieser Radtypus war eine Weiterentwicklung der Vollräder, die in archaischer Zeit in Gebrauch waren, und wurde später vom Speichenrad abgelöst.

Der Wagen selbst bestand aus einem leichten Holzkasten, auf dem zwei Fahrgäste vorne und eine dritte Person hinten, entgegen der Fahrtrichtung, Platz fanden. Karren wie dieser dürften recht gebräuchliche Transportmittel gewesen sein, die für kurze Fahrten benutzt wurden.

▲ *Hochzeitswagen*, attisch-rotfigurige Lekythos des Amasis-Malers, um 550 v. Chr., New York, Metropolitan Museum.

»Durchs Los bestimmt werden ferner zehn Maßaufseher … Diese kontrollieren alle Maße und Gewichte, um auf dem Markte Betrug zu verhindern.« (Aristoteles)

Gewichte und Maßeinheiten

Siehe auch
Akropolis von Athen,
Agora von Athen,
Eleusis

In der Antike bezog man die Längenmaße immer auf Glieder des menschlichen Körpers. In Griechenland war die Grundeinheit der Fuß, dessen Länge jedoch bis in die hellenistische Zeit je nach Region leicht variierte. Um das Fassungsvermögen von Gefäßen zu bestimmen, benutzte man Behältnisse mit festgelegter Form und Größe, deren Prototypen an offiziellen Orten deponiert waren und von denen Kopien angefertigt wurden. Die Gewichtseinheit für feste Körper, das Talent, entsprach ursprünglich dem Gewicht, das ein Mann tragen konnte, etwa 26 kg, später legte man das Gewicht von einem Kubikfuß Wasser als Einheit zu Grunde. Bei Ausgrabungen, besonders in der Nähe der Agorai, der Handelszentren, stieß man nicht selten auf Messgefäße und -gegenstände. Die konsistenteste Einheit stammt aus Athen, wo man sowohl auf der Akropolis als auch auf der Agora Behälter und Gewichte mit dem Brandzeichen *demosion Athenaion* (»Eigentum des Volkes von Athen«) gefunden hat. Die Bronzegewichte besitzen Prägungen, die die Einheit oder deren Bruchteile angeben und Symbole, die es veranschaulichen: Der Astragal steht für den Stater (810 g), der Schild für den Viertelstater und die Schildkröte für den Sechstelstater. Dieses Set gehörte wahrscheinlich zu jenen, die in der *Tholos* auf der Akropolis von Eleusis und Piräus für den öffentlichen Abgleich deponiert waren, worauf ein noch erhaltenes Dekret hinweist.

◄ Offizielle Bleigewichte von der Agora in Athen, Athen, Agora-Museum.

Die Maßeinheiten für Flüssigkeiten waren der Metretes, *der etwa 39 l, die* Chous, *die etwa 3,25 l und die* Kotyle, *die ungefähr 0,27 l umfasste.*

Der Buchstabe »Delta«, auf dem Hals des Kruges, weist darauf hin, dass dieser Staatseigentum (demosion) *war.*

Dieser Krug ist ein einmaliges Beispiel für die kleinste Flüssigmaßeinheit, die Kotyle.

▲ Maß für Flüssigkeiten aus Keramik von der Agora in Athen, Athen, Agora-Museum.

Das wichtigste Trockenmaß war die Choinix *mit etwa 1,08 l, die der Tagesration von Getreide für einen Mann entsprach.*

Unter dem Rand des Gefäßes ist ein Bleisiegel mit einer offiziellen Kennzeichnung angebracht.

Die Trockenmaßgefäße waren zylindrisch, um den Inhalt in der Höhe anpassen zu können. Das erste Gefäß umfasst 3 Choinikes, *die beiden anderen 1,5* Choinikes.

Neben der gewohnten Aufschrift demosion *trägt der Behälter einen Stempel mit einer Eule und dem Kopf Athenes, ähnlich wie auf den Münzen.*

▲ Trockenmaße aus Keramik,
von der Akropolis und der Agora von Athen, 5.–2. Jh. v. Chr.,
Athen, Agora-Museum.

Der Messbehälter für Ziegel wurde vor Gebäuden gefunden, die öffentliche Ämter beherbergten. Es ist daher wahrscheinlich, dass er nicht von Privatpersonen benutzt wurde, sondern von der Stadt, um die Ziegelmengen für die Gebäude zu prüfen, die sie in Auftrag gab.

Obwohl der Messbehälter aus römischer Zeit stammt, sind Ziegel gleichen Ausmaßes auch aus dem 5. Jh. v. Chr. bekannt und belegen den hohen Standardisierungsgrad der Produktion.

▲ Offizielles Ziegelmaß aus Marmor auf der Agora von Athen, 1. Jh. v. Chr.

ΗΓΗΣΩ ΠΡΟΞΕΝΟ
3624

Welt der Toten

Bestattung
Riten und Opfergaben
Grabzeichen
Öffentliche Grabdenkmäler

◄ Grabstele der Hegeso,
vom Kerameikos in Athen, Ende 5. Jh. v. Chr.,
Athen, Archäologisches Nationalmuseum.

»Er [Solon] stellte die bei der Trauer eingeschlichenen Unordnungen und Missbräuche ab. Er schaffte das Zerkratzen des Gesichts, die Klagelieder und das Heulen der fremden Leichenbegleiter ab.«
(Plutarch)

Bestattung

Siehe auch
Sport, Riten und Opfergaben, Grabzeichen, Öffentliche Grabdenkmäler

Unsere Kenntnisse über antike Begräbniszeremonien stammen zum größten Teil von Darstellungen auf Gefäßen. Sie beziehen sich vornehmlich auf die Aufbahrung des Leichnams *(Prothesis)* und die Prozession zum Friedhof *(Ekphora)*, die Waschung des Toten und das Begräbnis selbst wurden selten ins Bild gesetzt und sind vor allem schriftlich überliefert. Es war Aufgabe der Frauen, den Leichnam zu waschen, ihn mit duftenden Salben einzureiben, ihn anzukleiden und auf ein Lager zu betten. Am Tag nach dem Tod wurden Verwandte und Freunde zur Totenklage empfangen. Während in archaischer Zeit sowohl Männer als auch Frauen daran teilnahmen, übernahmen die Geschlechter später unterschiedliche Rollen: Die Frauen trauerten im häuslichen Bereich, während sich die Männer draußen versammelten, um dem Toten die letzte Ehre zu erweisen, als Symbol gesellschaftlicher Anerkennung. Im Morgengrauen des dritten Tages brachte eine Prozession den Toten zur Nekropole, wo er begraben oder auf dem Scheiterhaufen eingeäschert wurde. Die Form richtete sich hauptsächlich nach der Familientradition, wobei aristokratische Familien lange Zeit die Einäscherung bevorzugten, als ein heroisches Ritual, das bereits Homer in seinen Dichtungen beschrieben hatte. Das Begräbnis des Körpers oder der Asche wurde von Speise- und Trankgaben begleitet, danach lud man die Verwandten und Freunde zu einem Begräbnisbankett im Haus des Verstorbenen ein.

▼ *Prothesis und Totenklage*, Amphora 804, *Prothesisamphora*, vom Kerameikos vor dem Dipylon (um 750 v. Chr., Athen, Archäologisches Nationalmuseum.

Auf beiden Seiten des Vasenhalses ist die gleiche Szene abgebildet: Eine Frau erhebt wehklagend die Arme, eine andere trägt eine Loutrophoros, *die in der Form dem realen Gefäß entspricht. Sie enthielt das Wasser für die Waschung des Toten und wurde als Zeichen der Trauer auch vor die Haustür gestellt.*

Die Männer bilden eine Gruppe, die sich von jener der Frauen deutlich unterscheidet. In betonter Distanz zum Totenbett erheben sie ihre Hände zu einer Grußgeste, die die Trennung vom Verstorbenen symbolisiert.

Der Verstorbene ist in ein Laken gehüllt, sein Kopf auf ein Kissen gebettet und sein Unterkiefer hochgebunden. Unmittelbar neben dem Leichnam stehen nur Frauen, die ihn für die Prothesis *vorbereitet haben und mit Gesten der Verzweiflung den Tod beklagen.*

Die Reiter auf dem unteren Register spielen wahrscheinlich auf die gesellschaftliche Stellung des Verstorbenen an oder auf den Leichenzug, der ihn zum Grab bringen wird.

▲ ► *Totenklage,*
ttisch-rotfigurige *Loutrophoros* des
leophrades-Malers, um 480 v. Chr.,
aris, Musée du Louvre.

Männer und Frauen begleiten den Wagen, die Hände vor das Gesicht schlagend, eine typische Trauergeste, die seit geometrischer Zeit in der Vasenmalerei anzutreffen ist.

Auf dem zweirädrigen Mauleselkarren mit dem Leichnam haben auch ein bartloser Jüngling und eine Frau Platz genommen, vermutlich als nahe Verwandte des Toten.

Der Verstorbene konnte zur Nekropole getragen oder auf einem Karren transportiert werden. In diesem Fall lag der Körper auf einer Bahre, im ersten in einer Kiste.

▲ *Ekphora des Toten*, attisch-schwarzfiguriger *Kyathos*, aus Vulci, 525–500 v. Chr., Paris, Cabinet des Médailles.

»Er [Solon] verbot, einen Ochsen als Totenopfer darzubringen, dem Verstorbenen mehr als drei Kleider mit ins Grab zu geben, und außer bei Leichenbegängnissen fremde Grabmäler zu besuchen.« (Plutarch)

Riten und Opfergaben

Siehe auch
Bestattung, Grabzeichen, Öffentliche Grabdenkmäler

Das griechische Begräbnisritual umfasste verschiedene Speise- und Trankopfer, um den Verstorbenen zu ehren und ihm zu einem guten Übergang ins Jenseits zu verhelfen. Diese Opfer fanden unmittelbar nach der Grablegung statt. Bei Einäscherungen legte man Gefäße mit Speisen und Salben auf den Scheiterhaufen, während der Körper verbrannte. Häufig wurde die Asche mit Trankopfern gelöscht, gesammelt und mit den Beigaben ins Grab getan. Ein ähnliches Ritual wandte man auch bei Erdbestattungen an, wie zahlreiche in den Gräbern gefundene Bruchstücke von Vasen belegen. Es war Sitte, dass sich neun Tage nach dem Begräbnis Familienangehörige und Freunde in der Nekropole einfanden, um die Begräbniszeremonien zu erneuern: Am 30. Tag wurde die Zeit der Trauer mit weiteren Riten beendet. Von da an wurden nicht nur zur alljährlichen Feier des Todestags, die man als Pflicht betrachtete, sondern bei jedem Besuch am Grab zahlreiche Opfergaben dargeboten. Man schmückte das Grab mit Blumengirlanden und bunten Bändern und stellte diverse Gegenstände auf, unter anderem Gefäße für die Trankopfer, die immer wieder erneuert wurden, kleine Duftbehälter, Schmuckkästchen, Musikinstrumente, Waffen und Turngeräte.

► *Grabgeschenke,* weißgrundige *Lekythos* des Sabouroff-Malers, 450 v. Chr., Stiftung Staatliche Museen Berlin, Antikensammlung.

Die weiß grundierten Lekythoi *sind typische Gefäße der Bestattungszeremonie. Sie enthielten duftende Salben, mit denen der Körper des Verstorbenen, aber auch das Grab gesalbt wurden, dorthin brachte man die Gefäße als Opfergaben. Ihr Fassungsvermögen war oft weitaus kleiner, als ihre Größe vermuten ließ.*

Der junge Held, der im Krieg gefallen ist, steht neben seinem eigenen Grab und nimmt die Ehrungen der Besucher entgegen.

Das Grab wird von einer Stele überragt, die mit einem Band geschmückt ist. Auf den Stufen sind Kränze und Lekythoi *abgestellt. Auf die Gräber wurden häufig auch persönliche Gegenstände der Verstorbenen wie Schmuckkästchen oder Musikinstrumente gelegt.*

▲ ► *Besuch am Grab*, weißgrundige *Lekythos*, um 440 v. Chr., Athen, Archäologisches Nationalmuseum.

Eine Frau trägt einen Korb mit Blütengirlanden, vermutlich um das Grab zu schmücken. Die Besuche an den Gräbern und das regelmäßige Ablegen von Gaben waren typisch weibliche Aufgaben.

Auf der Stele, die später als Abdeckung eines Grabes in der Athener Nekropole des Eridanos verwendet wurde, sind Grabvasen mit Szenen aus dem Leben eines jungen Verstorbenen abgebildet.

Das Band im Hintergrund, an dem zwei Alabastra *für Salben hängen, spielt auf die Turnhalle an, in der der Jüngling trainierte. Dort war es Brauch, ein Stirnband anzulegen und den Körper zu salben.*

Über dem Bild steht der Name des Verstorbenen: Panaitios vom Demos Amaxantia.

Auf der mittleren Loutrophoros *ist der Verstorbene in seiner Ephebenrolle dargestellt, mit Chiton,* Petasos, *Lanze und Pferd. Er begrüßt einen alten Mann und ein Kind – eine Geste des Abschieds, wie sie häufig auf klassischen Grabstelen zu sehen ist.*

Der spielende Junge, der auf der linken Lekythos *dargestellt ist, verweist auf die Unbekümmertheit der Kindheit.*

▲ Grabstele des Panaitios aus Athen, 400–380 v. Chr., Athen, Archäologisches Nationalmuseum.

»Diese ließ ihren Mann zurück und die Geschwister und der Mutter den Schmerz, auch ihr Kind und nichtalternden Ruf großer Tugend.« (Grabrelief der Mnesarete)

Grabzeichen

Siehe auch
Bestattung,
Riten und Opfergaben,
Öffentliche Grabdenkmäler

Seit Homer und den ersten Grabinschriften verwendeten die Griechen im Totenkult den Begriff *Sema,* »Zeichen«. Das Grab als *Sema,* also als Zeichen bleibender Erinnerung, wurde mit der gleichen Sorgfalt gewaschen und gesalbt wie der Leichnam vor der Bestattung. Die Griechen legten großen Wert auf die Präsenz des Grabes. Da die Nekropolen gewöhnlich entlang der Straßen angelegt waren, die aus der Stadt führten, errichtete man nicht nur Gräber zur Erinnerung an einen Toten im engen Kreis der Freunde und Verwandten, sondern auch als Zeichen für Vorübergehende. Die Grabzeichen, wie sie vor allem aus den Nekropolen in Athen und Attika bekannt sind, waren ihrer Form und Funktion nach sehr vielfältig. Vom 9. bis zum 7. Jh. v. Chr. bevorzugte man Stelen ohne Reliefs oder Inschriften, daneben standen auf kleinen Tumuli große Vasen mit löchrigem Boden für die Trankopfer. Seit dem 6. Jh. v. Chr. traten an die Stelle der großen Vasen monumentale Skulpturen aus Marmor, vor allem Kouroi, und figürliche Stelen. Der wachsenden luxuriösen Ausstattung der Grabstätten wurde im Laufe des 5. und 4. Jh. v. Chr. mit Gesetzen Einhalt geboten. Diese untersagten die übermäßige Zurschaustellung von Reichtum durch Grabbeigaben und Grabschmuck. Die Gräber von Familien wurden zusammengelegt und mit schlichten Umzäunungen eingefasst. Als Grabzeichen setzten sich kleine Stelen aus Marmor durch, die den privaten Charakter des Totenkults unterstrichen.

◄ *Dipylon-Krater,* um 750 v. Chr., Athen, Archäologisches Nationalmuseum.

Der Kouros stand als Grabzeichen auf einem Grabhügel, der mehrere Grabstätten mit Urnen- und Erdbestattungen umfasste.

Die überlebensgroße Figur des im Kampf gefallenen jungen Kriegers signalisiert, dass er einer bedeutenden Familie der attischen Aristokratie angehörte.

Der originale Sockel trug eine Inschrift in Versform, die an den Vorbeigehenden gerichtet war: »Bleib stehen und trauere am Sema des toten Kroisos, den der wütende Ares eines Tages, als er in vorderster Reihe kämpfte, vernichtete.«

Die Kouroi waren nicht nur Grabzeichen, sie wurden wie die Koren oft einer Gottheit geweiht.

▲ Kouros von Anavyssos (Attika), um 530 v. Chr., Athen, Archäologisches Nationalmuseum.

Die junge Phrasikleia, die noch vor dem heiratsfähigen Alter starb, trägt einen Peplos *mit einem Mäanderband, Strümpfe und Sandalen, eine Halskette mit Anhängern und ein Diadem auf der »Perlen«-Frisur.*

Die Statue aus der Nekropole von Merenda stand nicht auf einem Grab, sondern in erhöhter Position und von der angrenzenden Straße aus gut sichtbar. Offensichtlich ging es weniger um die Kennzeichnung des Grabes als um die Präsenz des Grabzeichens.

Die Inschrift auf dem Sockel verweist darauf, dass es sich bei dieser Skulptur um ein Grabzeichen handelte – eine äußerst seltene Funktion weiblicher Figuren: »Ich, Sema der Phrasikleia, werde für immer Mädchen heißen, da ich diesen Namen von den Göttern anstelle der Hochzeit bekam.«

▲ Grabstele der Phrasikleia,
aus Merenda (Mirrinunte), 540 v. Chr.,
Athen, Archäologisches Nationalmuseum.

Die Fragmente der über 4 m hohen Stele des Megakles sind auf das Archäologische Nationalmuseum in Athen, die Antikensammlung der Staatlichen Museen in Berlin und das Metropolitan Museum in New York verteilt. Auf der hier abgebildeten Rekonstruktion wurden die fehlenden Teile durch Gips ersetzt.

Seit etwa 525 v. Chr. kam dieser Stelentypus aus der Mode, wahrscheinlich infolge der gesetzlich verbotenen Zurschaustellung von übermäßigen Luxus. An seine Stelle traten schmucklose Stelen mit schlichter Palmettenbekrönung.

Von der ursprünglichen Sockelinschrift sind nur noch die beiden Anfangsbuchstaben aus dem Namen des Verstorbenen zu lesen. Einige Wissenschaftler identifizieren ihn als »Megakles«, der Name einer mächtigen aristokratischen Familie der Alkmaioniden; als Gegner des Tyrannen Peisistratos wurden ihre Familiengräber zerstört.

► Grabstele des Megakles, 540–530 v. Chr., New York, Metropolitan Museum.

Die Sphinx ist als Vollplastik gearbeitet und besitzt noch gut erhaltene Spuren der ursprünglichen Farbgebung. Das Kapitell ist mit gezeichneten Voluten und Palmetten verziert.

Der junge Verstorbene, in Begleitung einer jungen Frau, ist als Athlet dargestellt, nackt und mit einem Aryballos *am Handgelenk, der für Salbe bestimmt war. Der Granatapfel in seiner Hand ist sowohl Fruchtbarkeitssymbol wie auch Speise für das Jenseits. Er könnte auch symbolisieren, dass der Tod mit der Pubertät zusammenfiel.*

Das Gebiet um das monumentale Dipylon-Tor, auf dem sich einst ein Töpferviertel befand, wurde seit geometrischer Zeit als Nekropole genutzt.

In archaischer Zeit wurde der Kerameikos zur bedeutendsten Nekropole der Stadt. Dort errichteten die großen Adelsfamilien ihre prachtvollen Grabstätten mit zahlreichen Stelen und monumentalen Skulpturen.

Ende des 6. Jh. v. Chr. verschwanden mit dem Verbot prunkvoller Grabanlagen die monumentalen Grabstelen; auf dem Terrain wurden jedoch weiterhin private Gräber angelegt, darunter jene der berühmtesten Männer der Stadt, Perikles und Sokrates. Auch die öffentlichen Grabdenkmäler der im Krieg Gefallenen fanden dort Platz.

Die Nekropole verfiel in der 2. Hälfte des 4. Jh., als viele Grabdenkmäler für die Befestigungsanlagen der Stadt verwendet wurden.

▲ Athen, Blick auf die Nekropole des Kerameikos.

Die Mnason-Stele *gehört zu einer Gruppe von fünf Stelen, die einander ähnlich sind, sowohl in den figürlichen Darstellungen als auch im verwendeten Stein. Es ist wahrscheinlich, dass sie von den öffentlichen Grabstätten der in der Schlacht von Delos 424 v.Chr. gefallenen Thebaner stammen; damals besiegten die Böotier die Athener.*

Der Helm hat die charakteristische böotische Form mit nach unten gebogener Krempe und erinnert an einen Hut aus Metall.

Der Krieger Mnason ist im Angriff dargestellt, bewaffnet mit Schild und Lanze, jedoch ohne Rüstung, bekleidet mit einem schlichten Chiton.

Der Farbauftrag der Stele ist verschwunden, doch die in den Stein geritzte und weiß grundierte Figur ist erhalten geblieben.

▲ *Mnason-Stele,*
Theben, um 420 v.Chr.,
Theben, Archäologisches Museum.

Auf dem oberen Rahmen der Stele befindet sich eine metrische Inschrift: »Ich halte diesen niedlichen kleinen Jungen meiner Tochter im Arm. Als wir beide, als Lebende, mit den Augen die Strahlen der Sonne betrachteten, nahm ich ihn auf den Schoß; auch jetzt, als Tote, halte ich ihn, der gestorben ist.«

Ampharete, deren Name in den unteren Rahmen der Stele eingeritzt ist, hält ihr neugeborenes Enkelkind im Arm und reicht ihm zum Spiel ein Vögelchen hin.

Ende des 5. Jh. v. Chr. kamen wieder Grabstelen in Gebrauch, nachdem sie im ausgehenden 6. Jh. v. Chr. unüblich geworden waren. Jetzt dominieren jedoch bescheidenere Formen und eine Bildsprache, die den Totenkult als eine familiäre und private Angelegenheit zeigen.

▲ Grabstele der Ampharete und ihres kleinen Enkels, 430–420 v. Chr., Athen, Kerameikos-Museum.

»Ruhmvoll ist das Geschick der gefallenen / Helden der Thermopylen, / Lieblich ihr Los, ihr Grab ein Altar. / Klage wird zum Gedenken, / Trauer zur rühmenden Rede.« (Simonides von Keos)

Öffentliche Grabdenkmäler

Siehe auch
Bestattung,
Riten und Opfergaben,
Grabzeichen

Ende des 6. Jh. v. Chr. wurden in Athen und anderen Städten Gesetze zur Eindämmung des Repräsentationscharakters privater Grabdenkmäler erlassen. Vor allem der Adel hatte auf diese Weise seinen gesellschaftlichen Rang demostriert. Gleichzeitig nahm die Zahl öffentlicher Grabdenkmäler zu Ehren von Gefallenen oder für Einzelpersonen zu, die sich um die Stadt verdient gemacht hatten. Nicht selten handelte es sich dabei um Kenotaphe, also um symbolische Gräber, die keine sterblichen Überreste von Personen enthielten, sondern nur dazu bestimmt waren, die Erinnerung an sie aufrecht zu halten. Ein außergewöhnlicher Fall eines öffentlichen Grabdenkmals ist der Grabhügel der 192 in der Schlacht bei Marathon Gefallenen, auf den Heinrich Schliemann, der Entdecker Trojas, aufmerksam wurde. Er war es auch, der in der Ebene von Marathon die ersten Grabungen durchführte. Später, 1890, nahm Spyridion Marinatos, der Entdecker der minoischen Stätte Akrotiri, die Grabungen wieder auf und förderte unter dem Tumulus eine Schicht aus Asche und menschlichen Gebeinen zu Tage sowie Überreste geopferter Tiere und Bruchstücke von Gefäßen, die beim Totenmahl benutzt wurden. Die Datierung der Keramik auf Anfang des 5. Jh. v. Chr. bestätigte, dass hier die Gefallenen aus Athen eingeäschert worden waren. In der Nähe wurde ein kleinerer Tumulus mit elf Gräbern von erdbestatteten männlichen Personen entdeckt, bei dem es sich wahrscheinlich um die von Pausanias erwähnte Grabstätte der gefallenen Krieger aus Platäa handelte.

▼ Tumulus der in der Schlacht bei Marathon Gefallenen.

Der Verstorbene liegt auf einer Kline, in der Haltung eines Symposiasten, die vor ihm sitzende Frau hebt ihren Schleier, die typische Geste der Ehefrauen; ein Diener, entsprechend seines Ranges kleiner dargestellt, bringt Wein.

An der Wand im Hintergrund hängen ein Schild, ein Schwert, eine Rüstung.

Das Relief, das man in der Kirche von Katapoliani auf Paros entdeckt hat, stellt möglicherweise den Dichter Archilochos dar, der auf der Insel geboren und dort als Heros geehrt wurde.

Die Existenz eines dem Archilochos geweihten Heroon *auf Paros ist aus diversen Inschriften bekannt. Die* Heroa *waren Denkmäler, die einem vergöttlichten Verstorbenen gewidmet waren. Sie verbanden die symbolische Funktion des Grabes mit jener des Kultbaus. Meist handelte es sich nicht um echte Gräber, sondern um Kenotaphe, die oft erst lange nach dem Tod errichtet wurden.*

▲ Relief vom Grabdenkmal des Archilochos, Ende 6. Jh. v. Chr., Paros, Archäologisches Museum.

Stadt

Häuser
Tempel und Sakralbauten
Theater
Stadien und Hippodrome
Gymnasien und Palästren
Versammlungsgebäude
Öffentliche Gebäude für Bankette
Säulenhallen
Wasserläufe und Aquädukte

◄ Athen, Blick auf die Akropolis.

»Was nun deine Frage betrifft, mein lieber Sokrates, so bin ich niemals zu Hause beschäftigt. Denn die Arbeiten zu Hause kann auch meine Frau durchaus allein erledigen.« (Xenophon)

Häuser

Siehe auch
Ernährung und Tischsitten, Symposion, Tempel und Sakralbauten

In geometrischer Zeit, im 9. bis 8. Jh. v. Chr., bewohnten die Griechen Hütten aus Holz und Lehm mit ovalem Grundriss. Seit Ende des 8. Jh. v. Chr. verbreiteten sich Häuser mit viereckigem Grundriss, unterteilt in mehrere Räume, mitunter mit einer Apsis und einem vorgelagerten Bogengang versehen. Für die Fundamente verwendete man Steine, für die Mauern Rohziegel. In klassischer Zeit entstanden aus dem Zusammenschluss von Privathäusern Wohnviertel, die zuweilen nach einem Bebauungsplan als regelmäßige Häuserblöcke angelegt wurden, begrenzt durch ein rechtwinkliges Straßennetz. Häuser mittleren Standes wiesen vergleichbare funktionale Eigenschaften auf. Ein wiederkehrendes Element war der Innenhof, die *Aule,* wo sich häusliche Tätigkeiten wie die Verarbeitung der Lebensmittel abspielten. Ein Laubengang oder Korridor *(Pastas oder Prostas)* markierte den Übergang zwischen dem Hof und den inneren Bereichen, bei denen man zwischen den Gemeinschaftsräumen wie Küche und Bad, den Orten für weibliche Tätigkeiten *(Gynaikeion)* und dem Saal unterschied, der dem Hausherrn vorbehalten war *(Andron),* wo Gäste empfangen und Symposien abgehalten wurden. Daneben gab es auch weniger gut ausgestattete Häuser, die *Synoikiai,* in denen zahlreiche Familien wohnten, und prächtige Villen, meist außerhalb der Wohnviertel, oft auf dem Land gelegen. Sie besaßen eine große Anzahl von Räumen, die vor allem für die häuslichen Tätigkeiten der Dienerschaft und für die Lagerung der Lebensmittel bestimmt waren.

▼ Rekonstruktionszeichnung eines Hauses aus spätklassischer Zeit im Südwesten der Agora von Athen.

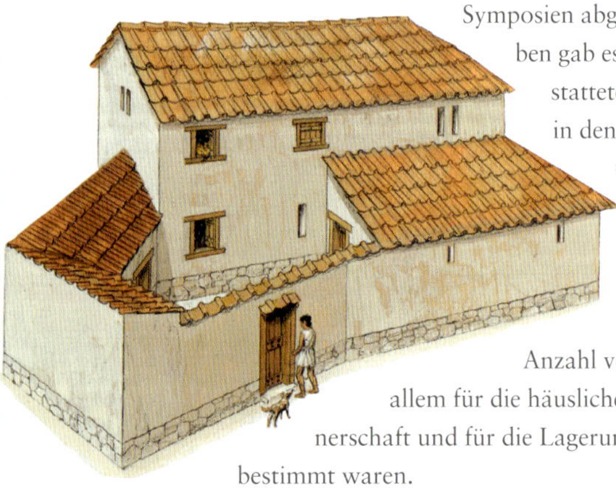

Die hippodamische Städteplanung, deren Prinzipien nur auf den Aufbau neuer Städte Anwendung finden konnten, sah eine klare Trennung von öffentlichen und sakralen Bereichen vor. Die Wohnviertel setzten sich aus regelmäßigen Häuserblöcken von festgelegter Größe zusammen und waren in ein orthogonales Straßennetz eingebunden.

Die Wohnviertel, die in Piräus ausgegraben wurden, sind das bekannteste Beispiel für die hippodamische Städteplanung, benannt nach dem Architekten Hippodamos aus Milet, der als ihr Pionier gilt und selbst am Bau der neuen Hafenviertel beteiligt war.

Die Häuser von Piräus waren zweigeschossig angelegt und besaßen einen Hof und einen vorgelagerten Laubengang. Im Erdgeschoss befanden sich die Küche und, sofern vorhanden, das Bad, sowie die Warenlager. Im oberen Stockwerk lagen das Schlafzimmer und die den Frauen vorbehaltenen Räume.

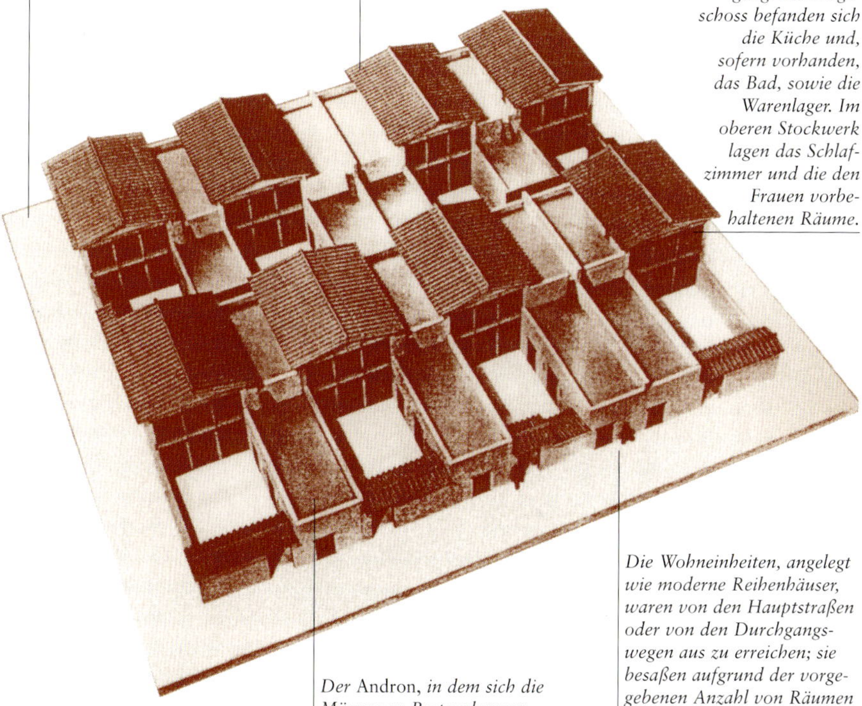

Die Wohneinheiten, angelegt wie moderne Reihenhäuser, waren von den Hauptstraßen oder von den Durchgangswegen aus zu erreichen; sie besaßen aufgrund der vorgegebenen Anzahl von Räumen die gleichen Grundrisse.

Der Andron, *in dem sich die Männer zu Besprechungen, zum Essen und zum Symposion trafen, war der einzige Bereich des Hauses, der für Gäste offen stand. Damit diese nicht gezwungen waren, den privaten Wohnbereich zu durchqueren, verfügte er über einen direkten Zugang über den Hof.*

▲ Rekonstruiertes Modell eines Häuserblocks in Piräus, Mitte 5. Jh. v. Chr. (aus: S. Settis 2002).

An der Wand hängen ein Metallkessel zum Kochen und ein Grill zum Braten. Mit beiden Geräten wurde über einer Feuerstelle gegart, die oft auf ebener Erde lag und von einem einfachen Ring aus Steinen begrenzt wurde; sie konnte aber auch auf dem Hof ihren Platz haben.

In den Küchen befanden sich Behälter für die Aufbewahrung von Lebensmittelvorräten und alle sonstigen Dinge, die man zum Kochen benötigte; hier wurden von allen Familienmitgliedern die täglichen Mahlzeiten eingenommen.

Die große Truhe war ein wichtiges Ausstattungselement, in dem Lebensmittelvorräte oder diverses Küchengeschirr aufbewahrt wurden. Auf dem hier abgebildeten Möbel mit Füßen wie Tierpranken stehen eine Oinochoe *für den Wein und ein Weidenkorb.*

Auf dem Boden stehen eine große Hydria *und eine Weinamphora mit spitzem Fuß, an die Truhe gelehnt.*

Darstellungen einer Küche oder einer Speisekammer mit ihren vielen Behältnissen und Hilfsmitteln sind äußerst selten.

▲ *Küche,*
attisch-rotfiguriger *Skyphos*, 5. Jh. v. Chr.,
Los Angeles, The J. Paul Getty Museum.

Frauenarbeit spielte sich in einem Zimmer neben dem Thalamos *ab, dem herrschaftlichen Schlafzimmer, in das hier eine halboffene Tür Einblick gewährt.*

Die Hausherrin sitzt auf einem Klismos, *einem eleganten Stuhl ohne Armlehnen, mit geschwungener Rückenlehne und ausgestellten Beinen.*

Das Bett hat reich verzierte Beine und ist mit dekorativen bunten Kissen belegt. Die Betten zum Schlafen, den Klinen der Bankette sehr ähnlich, waren rechteckig, mit Rahmen aus Holz, seltener aus Metall und einer Auflage aus geflochtenen Lederriemen.

Die sitzende Frau spinnt mit der Spindel in der Hand; die stehende Magd hält ein Gerät, das entweder einen Handwebstuhl für kleine Kleidungsstücke oder einen Stickrahmen darstellt.

▲ *Frauen vor dem Thalamos,*
attisch-rotfigurige *Pyxis* des Kentaurenschlacht-Malers, um 430 v. Chr.,
Paris, Musée du Louvre.

Auf dem Tonkörper sind unterschiedliche Gegenstände angedeutet: an den Außenseiten zwei Holzkästchen für Schmuck und Kosmetik, drei Alabastra *für Duftwässer, ein* Kalathos *aus Weidenruten, um die Wolle zu verspinnen, und ein Weinkrug.*

Die beiden Fladen, das Vögelchen und der Weinkrug verweisen, wie letztlich alle Dinge, auf einen kultischen Gebrauch der »Kiste« und symbolisieren Opfergaben an eine Gottheit.

Das Modell stellt einen Kibotos *dar, eine große Kiste auf hohen, zoomorphen Füßen mit Türen an der Vorderseite, die sich öffnen lassen.*

Kisten und Truhen tauchen oft auf Bildern auf, die Frauen bei der Hochzeitsvorbereitung zeigen. In solchen Behältnissen haben die Bräute ihre Aussteuer zum Haus des Bräutigams transportiert.

Kisten wie diese wurden gewöhnlich nur im Thalamos *aufbewahrt und waren dort neben dem Bett oft das einzige Möbelstück. Man bewahrte darin die wertvollsten Gegenstände auf, Stoffe, Schmuck und Waffen, oder sie dienten einfach nur als Behältnisse für Kleidungsstücke.*

▲ Tonmodell einer Truhe aus Locri, 5. Jh. v. Chr., Neapel, Museo Archeologico Nazionale.

Spinnen und Weben sind im ikonographischen Kontext Symbol für weibliche Tätigkeiten. Küchenarbeiten oder das Wäschewaschen wurden fast nie dargestellt.

Frauenarbeiten tauchen nicht selten in der antiken Bildwelt auf; sie waren nicht mit dem Stigma der Unwürdigkeit wie die handwerklichen Tätigkeiten der Männer belastet; der Fleiß der Frauen wurde in allen sozialen Schichten als Tugend angesehen.

Diese Frau ist mit dem Drehen der Wolle beschäftigt. In der rechten Hand hält sie die Bauschen, während sie mit der linken Hand einen Faden dreht, den sie in den Kalathos *zu ihren Füßen, einen typischen Korb mit konvexen Wänden, gleiten lässt.*

Der Raum in wohlhabenden Häusern, der den Arbeiten der Frauen vorbehalten war, nannte sich Gynäkeion. *Dort befanden sich oft auch die Liegestätten der weiblichen Dienerschaft; es lag gewöhnlich neben dem* Thalamos *der Herrschaft, damit diese auch während der Nacht ihre Bediensteten kontrollieren konnte.*

Die beiden Frauen weben an einem vertikalen Webrahmen und benutzen dabei unterschiedliche Schiffchen. Die Kettfäden sind an der oberen Querlatte des Webrahmens, am Kettbaum, befestigt. Terrakottagewichte in Form von stumpfen Kegeln spannen die herabhängenden Fäden.

▲ *Frauen beim Spinnen und Weben,* attisch-schwarzfigurige *Lekythos* des Amasis, um 540 v. Chr., New York, Metropolitan Museum.

Bäder waren ausschließlich der individuellen Reinigung vorbehalten und seit dem 4. Jh. v. Chr., seit der Verbesserung der Wasserversorgung, weit verbreitet, selbst in Häusern mittleren Standards. Manche Haushalte besaßen bereits Badewannen aus Terrakotta, deren Schmutzwasser direkt in die Abflusskanäle floss.

Die Bäder lagen meist neben der Küche, um die Wärme der Feuerstelle zu nutzen. In einem solchen großen Metallkessel wurde warmes Wasser transportiert.

Der Großteil der Bevölkerung, vor allem Jungen und Männer, hat wahrscheinlich für ein richtiges Bad die öffentlichen Bäder besucht. Zu Hause wusch man sich vor allem in Becken, die in jeden Raum aufgestellt werden konnten.

Das Waschbecken ist ein Louterion, *wahrscheinlich aus Terrakotta, das auf einem zusammenklappbaren metallenen Dreifuß steht.*

▲ *Vorbereitung zum Bad*,
attisch-rotfigurige *Kylix* des Onesimos, aus Chiusi, um 480 v. Chr., Brüssel, Musées Royaux d'Art et d'Histoire.

Auch in den Häusern, die eigene Badezimmer besaßen, waren Latrinen im Haus selten; sie hätten ein komplexes Kanalisationssystem erforderlich gemacht.

Die Latrinen, sofern es welche gab, befanden sich in der Regel im Hof. Im Haus benutzte man Nachttöpfe, vor allem in den Nachtstunden.

Die Benutzung des Nachttopfs ist dank der Vasenmalereien dokumentiert; während der Symposien standen sie unter den Klinen der Tafelnden.

► Nachttopf aus Terrakotta von der Agora in Athen, 5. Jh. v. Chr., Athen, Agora-Museum.

»Wenn dorischem Gebälk am Gesims Zähnchen eingemeißelt werden oder wenn an ... ionischem Gebälk Triglyphen ausgearbeitet werden, dann liegt ... ein störender Stilbruch vor.« (Vitruv)

Tempel und Sakralbauten

Siehe auch
Opfer, Weihe- und Votivgaben, Häuser, Öffentliche Gebäude für Bankette, Säulenhallen

Bevor die ersten Bauwerke für religiöse Zwecke errichtet wurden, fanden die kultischen Handlungen im Freien statt, an Altären, die manchmal nur aus der Asche geopferter Tiere bestanden. In archaischer Zeit begann man zum Schutz der Götterstatuen und der rituellen Geräte Gebäude aus unbeständigem Material zu bauen, deren Grundrisse denen der Wohnhäuser entsprachen, rechteckig, mit Apsis oder Vorhalle. Im Verlauf des 7. Jh. v. Chr. wuchsen die Tempel zu stattlichen Anlagen heran und wurden mit Ziegeldächern versehen, deren Gewicht von den alten Holzkonstruktionen nicht mehr gehalten werden konnte. Mit der Einführung von Stützen aus Stein bildete sich der antike Säuletypus mit Säulenbasis, Säulenschaft und Kapitell heraus, eine Entwicklung, die zu zwei regionalen »Säulenordnungen» führte, der dorischen, die sich auf der Peloponnes durchsetzte, und der ionischen in den Städten Kleinasiens und auf den Inseln. Auch nach der Ausbildung monumentaler Tempelanlagen blieb der Altar das Zentrum der religiösen Aktivität in den Heiligtümern, während der Tempel nach wie vor die Kultstatuen beherbergte. Als Haus der Gottheiten war er jedoch kein unzugänglicher Raum: Die Treppen und Säulengänge wurden während der Zeremonien als Tribünen für die Zuschauer genutzt, die Vorhalle *(Pronaos)* und der Raum auf der Rückseite *(Opisthodomos)* waren für die Votivgaben bestimmt, und in der Cella wurden unblutige Opfer wie Trankopfer dargebracht und die Weihegaben niedergelegt.

► Terrakottamodell des Hera-Tempels von Argos, 8. Jh. v. Chr., Athen, Archäologisches Nationalmuseum.

Der Hera-Tempel in Olympia ist einer der ältesten monumentalen Tempel Griechenlands. Mit seinen schlanken Proportionen und dem Säulenkranz (Peristasis) *um die Cella stellt er den Prototyp der archaischen dorischen Ordnung dar.*

Die Säulen der Peristasis *waren ursprünglich aus Holz und wurden erst im Laufe der Jahrhunderte durch Säulen aus Stein ersetzt. Das erklärt auch ihre abweichenden Proportionen und verschiedenen Kapitelle.*

Das Gebälk über den Säulen bestand ursprünglich aus Holz und trug ein »lakonisches Dach« aus Terrakottaziegeln.

Nach Pausanias existierte noch im 2. Jh. n. Chr. im Opisthodom *des Hera-Tempels eine Säule aus Eichenholz.*

Die Fundamente des Tempels waren aus Stein, die Mauern aus Rohziegeln. Im Innern der Cella standen zwei Säulenreihen entlang der Längsmauern; durch Querwände war der Kernbau in drei Räume geteilt und nach Osten hin geöffnet.

▲ Hera-Tempel in Olympia, Ende 7. Jh. v. Chr.

Der Apollon-Tempel in Korinth war einer der ersten ganz aus Stein errichteten Tempel.

Der Säulenkranz setzte sich aus kannelierten Säulen zusammen, die aus einem Steinblock geformt waren, und erhob sich über einer Basis aus vier Stufen.

Die Cella, mit noch sehr schlanken Proportionen, war in drei Schiffe unterteilt und besaß im Inneren zwei Säulenreihen, die das Dach trugen.

Vom Tempel stehen heute nur noch sieben Säulen; die in den Fels gegrabenen Vertiefungen für die Basis ermöglichten eine genaue Rekonstruktion des ursprünglichen Grundrisses.

► Apollon-Tempel in Korinth, Mitte 6. Jh. v. Chr.

Das Relief stellt einen frühen Versuch dar, den Giebelraum mit einer Figurengruppe zu füllen. Die in den Zwickeln sitzenden Panther sind noch als Einzelfiguren aufgefasst, die keine narrative Beziehung zur Hauptfigur herstellen.

In der Mitte des Giebels ist eine Gorgo mit Schlangenhaupt und im »Knielauf« dargestellt. Die Gorgo-Medusa, besaß traditionell apotropäische Funktion. Ihr Schrecken einflößender Anblick sollte das Gebäude vor bösen Mächten schützen.

In den spitzen Eckräumen waren ursprünglich kleinfigurige Szenen mit der Ermordung des Priamos sowie ein Gigantenkampf dargestellt, jeweils von liegenden Giganten flankiert. Auf diese formale Lösung für die plastische Ausgestaltung der Zwickel wurde immer wieder zurückgegriffen.

Der Dichter Pindar, der vom Ende des 6. bis in die Mitte des 5. Jh. v. Chr. gelebt hat, führte die Tradition des figürlichen Giebelschmucks auf korinthische Wurzeln zurück. Diese aus Korfu, einer korinthischen Kolonie, stammende Figurengruppe gehört zu den ältesten Beispielen plastischer Giebelgestaltung.

Die Figurine stellt den Sohn der Gorgo, Chrysaor, dar. Er wurde aus ihrem Blut geboren, nachdem Perseus ihr den Kopf abgeschlagen hatte. Der Symmetrie gehorchend, war auf der anderen Seite mit großer Wahrscheinlichkeit der zweite Sohn der Gorgo, Pegasus, das geflügelte Ross, abgebildet.

▲ Giebel des Artemis-Tempel auf Korfu, 590–580 v. Chr.

»Aischylos hat als erster die Zahl der Schauspieler von einem auf zwei gebracht, den Anteil des Chors verringert und den Dialog zur Hauptsache gemacht. Sophokles hat den dritten Schauspieler und die Bühnenbilder hinzugefügt.« (Aristoteles)

Theater

Siehe auch
Dionysos,
Musik und Tanz,
Versammlungsgebäude

Schon die mykenische Kultur kannte spezielle Orte für sakrale Schauspiele. Der Prototyp des Theaters als Bauwerk entstand jedoch erst in der 2. Hälfte des 4. Jh. v. Chr. mit der Fertigstellung des Dionysos-Theaters in Athen. In der Zeit der großen Tragödien- und Komödienschreiber Aischylos, Sophokles, Euripides und Aristophanes, im 6. und 5. Jh. v. Chr., spielte man noch in Holzbauten; nur in einigen Städten entstanden bereits die ersten festen Anlagen mit wenigen Treppenreihen, gerade angelegt oder der Form des offenen Geländes angepasst, ohne Bühnenaufbau und *Orchestra.* Da die Theateraufführungen Teil der Dionysos-Feste waren, lagen die ersten Theater oft in die Nähe der Heiligtümer des Gottes. Unter den Blicken der Kultstatue, am Altar, wo die Prozessionen endeten, fanden die Schauspiele statt, an deren Realisierung die ganze Bürgerschaft beteiligt war, so traten die Epheben zwischen 18 und 20 Jahren als Mitglieder des Chors auf. Der Staat gab die Werke in Auftrag und bezahlte die professionellen Schauspieler, während die Ausstattung, die sog. Choregie, zu Lasten der wohlhabenden Bürger ging. Die Theateraufführungen waren mit Wettkämpfen vergleichbar, die die Autoren der Tragödien und Komödien untereinander austrugen. Der Sieger wurde von einer Jury bestimmt, deren Mitglieder sorgfältig eigens für diese Aufgabe ausgesucht wurden, um Bestechungen zu verhindern.

► Dionysos-Theater in Athen, für den Dionysos-Priester bestimmter Sitz in der ersten Reihe.

In Athen fanden die Theateraufführungen bis 498 v.Chr. auf der Agora statt, erst danach wurden sie ins Dionysos-Heiligtum an der Akropolis verlegt, wo man eine Rundmauer errichtete, um den zentralen Platz einzugrenzen, während die Zuschauer am Hang Platz nahm.

Die Bühne war mit säulengeschmückten seitlichen Vorbauten ausgestattet.

Im Lauf des 5. und 4. Jh. v.Chr. veränderte sich der Theaterplatz: Der Hang erhielt eine konkave Form und Stufenreihen für die Zuschauer. Hinter der Orchestra *errichtete man ein Gebäude für die Requisiten, das gleichzeitig als Bühnenhintergrund diente; schließlich wurde die Bühne an der Stirnseite durch eine Steinmauer und einen Bogengang eingefasst.*

Das Koilon, *der Zuschauerraum, ist vom* Orchestra *durch eine überdachte Rinne für den Ablauf des Wassers, den* Euripos, *getrennt. Die ersten Stuhlreihen* (Proedria), *die wie Throne katzenhafte Pranken besaßen, waren Würdenträgern vorbehalten, in deren Mitte der Priester des Dionysos saß.*

In der heutigen Anlage, die wir der Rekonstruktion durch den Archon *Lykurg verdanken (338–326 v.Chr.), wird das* Koilon *des Theaters, mit einer Kapazität von 14 000–17 000 Personen, horizontal in drei Zonen gegliedert und in strahlenförmig angelegte Keilfelder unterteilt, im unteren Bereich in 13 und in den beiden oberen in 20 Segmente.*

▲ Dionysos-Theater in Athen.

Das Theater von Delphi, im umgrenzten heiligen Bezirk an der höchsten Stelle des Heiligtums gelegen, wurde im 4. Jh. v. Chr. erbaut; wurde jedoch, wie das häufig der Fall war, bis in die römische Kaiserzeit hinein mehrmals umgebaut.

In dem Theater fanden vor allem lyrische und dramatische Wettstreite statt und während der pythischen Spiele auch Sportwettkämpfe.

Die Bühne, von der nur die Fundamente erhalten sind, wurde im 2. Jh. v. Chr. von Eumenes II. vollkommen erneuert.

Das hufeisenförmige Koilon, *das ca. 5 000–6 000 Zuschauer fassen konnte, hatte 35 Stufenreihen und einen Durchmesser von 18 m.*

Die unregelmäßigen Steinfliesen, mit der die Orchestra *gepflastert ist, stammen vom letzten Umbau im 2. Jh. n. Chr.*

▲ Theater von Delphi.

Das Theater in Epidauros wurde nach dem Vorbild des Dionysos-Theaters von Athen in der 1. Hälfte des 4. Jh. v. Chr. errichtet, noch vor dem Neubau des Lykurg. Seit seiner Errichtung gilt es als das schönste Theater in ganz Griechenland, es verfügt über eine erstaunliche Akustik und ist bis heute in gutem Zustand.

Das Koilon *kann etwa 12 000–14 000 Zuschauer aufnehmen und ist in zwei horizontale Ebenen unterteilt; die untere mit 34 Stufenreihen umfasst sechs durch kleine Treppen voneinander getrennte Keilfelder, die obere besitzt 21 Stufenreihen mit 12 dieser Felder.*

▲ Theater von Epidauros.

Zwischen der Bühne und den Stützmauern des Koilon *befanden sich überdachte Eingänge* (Parodoi) *mit hohen Türen zwischen ionischen Pilastern; durch sie betraten die Schauspieler das Proszenium, wo sich die Handlung abspielte.*

Im Zentrum der kreisförmigen Orchestra *stand der Dionysos-Altar.*

Der Schauspieler mit der Maske in der Hand ist mit einem langen, Chiton bekleidet, über den er einen kurzen Umhang geworfen hat.

Der zweite Schauspieler ist als Mänade verkleidet, trägt eine Frauenmaske, eine Tierhaut über der Schulter, einen langen Chiton und spitze Stiefel; sein Haar ist in einem Sakkos *zusammengebunden.*

Als Beginn der Theateraufführungen gilt das Jahr 534 v. Chr., als Thespis von Ikaria in Athen die erste Tragödie aufführte.

Bis Mitte des 5. Jh. v. Chr. wurden die Aufführungen von nur zwei Schauspielern bestritten, später kam ein dritter hinzu. Die Masken waren unverzichtbar, denn nur so konnte jeder Schauspieler mehrere Rollen übernehmen.

Obwohl das Theater von großer Bedeutung für die griechische Kultur war, widmeten sich die Vasenmaler nur selten diesem Thema, die wenige Darstellungen beziehen sich vor allem auf die Komödie, nicht auf den Stoff der Tragödien, vielleicht, weil die Maler diesen selbst, den Mythos, zum Gegenstand ihrer Arbeit machten.

▲ *Theaterszene,*
attisch-rotfiguriger *Krater*, aus Spina, 5. Jh. v. Chr., Ferrara, Museo Archeologico Nazionale.

Im Anschluss an die Tragödie folgte die Komödie, quasi zum befreienden Genuss. Sie war wie die Tragödie aufgebaut und auch in den gesungenen und rezitierten Partien nach ihrem Vorbild ausgerichtet.

Da die Helme der Reiter nicht attischer Herkunft sind, stellen die Akteure offensichtlich Krieger eines fremden Heeres dar.

Ein Doppel-aulos-Spieler begleitet den Tanz der jungen Männer in militärischer Kleidung, die auf von Menschen gespielten Pferden sitzen.

Die Komödie setzte sich satirisch mit politischen und gesellschaftlichen Zuständen auseinander. Der Chor unterbrach das fiktionale Spiel und wandte sich direkt ans Publikum, brachte aktuelle Themen zur Sprache und nahm Persönlichkeiten der Öffentlichkeit aufs Korn.

Das Alter der Vase schließt die Darstellung einer Theaterszene aus, doch die Art des Tanzes und die Masken nehmen den Charakter der antiken Komödie vorweg, wo Chöre oft als Fremde oder gar als Tiere auftraten, vermutlich, um eine »objektive« Außenansicht eines Ereignisses mitteilen zu können.

▲ *Reitermaskerade,*
attisch-schwarzfigurige Amphora des Berliner Malers 1686,
aus Cerveteri, 540–430 v. Chr.,
Stiftung Staatliche Museen Berlin, Antikensammlung.

»An der Pferderennbahn ... befindet sich der ... Pferdeschreck Taraxippos ... wenn die Pferde hier vorbeilaufen, befällt sie sofort eine heftige Furcht aus keinem erkennbaren Grunde.« (Pausanias)

Stadien und Hippodrome

Siehe auch
Sport, Delphi, Nemea, Olympia

Die ersten athletischen Wettkämpfe fanden an urbanen Orten statt; die Zuschauer saßen auf den Abhängen der umliegenden Hügel oder auf provisorischen hölzernen Tribünen. Seit dem 5. Jh. v. Chr. errichtete man für die panhellenischen Spiele eigens dafür bestimmte Anlagen, die nach der Länge der Laufstrecke »Stadien« genannt wurden. Die Läufer mussten, nachdem sie ein *Stadion* zurückgelegt hatten, umkehren und die Gerade zurücklaufen. Wie die Theater lagen auch die ersten Stadien in topografisch geeigneten Landschaften mit natürlichen Erhebungen für die Zuschauer und Ebenen, die den Bau einer Laufbahn ermöglichten. Im Laufe der Zeit legte man Zuschauertribünen aus Stein an, schuf Stühle für die Preisrichter, baute monumentale Zugänge und komplizierte Startmechanismen. Auch die Hippodrome waren meist einfache Pisten aus gestampfter Erde, jedoch breiter als die Stadien, da sich in der Mitte die *Spina* befand, die von den Wagen umkreist werden musste. Sie verfügten zuweilen über ausgeklügelte Anlagen zur Regulierung der Startzeiten. Das Hippodrom von Olympia war berühmt für seine Startboxen in Form eines Schiffsbugs mit einem auf die Rennbahn gerichteten Sporn. An der Spitze des Dorns war ein Delphin aus Bronze angebracht, in der Mitte des »Bugs« befand sich ein bronzener Adler mit ausgebreiteten Flügeln. Beim Start sorgte eine mechanische Vorrichtung dafür, dass sich der Adler erhob und der Delphin sich senkte, wobei die gespannten Startschnüre fielen und die Gespanne losjagen konnten.

▼ *Leichenspiele zu Ehren des Patroklos,* Fragment eines attisch-schwarzfigurigen *Dinos,* aus Pharsalos, 580–570 v. Chr., Athen, Archäologisches Nationalmuseum.

Die Theater entstanden an natürlichen Orten, die nur ein begrenztes Eingreifen des Menschen erforderten; die Laufbahn des Stadions von Olympia wurde aus gestampfter Erde an den Abhängen des Kronion gebaut und talwärts mit einem künstlichen Erdwall begrenzt.

Das Stadion, dessen Namen sich von der Distanz der Laufstrecke herleitet, hatte eine Länge von 600 Fuß; sie variierte von Region zu Region. So war das Stadion von Olympia, das erste, das gebaut wurde, 192,28 m, das in Delphi 178,35 m lang.

An den Enden der Bahn befanden sich »Startblöcke«, die aus 20 Steinplatten bestanden, eine für jeden Athleten. Diese Platten waren mit zwei parallelen Rillen versehen, die den nackten Füßen der Läufer Halt boten.

Das Stadion von Olympia besaß keine Zuschauerterrassen, die Besucher saßen auf den beiden grasigen Abhängen. Nur für die Preisrichter, die Hellanodikai, *waren Stühle auf einer steinernen Plattform auf dem südlichen Erdwall der Anlage aufgereiht.*

▲ Stadion von Olympia, Anfang 5. Jh. v. Chr.

Das Stadion von Delphi, zu Füßen des Felsmassivs der Phädriaden, war möglicherweise von Anfang an mit Zuschauertribünen ausgestattet, auch wenn die letzte Anordnung – mit zwölf steinernen Sitzreihen auf der Nordseite und sechs entlang der Westkurve und der Südseite – auf die Erneuerung durch Herodes Atticus im 2. Jh. n. Chr. zurückgeht.

Im Startbereich waren neben den gerillten Start-Platten eigens dafür vorgesehene »Käfige« aufgestellt, in denen die Teilnehmer ihre Plätze einnahmen.

Das Stadion fasste 7 000 Sitzplätze; zusammen mit den »natürlichen« Plätzen an den Hängen konnten bis zu 40 000 Personen Platz finden.

▲ Stadion von Delphi,
Ende 5. bis Anfang 4. Jh. v. Chr.

Das Stadion verfügte nicht über feste Sitzreihen. Entlang der Südseite waren Stufen in den sehr weichen Fels gehauen; zwei bis drei separate Sitzreihen auf extra angelegten Böschungen befanden sich an Westseite, zwischen dem Eingangstunnel und der Startlinie.

Das Stadion von Nemea wurde in eine natürliche Talsenke gebaut, für den nördlichen Bereich legte man einen künstlichen Erdwall an, für den man den Aushub von der Südseite benutzte.

Die Laufbahn aus gestampfter Erde war von einer Rinne mit frischem Wasser umgeben, wo Athleten und Zuschauer ihren Durst stillen konnten; daneben gab es Dekantierbecken und Trinkbrunnen.

Die Plattform mit Sitzen für die Preisrichter befand sich an der Ostseite.

▲ Stadion von Nemea, um 330 v. Chr.

Anfangs gab wahrscheinlich eine Trompete oder ein anderes Instrument das Signal zum Start. Diese Praxis gewährleistete jedoch nicht, dass alle Läufer gleichzeitig losliefen; sie kamen oft dem akustischen Signal zuvor.

Es existierten in den einzelnen Stadien oft unterschiedliche Startmechanismen, um einen Fehlstart der Läufer zu verhindern. Diese Vorrichtungen nannte man Hysplex.

Die Hysplex *von Nemea war besonders ausgefeilt. Sie bestand aus Pflöcken, in regelmäßigem Abstand aufgestellt, zwischen denen Seile gespannt waren. Man nutzte die Spannung des verdrillten Seils, um eine Katapult-Wirkung zu erzeugen, die wiederum einen Kampfrichter veranlasste, das Gitter schlagartig nach unten zu lassen.*

► Startvorrichtung im Stadion von Nemea.

»Die einen umschlingen einander, ... andere packen sich bei der Gurgel, wenden alle ihre Kräfte an, einander unter sich zu kriegen, und wälzen sich ... wie die Schweine.« (Lukian von Samosata)

Gymnasien und Palästren

Die Gymnasien waren ursprünglich Orte, an denen sich freie Männer zwischen 18 und 30 Jahren zum Kampf in den Phalangen der Hopliten vorbereiteten. Sie lagen in den Außenbezirken und glichen Parkanlagen mit Bäumen, Brunnen und Statuen, die sich mit Wettkampfbahnen aus gestampfter Erde und lockeren Aufschüttungen für den Ringkampf abwechselten. In kleinen überdachten oder mit Bogengängen versehenen Gebäuden konnten sich die Männer umkleiden, einölen, waschen und ausruhen. Zu der Anlage gehörten Kulträume, die Herakles und Hermes geweiht waren, den Schutzgöttern der jungen Männer. Sie standen für körperliche Kraft und Mut, verbunden mit Intelligenz und Eloquenz. Im Verlaufe der Zeit nahmen die Gymnasien eine andere Bedeutung an. An die Stelle des kriegerischen Auftrags trat allmählich der Berufssport. Analog zu diesem Wandel entwickelten sich die Gymnasien zu monumentalen Anlagen: die Wettkampfbahnen wurden jetzt von Säulengängen flankiert und die Plätze für den Ringkampf durch einen neuen Gebäudetypus, die *Palästra*, ersetzt. Sie bestand aus einem rechteckigen oder quadratischen Hof, der von einer Säulenhalle umgeben war. Von hier aus gelangten die Schüler zu verschiedenen Räumen für sportliche oder gesellschaftliche Zwecke: in Tauch- und Dampfbäder, in Bibliotheken oder in die Hörsäle der philosophischen Schulen, die mittlerweile in die Gymnasien Einzug gehalten hatten.

Siehe auch
Platon, Aristoteles, Skopas, Heer, Aphrodite und Eros, Hermes, Herakles, Schule und Unterricht

▼ *Palästra-Szene*, attisch-rotfiguriger *Krater* des Euphronios, aus Capua, um 510 v. Chr., Stiftung Staatliche Museen Berlin, Antikensammlung.

Das Gymnasion von Delphi ist eines der ältesten, von denen wir Kenntnis haben. Es erstreckt sich über zwei übereinander liegende Terrassen und wurde vor allem für das Training der Athleten errichtet, die an den panhellenischen Wettkämpfen teilnahmen.

Auf der unteren Terrasse befand sich das Loutron, *ein überdachter Raum für die Körperreinigung der Athleten mit einem runden Schwimmbassin, das einen Durchmesser von 10 m hatte und 1,90 m tief war; an der Stützmauer für die obere Terrasse lagen zehn rechteckige Becken, die vermutlich für Einzelbäder vorgesehen waren.*

Auf der oberen Terrasse lag eine Laufbahn, die von einem 186 m langen und 9 m breiten Säulengang, den Xystos, *überdacht war, flankiert von der* Paradromis, *einer offenen Laufbahn mit drei Spuren.*

Westlich vom Gymnasion wurde in römischer Zeit eine Thermenanlage errichtet.

Neben dem Loutron *sind die Fundamente der* Palästra *erhalten geblieben; sie besaß einen Hof, umgeben von einem Säulengang, von dem aus man in weitere Räume gelangte.*

▲ Gymnasion von Delphi, Mitte 4. Jh. v. Chr.

Das Gymnasion von Sikyon, zu Beginn des 3. Jh. v. Chr. errichtet, erstreckte sich über zwei Terrassen, die von robustem Mauerwerk getragen wurden; die obere Terrasse war eine Art Duplikat der unteren Anlage und wurde erst in der Spätantike errichtet.

Der Zugang war nordwestlich gelegen; entlang der nördlichen Seite lagen die Umkleide- und Baderäume. Die Becken und kleinen Wannen in den Baderäume waren nur zum Waschen des Körpers geeignet, nicht zum Eintauchen.

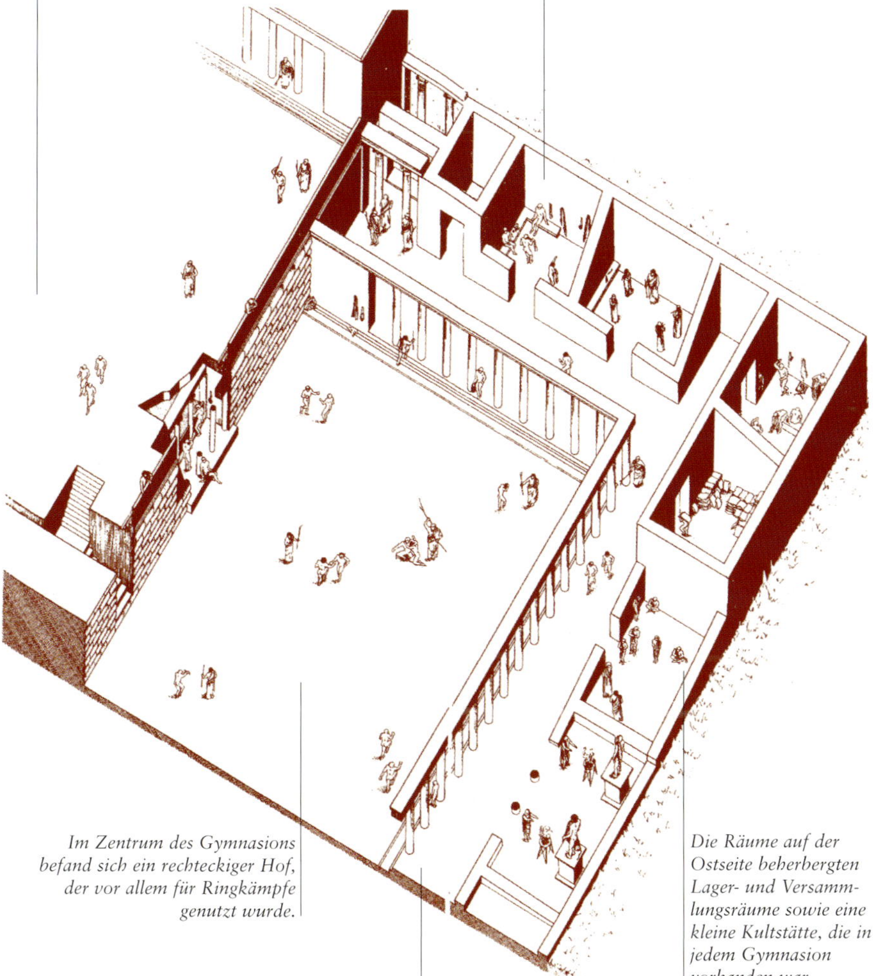

Im Zentrum des Gymnasions befand sich ein rechteckiger Hof, der vor allem für Ringkämpfe genutzt wurde.

Die Räume auf der Ostseite beherbergten Lager- und Versammlungsräume sowie eine kleine Kultstätte, die in jedem Gymnasion vorhanden war.

▲ Rekonstruktion eines Gymnasions nach dem Vorbild von Sikyon (aus: S. Settis 2002).

Unter dem langen östlichen Säulengang lag eine Wettlaufbahn der Athleten.

Nach Pausanias' Bericht aus dem 2. Jh. n. Chr. beherbergte das Gymnasion von Sikyon eine Herakles-Statue aus Marmor, ein Werk des Skopas.

Antike Texte und archäologische Funde bezeugen, dass vor allem Herakles, Hermes und Eros in den Gymnasien verehrt wurden. Während Herakles für physische Kraft und Mut stand, war Hermes den jungen Männern ein Vorbild an Intelligenz und Eloquenz, und Eros repräsentierte das Ideal der körperlichen Schönheit.

Herakles wurde auch deshalb mit dem sportlichen Wettkampf assoziiert, weil er als einer der mythischen Sieger von Olympia und Nemea galt. Die Erzählungen über seine Jugend heben überdies die sorgfältige Ausbildung seines Körpers durch bedeutende Lehrer hervor: Eurytos lehrte ihn das Bogenschießen, Kastor den Umgang mit Schwert und Lanze und Amphitryon das Wagenrennen.

► Skopas,
Herakles Lansdowne,
Mitte des 4. Jh. v. Chr., röm. Kopie,
Los Angeles, The J. Paul Getty Museum.

Der große viereckige Hof, einst Zentrum des Gymnasions, und die umlaufenden Säulengängen sind noch gut zu erkennen. Im Süden schloss sich eine Palästra *mit Peristyl an, mit Sitzen entlang den Mauern und diversen Räumen, die sich zu den Säulengängen hin öffneten.*

Der östliche Säulengang war 210 m lang und ermöglichte ein Lauftraining über eine Strecke, die jener in den Stadien entsprach, sie war so bemessen, dass sich zwei Läufer begegnen konnten, ohne sich zu behindern.

Die Anlage diente auch als Aufenthaltsort für die Teilnehmer an den olympischen Spielen.

▲ Gymnasion von Olympia, Ende 3./Anfang 2. Jh. v. Chr.

» … haben in der Folge die Dreißig Tyrannen den Rednerstuhl auf der Pnyx … nach der Landschaft zugekehrt, in der Meinung, dass die Herrschaft zur See die Stütze der Demokratie wäre« (Plutarch)

Versammlungsgebäude

Siehe auch
Politische Institutionen, Theater, Agora von Athen, Olympia

In allen Städten gab es Gebäude für die Zusammenkünfte des Rates und der Bürger, die *Bouleuteria* und *Ekklesiasteria*, benannt nach den Funktionen der Zusammenschlüsse. Da an den Bürgerversammlungen oft Tausende von Menschen teilnahmen, fanden sie lange Zeit auf öffentlichen Plätzen, später in Theatern statt. Eigens dafür legte man gewöhnlich Stufenreihen unter freiem Himmel an oder nutzte dafür geeignete natürliche Räume wie die Pnyx in Athen, ein Hügel, der eine Stützmauer mit einer Tribüne für die Redner erhielt. Nur selten ließ man von einem Architekten einen überdachten Bau wie das *Ekklesiasterion* in Milet errichten. Der Ort, an dem die *Boule* Rat hielt, erforderte jedoch eine Abgrenzung nach außen und die Redner mussten für die Anwesenden gut sichtbar und zu hören sein. Das erste Gebäude, das diesen Ansprüchen gerecht wurde, war der 6. Jh. v. Chr. errichtete Sitz der Verwalter des Heiligtums von Olympia, ein schlichter, rechteckiger Saal mit dem Eingang an einer Schmalseite und gegenüberliegender Apsis. Zu Beginn des 5. Jh. v. Chr. bildete sich in Athen ein neuer architektonischer Typ für das *Bouleuterion* heraus: ein Bau mit rechteckigem oder quadratischem Grundriss, abfallendem Dach, mit Tribünen an drei Seiten und einem Eingang an der vierten Seite sowie eine zentrale Plattform. Dieser Typus fand seine größte Verbreitung in den hellenistischen Städten Kleinasiens.

◄ Athen, Blick auf die Pnyx.

Das Bouleuterion *von Olympia, im heiligen Bezirk des Heiligtums gelegen, nahm im Vergleich zu den üblichen städtischen* Bouleuteria, *die sich normalerweise in den Agorai befanden, eine Sonderstellung ein.*

Den langen Versammlungssaal betrat man von den Schmalseite her; die Tribünen für die Mitglieder des Rats waren an den Längsseiten angebracht.

Die Apsis an der dem Eingang gegenüberliegenden Seite diente als staatliches Archiv für offizielle Dokumente und schriftlich fixierte Wettkampfregeln.

Im Bouleuterion *versammelten sich die Mitglieder der olympischen Kommission, die sich um die Organisation der Spiele kümmerten, und das Kollegium der Preisrichter, die die Teilnahmeberechtigung der Athleten kontrollierten: Sie mussten griechischer Herkunft, freie Bürger, in einer guten körperlichen Verfassung und mindestens 17 Jahre alt sein.*

Zu Beginn des 5. Jh. v. Chr. wurde neben dem ersten ein zweiter, gleichartiger Saal errichtet. Zwischen den beiden Sälen stand ein Altar zu Ehren des Zeus Horkios – Wächter des Eides –, vor dem die Vereidigungszeremonie der Athleten stattfand.

▲ *Bouleuterion* in Olympia, Mitte 6. Jh. v. Chr.

Die Stufen, auf denen die Ratsmitglieder saßen, waren ursprünglich aus Holz, später aus Stein, und befanden sich auf drei Seiten des Saals. In der Mitte stand eine Tribüne für die Redner.

Das alte Bouleuterion *in Athen war ein quadratischer Bau, 23 m breit, mit einem auf vier Seiten abfallenden Dach, das von einem U-förmigen Säulengang getragen wurde.*

An der vierten Seite des Saals befand sich die Eingangshalle.

Ende des 5. Jh. v. Chr. wurde das alte Bouleuterion *durch ein kleineres Gebäude (16 x 22 m) mit rechteckigem Grundriss ersetzt, das mit einer halbrunden Tribüne ausgestattet war.*

▲ Rekonstruktion des Inneren des alten *Bouleuterion* in Athen, Anfang 5. Jh. v. Chr.

Das Bouleuterion *von Priene war ein Gebäude mit fast quadratischem Grundriss von 20 x 21 m, das, ähnlich den Theaterbauten, für seinen nördlichen Abschluss einen natürlichen Abhang nutzte, die Südseite öffnete sich zu einem Bogengang mit doppelter Kolonnade.*

Das Gebäude trug ursprünglich ein Satteldach mit einem hölzernen Dachstuhl, der auf zwei Pilaster-Reihen lagerte.

Über vier kleine Treppen am Ende jeder Stufenreihe konnte man bequem den eigenen Platz erreichen; das Gebäude konnte etwa 650 Personen aufnehmen.

Die Rednertribüne ist nicht erhalten, aber am zentralen Platz im Saal befinden sich noch die Reste eines mit Bändern und Stierprotomen verzierten Altars.

▲ *Bouleuterion* von Priene, 2. Jh. v. Chr.

»Solon ordnet an, dass denen, die im Prytaneion ihre Mahlzeiten bekommen, Gerstenbrot verabreicht und an Festtagen zusätzlich ein Weizenbrot bereitgestellt werden soll.« (Athenaios)

Öffentliche Gebäude für Bankette

Siehe auch
Lykurg, Politische Institutionen, Opfer, Versammlungsgebäude, Säulenhallen, Agora von Athen, Sparta

Im gesellschaftlichen Leben der Polis gab es häufig Anlässe zu einem Gemeinschaftsmahl. Nicht nur während der religiösen Feste traf man sich zum Verzehr des Opfertieres; in einigen Städten, wie z.B. in Sparta, waren gemeinschaftliche Mahle für alle männlichen Bürger, die Syssitien, obligatorisch. Für den Lebensunterhalt der amtierenden Beamten mussten die Gemeinden aufkommen. Die Prytanen in Athen, jene 50 Mitglieder der *Boule,* die abwechselnd 36 aufeinanderfolgende Tage im Dienst waren, lebten und aßen in öffentlichen Gebäuden. Im Laufe der Zeit gesellte sich zu den Räten regelmäßig eine Schar von Gästen der Gemeinschaft: Gesandte fremder Städte, siegreiche Athleten, Kriegswaisen und andere Personen. Dennoch bildete sich kein architektonischer Typus für die Orte der gemeinschaftlichen Mahlzeiten heraus. Beim Bau großer Bankettsäle entschied man sich im Allgemeinen für ein Gebäude mit vielen Sälen für eine begrenzte Anzahl von Tafelnden. In den *Hestiatoria* der Heiligtümer, die die ursprünglichen Behelfshütten der Heiligtümer ersetzten, waren die Speiseräume oft um weitläufige Höfe gruppiert, in denen die Prozessionen endeten. Für zivile Anlässe griff man vor allem auf Bankettsäle in den Stadthäusern zurück, wo sich das heilige Herdfeuer der Gemeinde befand.

▼ Rekonstruktion des Inneren der *Tholos* in Athen.

Die Tholos *war ein Gebäude mit kreisförmigem Grundriss, einem konischen Dach, das auf sechs internen Säulen ruhte und mit rautenförmigen Dachziegeln gedeckt war. Sie entstand um 470 v. Chr. auf den Ruinen eines Prytaneions, das zu Beginn des 6. Jh. v. Chr. erbaut worden war und wo man das heilige Feuer der Hestia aufbewahrte.*

War das Bouleuterion *nur ein Versammlungsort, so fungierte die* Tholos *als allgemeiner Aufenthaltsort der Prytanen, der 50 Mitglieder des Rats, die ein Zehntel des Jahres im Amt waren. Sie nahmen hier ihre Mahlzeiten ein und verbrachten teilweise auch die Nächte dort, um bei Notfällen zur Verfügung zu stehen.*

Trotz der beträchtlichen Größe von etwa 18 m im Durchmesser eignete sich der runde Grundriss des Gebäudes kaum, die Bankett-Klinen für die Prytanen und ihre Gäste unterzubringen, daher nahm man vermutlich die Mahlzeiten auf einfachen Bänken sitzend zu sich.

▲ Rekonstruktion der *Tholos* und des *Bouleuterion* in Athen.

Im Umkreis der Tholos *wurden Keramikgefäße gefunden, die mit dem Stempel* demosion, *»öffentliches Eigentum«, gekennzeichnet waren. Wahrscheinlich handelte es sich dabei um das Geschirr, das für die Mahlzeiten der Stadträte in der* Tholos *bestimmt war.*

Tischgefäße wie diese Weinschale mit schwarzer Glasur besaßen keine besondere Form und dienten daher auch nicht als Hohlmaß.

Denkbar ist, dass einige der Gefäße als Prototypen für offizielle Hohlmaße dienten, die in der Tholos *aufbewahrt wurden.*

▲ Keramik von der *Tholos* in Athen, 5. Jh. v. Chr.

Blick auf Reste der südlichen Stoa *der Agora von Athen – ein auf einer Seite geschlossener Säulengang –, von der 16 kleine quadratische Zimmer abgingen.*

Die Bankettsäle blieben wahrscheinlich den Mahlzeiten der Beamten vorbehalten. Eine überlieferte Inschrift lässt vermuten, dass einer der Säle nur von den Metronomoi *genutzt wurde, den Beamten, die mit der Kontrolle der Gewichte und Maßeinheiten betraut waren.*

Die Identifikation der Räume als Bankettsäle stützt sich auf die dezentrale Lage der Schwellen, denn so konnte auch auf der Eingangsseite eine Kline aufgestellt werden. Jeder Raum konnte bis zu sieben Klinen aufnehmen.

In einem der Räume ist der charakteristische klassische Bodenbelag der Bankettsäle erhalten geblieben: eine podestartige Schicht aus Mörtel und Kies entlang der Wände, auf der die Klinen stabilen Halt fanden.

▲ Südliche *Stoa* der Agora von Athen, 430–420 v.Chr.

Das Pompeion von Athen, das für die Organisation der festlichen Umzüge bestimmt war, befand sich in der Nähe des gewaltigen Dipylon-Tors, zwischen der Via sacra *und der Straße, die zur Akademie führte.*

Im Zentrum des Gebäudes befand sich ein großer rechteckiger Hof mit Bogengängen.

Schon vor der Errichtung des Gebäudes versammelten sich auf diesem Areal die Teilnehmer der Prozession zur Akropolis anlässlich der Panathenäen.

Auf das zentrale Peristyl waren im Norden und Westen verschiedene quadratische Räume ausgerichtet, die mit etwa 60 Sitzen für den Verzehr ritueller Speisen ausgestattet waren.

▲ Pompeion in Athen, Ende 5. Jh. v. Chr.

Das Hestiatorion *des Heiligtums der Hera bei Argos ist das älteste bekannte Beispiel für ein Gebäude, das eigens für den Verzehr des Opferfleisches im Inneren eines Heiligtums errichtet wurde.*

Die drei Bankettsäle boten Raum für je neun Klinen; der Eingang war versetzt, um auch an der Eingangsseite der Räume Klinen aufstellen zu können.

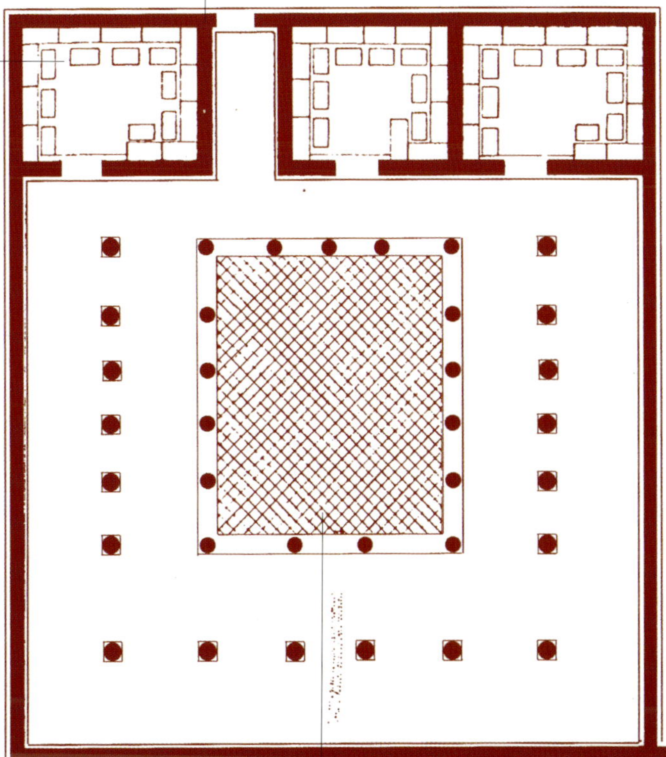

Auf dem großen Innenhof mit Säulengang fand wahrscheinlich die Verteilung des Fleisches statt, das die meisten stehend verzehrten, ohne am eigentlichen Bankett teilzunehmen.

▲ Grundriss des *Hestiatorions* im Heraion bei Argos, 6. Jh. v. Chr. (aus: S. Settis 2002).

»Er [Polygnot] malte auch den Tempel von Delphi aus, sowie unentgeltlich die Säulenhalle zu Athen, die Poikile heißt, während Mikon einen Teil davon um Lohn ausmalte.« (Plinius)

Säulenhallen

Siehe auch
Opfer, Weihe- und Votivgaben, Tempel und Sakralbauten, Versammlungsgebäude, Öffentliche Gebäude für Bankette, Delphi

Eine weit verbreiteter Gebäudetypus der griechischen Antike war die *Stoa*, eine Säulenhalle mit geschlossener Rückwand, zuweilen in mehrere Schiffe unterteilt und oft mit Innenräumen versehen. Sie prägte seit dem 7. Jh. v. Chr. die Architektur des inneren Bezirkes der Heiligtümer und hatte die Funktion, die Teilnehmer religiöser Zeremonien aufzunehmen, ihnen in den nächtlichen Stunden Unterschlupf und Schutz zu gewähren, Bankettsäle für den Verzehr der Opferspeisen bereitzustellen und Votivgaben aufzunehmen. Vor allem diese Bedeutung kam der *Stoa* der Athener in Delphi zu: eine Säulenhalle vor der polygonalen Terrassenmauer des Apollon-Tempels, in der, wie die Inschrift des Stylobaten vermerkt, Kriegstrophäen und Waffen ausgestellt wurden. Die vom Feind erbeuteten Bugzierate von Schiffen und bronzenen Schilder, die noch Pausanias bewunderte, wurden auf ein Holzgestell gehängt, das auf einem mit Stufen versehenen Podium an der Innenwand stand. Da die *Stoa* auf den offenen Raum ausgerichtet war, in dem die religiösen Zeremonien stattfanden, dienten die Stufen des Gebäudes den Gläubigen auch als Zuschauertribüne. Die profane Nutzung der Säulenhallen reicht bis in die archaische Zeit zurück, vor allem aber im 5. und 4. Jh. v. Chr. wurde die *Stoa* zur Begrenzung städtischer Räume gebaut und beherbergte Marktstände, Versammlungsräume, den Sitz politischer Ämter, von Verwaltungen oder Galerien.

▼ Säulenhalle in Delphi, Ende 6./Mitte 5. Jh. v. Chr.

Über die 30 bzw. 24 m langen Säulengänge auf der Nord- und Westseite des Gebäudes gelangte man zu zehn kleinen quadratischen Räumen, alle mit Stein- und Marmortischen, einem Boden aus Steinfliesen und einem podestartigen Untergrund entlang der Wände für die Aufstellung der Bankett-Klinen ausgestattet.

In der Mitte der Nordseite befand sich ein Zugang zu einer weiteren Säulenhalle, hinter den Bankettsälen gelegen, die für die Aufnahme der Votivgaben der Gläubigen bestimmt war.

In den Bankettträumen konnte das zum Fest geopferte Fleisch verzehrt werden, aber wahrscheinlich waren sie vor allem für die »Bärinnen« bestimmt, die Mädchen, die im Dienst der Artemis längere Zeit im Heiligtum verbrachten.

Die dreiflüglige Stoa des Heiligtums von Brauron lag im Norden des Artemis-Tempels und umschloss einen großen überdachten Bezirk, in dem die Zeremonien zu Ehren der Göttin stattfanden.

▲ Säulenhalle des Artemis-Heiligtums in Brauron, 425–415 v. Chr.

Die Stoa Basileios, *an der Nordwestecke der Agora von Athen gelegen, ist eines der ältesten Beispiele für die profane Nutzung dieses Gebäudetyps.*

Die nur 18 m lange Stoa *besaß ursprünglich einen einfachen rechteckigen Grundriss, mit acht dorischen Säulen an der Stirnseite und vier im Inneren, die die Säulenhalle in zwei Schiffe unterteilten.*

Ende des 5. Jh. v. Chr. wurden an der Stirnseite zwei Seitenflügel mit drei ionischen Säulen angebaut und noch zu Beginn des 3. Jh. v. Chr. nahm man erhebliche Umbauten vor.

In der Stoa *wurde eine vollständige Kopie des Kodex der athenischen Gesetze aufbewahrt; diejenigen, die die religiösen Pflichten und Zeremonien betrafen, wurden wie ein Kalender der Opferdarbietungen an die Stadtgötter öffentlich ausgestellt.*

Das Gebäude war der Amtssitz des Archon Basileus, *eines der wichtigsten städtischen Beamten, zuständig für kultische und rituelle Fragen und für die Gerichtsbarkeit bei Bluttaten und Gotteslästerung.*

▲ Rekonstruktion der *Stoa Basileios* auf der Agora von Athen.

»Auch die Gesundheit der Einwohner hängt zwar erstens an einer guten Lage und Orientierung des Ortes, zweitens aber am Vorhandensein von gutem Wasser.« (Aristoteles)

Wasserläufe und Aquädukte

Siehe auch
Agora von Athen

Die Griechen deckten ihren Wasserbedarf in großem Maß durch Brunnen, da es selbst in den Städten, die über Aquädukte verfügten, nur wenige Möglichkeiten der Wasserentnahme gab. Auf der Agora von Athen hat man tatsächlich über 400 Brunnen gezählt, die zum großen Teil im 5. und 4. Jh. v. Chr. gegraben wurden, als der Stadtstaat schon über ein Netz von Leitungen und öffentlichen Brunnen verfügte. Die Brunnenbauer bildeten eine spezialisierte Berufsgruppe, und ein ganzes Athener Geschlecht, die Phereorychoi, bezog seinen Namen von diesem Beruf. Das meistgeschätzte Trinkwasser war jedoch das Quellwasser, daher wurden Städte oft in ihrer Nähe gegründet. Um das Wasser bequem gewinnen, bereithalten und schöpfen zu können, standen zunächst nur primitive Systeme zur Verfügung, später ging man dazu über, an den Quellen Gebäude zu errichten, öffentliche Wasserentnahmestellen, die man *Krenai* nannte, mit Zugangstreppen und gefliesten Becken. Im 5. Jh. v. Chr. gab es in Athen mindestens eine Amtsperson, die mit dem Wasserbau betraut war, und viele Politiker ließen ihre privaten Spenden in diesen Sektor fließen. Wenn es keine Quellen in der Nähe der Städte gab, transportierte man das Wasser durch unterirdische Leitungen, die in der Regel aus Keramikrohren bestanden, welche mitunter durch geflieste Kanäle geschützt wurden. Einer der ältesten Aquädukte entstand um 525 v. Chr. in Athen; er leitete das Quellwasser des Flusses Ilyssos in die Stadt.

▼ *Jüngling, der aus einem Brunnen Wasser schöpft,* attisch-rotfigurige *Kylix* des Onesimos, 480–470 v. Chr., Rom, Musei Capitolini.

In der Frühzeit wurden die Brunnenschächte komplett mit den Händen gegraben; man benutzte lediglich eine Seilwinde, um die Erde nach oben zu schaffen. Sie maßen ungefähr einen Meter Durchmesser, um das Graben zu ermöglichen und besaßen eine zylindrische Form.

Vor dem 6. Jh. v. Chr. waren die Brunnen nicht verkleidet, der Rand bestand aus dem oberen Teil (dem Hals und den Schultern) großer Keramikgefäße, den Pithoi. *Seit dem 5. Jh. v. Chr. verwendete man zur Verkleidung der Brunnenwände eigens dafür hergestellte Zylinder aus Terrakotta oder Stein.*

Der Großteil der Brunnen war nicht verkleidet, um eine anhaltende Nutzung zu gewähren, verstärkte man die Wände mit Holz oder rohen bzw. behauenen Steinen.

Zuweilen besaßen die Brunnen Dächer, um sie vor Verschmutzung zu schützen. Sie waren an den Rändern mit Löchern versehen, um mit Seilen oder Stangen Gefäße befestigen und ihren Inhalt kühl halten zu können.

▲ Brunnenauskleidung aus geometrischer Zeit, Agora von Athen, Athen, Agora-Museum.

An den Brunnen wurde nicht nur Wasser verteilt, sondern dort fanden sich die Menschen auch ein, um sich zu reinigen.

Wahrscheinlich handelt es sich bei dieser Darstellung eines Brunnens mit dorischen Säulen und einem Satteldach um die berühmte Quelle Kallirhoe (die »Schönfließende«) bei Athen. Zur Entstehungszeit des Gefäßes wurde die Quelle im Tal des Ilyssos vom Adelsgeschlecht der Peisistratiden in einen Brunnen gefasst und das Wasser zu den Verteilungsbrunnen der Agora geleitet.

*Im Schatten der Bäume, auf die sie ihre Kleider gehängt haben, reiben junge Männer ihre Körper mit Öl aus den Ary*balloi *und* Alabastra *ein.*

Zwei Jünglinge waschen sich unter dem Wasserstrahl, der aus zwei löwenköpfigen Wasserspeiern sprudelt.

▲ *Jünglinge am Brunnen,*
attisch-schwarzfigurige *Hydria* des Antimenes-Malers,
aus Vulci, 520–510 v. Chr.,
Leiden, Rijksmuseum van Oudheden.

Seit etwa 520 v. Chr. tauchen in der Vasenmalerei zahlreiche Brunnenmotive auf, vor allem auf den Hydrien, *die zum Wassertransport benutzt wurden.*

Die Verbreitung des Motivs lässt sich auch auf den Wasserbau durch die Peisistratiden zurückführen, die Athen mit zahlreichen monumentalen Brunnen ausstatteten: Bis dahin schöpften die Athener ihr Wasser aus gegrabenen Brunnen und Zisternen.

Die Brunnenanlage besteht aus einer dorischen Säulenhalle mit Wasserspeiern aus Löwenköpfen und Reiterfiguren, aus denen ständig Wasser läuft, dass die Frauen in ihre Hydrien *füllen.*

Die Rankenmotive zwischen den Figuren verweisen auf keinen konkreten Standort des Brunnens, sondern waren in dieser Zeit als dekorative Form in der Vasenmalerei sehr beliebt.

▲ *Frauen am Brunnen,*
attisch-schwarzfigurige *Hydria* des Malers A.D.,
aus Vulci, 510 v. Chr.,
London, British Museum.

In der südöstlichen und der südwestlichen Ecke der Agora von Athen befanden sich zwei monumentale Brunnenanlagen. Bei der südöstlichen handelte es sich wahrscheinlich um den berühmten Enneakrounos *(»mit neun Mündern«), den die Peisistratiden zusammen mit dem Aquädukt bauen ließen, der das Wasser der Quelle Kallirhoe in die Stadt leitete.*

Die Brunnenanlage bestand aus einem rechteckigen Bau mit einem Ziegel-Satteldach, 18 m lang, mit durchgehender Grundmauer, einem Säulengang mit drei dorischen Säulen zwischen zwei Anten, *der Agora zugewandt.*

An den Schmalseiten des Brunnens befanden sich zwei 6 x 3 m große Wannen. Die westliche Wanne diente als Reservoir, dem man Wasser in großen Behältnissen entnahm, während der östliche Bereich mit kleinen Säulen und Wasserspeiern geschmückt war; dort füllten die Frauen ihre Hydrien.

Mit großer Wahrscheinlichkeit haben sich viele Vasenmaler bei ihren Brunnenmotiven und Brunnenszenen von dieser Anlage inspirieren lassen.

▲ Brunnen an der südöstlichen Ecke ler Agora von Athen, um 525 v. Chr.

Bei Grabungen für den Ausbau der Athener Untergrundbahn wurden im Jahr 2000 Teile des antiken Rohrleitungssystems aus Terrakotta entdeckt und freigelegt.

Der Aquädukt der Peisistratiden war ein stattlicher Bau, der den Athenern ein leistungsfähiges Verteilungsnetz mit frischem Wasser von den Quellen des Flusses Ilyssos zur Verfügung stellte.

Die Rohre waren mit Inspektionslöchern versehen und die Schutzdeckel mit Buchstaben gekennzeichnet; das erleichterte das Zusammenbauen der Rohre.

Außerhalb der Stadt verliefen die Terrakottarohre in einem Stollen, der zwischen 2 m und 11 m tief in den Fels gehauen worden war, und überwanden viermal ein Flussbett.

In einige Rohre ist der Name »Charon« eingeritzt, wahrscheinlich der Name des Herstellers.

▲ Rohre des Aquädukts der Peisistratiden auf der Agora von Athen, um 525 v. Chr.

Eine der berühmtesten Quellen Griechenlands war die Kastalia-Quelle in Delphi, deren Wasser dem Gott Apollon geweiht war und das für rituelle Handlungen im Tempel verwendet wurde.

In archaischer Zeit war der Brunnen mit einer Marmorfassade verkleidet; aus dem Becken im Inneren lief das Wasser in ein größeres Becken, in dem sich die Pilger vor Eintritt in den Tempel reinigten.

Sehr geschätzt waren auch die Quellen in Korinth: die Quelle Lerna, die sich im Peristyl des Asklepios-Tempels befand, die nach Glauke benannte Quelle, gespeist aus vier in den Stein gehauenen Zisternen, und die heilige Quelle Peirene auf der alten Agora von Korinth, die mit einer großen unterirdischen Zisterne verbunden und bis ins letzte Jahrhundert in Gebrauch war.

▲ Delphi, Kastalia-Quelle.

Bei diesem Aquädukt, der im 4. Jh. v. Chr. in Athen gebaut wurde, bestanden sowohl die Wände als auch der Boden und die Abdeckung aus exakt aneinandergefügten Kalksteinplatten.

Eine Aushöhlung in der Bodenplatte zeigt, dass der Kanal aus Stein nur dem Schutz der Rohrleitungen diente; das Wasser selbst floss in Terrakottarohren.

Als im Lauf der Jahre der Wasserbedarf anstieg, wurden im Inneren des Kanals, auf unterschiedlichen Höhen, vier verschiedene Rohrleitungen gelegt.

▲ Aquädukt aus Stein auf der Agora von Athen, 4. Jh. v. Chr.

Der Untergrund der Agora entwickelte sich seit Ende des 6. Jh. v. Chr. zu einem unentwirrbaren Knäuel von Leitungen aller Art.

Abgesehen vom Terrakotta-Aquädukt der Peisistratiden und dem Stein-Aquädukt aus dem 4. Jh. v. Chr. mit ihren Anschlüssen für die Verteilung des Wassers wurde das Terrain von einer Unzahl von Rohren und Kanälen für die Dränung des Meteorwassers durchzogen.

Die Abwasserkanäle aus den Häusern mündeten in eine riesige Kloake, die zu Beginn des 5. Jh. v. Chr. gebaut worden war; sie begann in der südwestlichen Ecke der Agora, führte in nördliche Richtung und entlud sich in den Fluss Eridanos.

▲ Rohre unter der Agora von Athen.

Stätten und Denkmäler

Delphi
Akropolis von Athen
Agora von Athen
Eleusis
Ägina
Nemea
Epidauros
Olympia
Bassai
Sparta
Apollon-Heiligtum auf Delos

◄ Delos, Straße der Löwen.

»Von der Kassotis genannten Quelle sagt man, dass ihr Wasser in die Erde eindringe und im Allerheiligsten des Gottes die Frauen hellsehend machte.« (Pausanias)

Delphi

Lage
Phokis, Südhang des Parnass

Chronologie
2.Hälfte 7.Jh.: erster Apollon-Tempel
586 v.Chr.: pythische Spiele
548 v.Chr.: Brand des Apollon-Tempels
530 v.Chr.: Schatzhaus der Massilier
525 v.Chr.: Schatzhaus der Siphnier
514 v.Chr.: Apollon-Tempel »der Alkmaioniden«
500 v.Chr.: Schatzhaus der Sikyonier
490 v.Chr.: Schatzhaus der Athener
480 v.Chr.: Tempel der Athene Pronaia
380 v.Chr.: *Tholos*
330 v.Chr.: letzte Erneuerung des Apollon-Tempels

Siehe auch
Apollon, Weissagung, Sport, Tempel und Sakralbauten, Säulenhallen

Die ältesten Spuren des Kultes von Delphi führen nicht in das Heiligtum des Apollon, sondern in den östlichen Bereich der Marmaria, wo man weibliche Idole aus mykenischer Zeit fand. Das entspräche dem Mythos, wonach hier einst Gaia und ihre hellseherische Schlange Python herrschten. Nach seinem Sieg über die Python ließ sich Apollon an diesem Ort nieder, der durch das vergossene Blut der Schlange seine magische Kraft behielt. Die Bedeutung von Delphi als panhellenisches Heiligtum wurde im 6.Jh.v.Chr. mit dem Bau des Apollon-Tempels untermauert und durch den ersten heiligen Krieg gegen die Phoker, auf deren Gebiet der Kultort lag, gesichert. Delphi unterstand nun der Kontrolle der delphischen Amphiktyonie, einer Liga zur Verteidigung des gemeinsamen Heiligtums mit Athen an deren Spitze. 586 v.Chr. wurden die pythischen Spiele eingeführt, die alle vier Jahre stattfanden und sieben Tage dauerten. Sie umfassten neben den Sportkämpfen auch Wettstreite der Musik und der Dichtung. Im Unterschied zu den übrigen Stätten panhellenischer Wettkämpfe, die nur zu diesen Anlässen besucht wurden, kamen die Griechen regelmäßig nach Delphi, da die Pythia in monatlichen Abständen ihre Orakel sprach. Ausgenommen waren die drei Wintermonate, es hieß, Apollon selbst entferne sich dann vom Tempel und kehre erst am siebten Tag des Monats Bisio (Februar-März) aus Anlass seines Geburtstages wieder zurück.

► *Omphalos* (»Nabel der Welt«), ursprünglich aufgestellt im Apollon-Tempel, röm. Kopie, Delphi, Archäologisches Museum.

Der heutige Apollon-Tempel wurde 330 v. Chr. nach der Zerstörung des archaischen Tempels durch Erdbeben, Brand oder Erdrutsch im Jahr 373 v. Chr. errichtet.

Der Bau aus dem 4. Jh. v. Chr. wurde über den gestreckten Grundriss des archaischen Vorgängerbaus errichtet; die Peristasis – mit sechs Säulen an den Schmalseiten und 15 an den Längsseiten – folgt der dorischen Ordnung, ebenso die beiden zwischen den Anten *des* Pronaos *und des* Opisthodomos *eingefügten Säulen, während die Cella durch zwei ionische Säulenreihen gegliedert war.*

Nach neueren geologischen Untersuchungen lag das Adyton, *das Allerheiligste im Tempel, über einem Erdbruch. An diesem Ort, unter dem Niveau des Bodens, soll nach dem Mythos die Pythia geweissagt haben, »berauscht« von den Dämpfen, die aus dem Untergrund aufstiegen.*

Nach Überlieferungen soll hier die Quelle Kassiotis entsprungen sein, aus der die Prophetin schöpfte, bevor sie das Orakel sprach. Das Erdbeben von 373 v. Chr. könnte für das Ausbleiben der Dämpfe und das Versiegen der Quelle verantwortlich gewesen sein.

▲ Apollon-Tempel und *Via sacra*.

1. Eingang
2. Stier der Kerkyräer
3. Monument der Spartaner
4. Basis der Arkadier
5. Basis von Marathon
6. Statuen der Sieben gegen Theben und der Epigonen
7. Statuen der Könige von Argos
8. Basis der Tarantiner
9. Schatzhaus der Sikyonier
10. Schatzhaus der Siphnier
11. Basis der Ätoler
12. Schatzhaus der Athener
13. Bouleuterion
14. Heilige Felsen und Quellen
15. Sphinx der Naxier
16. Schatzhaus der Korinther
17. Halle der Athener
18. Tempel des Apollon
19. Altar des Apollon-Tempels
20. Basis der Tarantiner
21. Dreifuß der Platäer
22. Quadriga des Sonnengottes
23. Dreifuß der Deinomeniden
24. Basis der Kerkyräer
25. Basis des Daochos
26. Fundstelle der Auriga
27. Theater
28. Lesche der Knidier

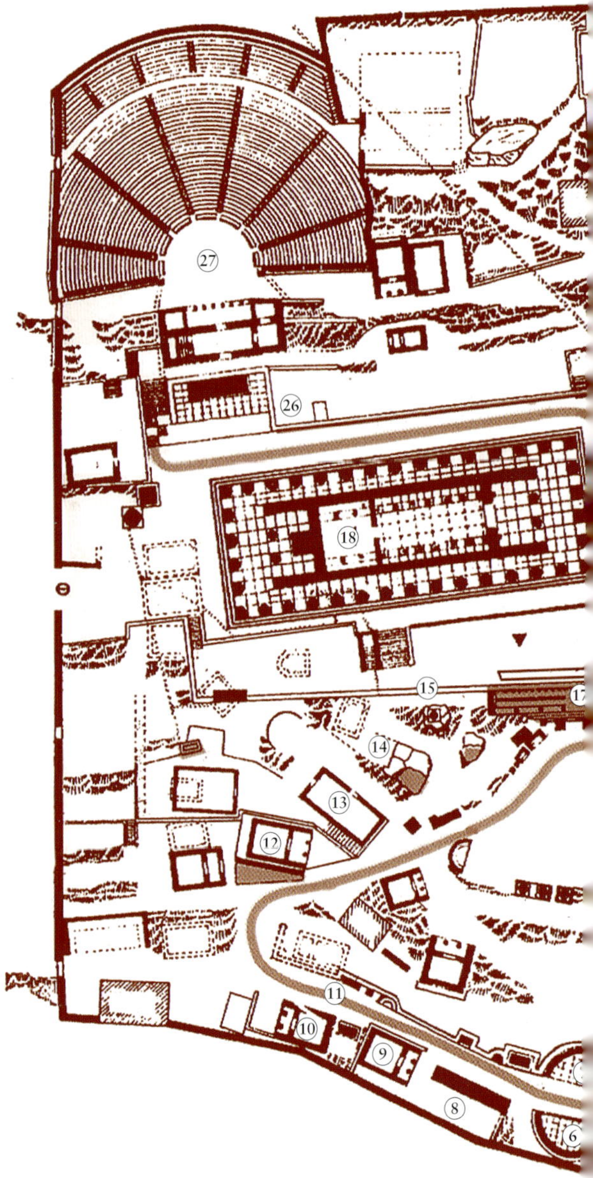

► Plan des Apollon-Heiligtums in Delphi (aus: M. Torelli, Th. Mavrojannis 1997).

N
28
25
24
23
19
20
21
22
16
2
4
1
3
0
m
50

Die Dioskuren tragen Speere auf den Schultern und in den Händen und führen die geraubten Rinder, deren Köpfe teils im Profil, teils frontal dargestellt sind.

Die kurzen Mäntel öffnen sich beim Gehen und lassen die Tuniken sichtbar werden.

In den Fundamenten des Schatzhauses der Sikyonier, eines kleinen dorischen Tempels, errichtet um 500 v. Chr., wurden die Fragmente von 12 Metopen der 1. Hälfte des 6. Jh. v. Chr. gefunden, die von einem ebenfalls von den Sikyoniern errichteten Vorgängerbau stammen.

Die Metopen, die zu den ältesten Griechenlands zählen, stellen einzelne, nicht zusammenhängende mythologische Ereignisse dar: den Raub der Europa, die Abfahrt des Schiffes Argo, den Rinderdiebstahl der Dioskuren und die Jagd nach dem Kalydonischen Eber.

▲ *Die Dioskuren und Apharetiden entführen eine Rinderherde,* Metope vom Schatzhaus der Sykyonier, 1. Hälfte 6. Jh. v. Chr., Delphi, Archäologisches Museum.

Leto legt ihrer Tochter Artemis die Hände auf die Schultern, die sich wiederum mit einer liebevollen Geste ihrem Bruder Apollon zuwendet.

Nach dem Bericht des Pausanias ist das Schatzhaus der Siphnier auf Anordnung Apollons errichtet worden, der den Siphniern befohlen habe, von den Einkünften ihrer Goldbergwerke jedes Jahr den Zehnten nach Delphi zu geben.

Der kleine Tempel bestand ganz aus Marmor, an Stelle von Säulen stützten zwei Karyatiden den Architrav und den Giebel der Fassade, der mit einem Akroter in Form einer Nike auf der Spitze und zwei Sphingen an den Enden der Abdachungen geschmückt war.

Auf dem ionisches Fries des Tempels war im Westen das Urteil des Paris dargestellt, im Norden eine Gigantomachie und im Süden der Raub der Töchter des Leukippos oder der Hochzeitszug des Pelops und der Hippodameia.

Auf dem Ostfries, von dem die Szene stammt, war die Versammlung der Götter zu sehen, die vom Olymp aus den Krieg um Troja verfolgen: links die Götter, die den Trojanern wohl gesonnen waren, in der Mitte Zeus, und rechts die Götter, die zu den Griechen hielten.

Die Figuren waren mit klaren leuchtenden Farben gefasst (Rot, Blau, Grün, Ocker und Gold); auf dem blauen Hintergrund des Reliefs standen in roter Schrift ihre Namen.

▲ *Götterversammlung*,
Ostfries des Schatzhauses der Siphnier, um 525 v. Chr.,
Delphi, Archäologisches Museum.

Das Schatzhaus der Athener wurde 1904 aus dem ursprünglichen Material, Marmor aus Paros, an originaler Stelle wieder aufgebaut. Es ist wegen seiner architektonischen Geschlossenheit der bemerkenswerteste Bau des Heiligtums und war durch seine markante Lage am Scheitelpunkt der Via sacra *für alle Besucher deutlich sichtbar.*

Vermutlich war der Giebel mit Kampfszenen von Herakles und Theseus geschmückt.

Auf den Metopenreliefs wurde auf jeder Seite ein bestimmtes Thema behandelt: die Amazonenschlacht im Osten, die Sagen des Theseus, des attischen Nationalheros, im Süden, der Kampf zwischen Herakles und Geryon im Westen und weitere Taten des Herakles im Norden.

Die archaische Formensprache der Metopenreliefs scheint dem Zeugnis des Pausanias zu widersprechen, wonach das Schatzhaus aus der Beute der Schlacht bei Marathon im Jahr 490 v. Chr. finanziert wurde. Andrerseits könnte es sich auch um einen bewussten Traditionsbezug handeln, der durch die Weihebestimmung des Baus begründet war.

▲ Schatzhaus der Athener, 490–480 v. Chr.

Die Tholos *kommt in der griechischen Baukunst selten vor; eines der wenigen Beispiele lag im Weihebezirk der Athene Pronaia auf der Marmaria-Terrasse, hatte einen Durchmesser von ca. 13 m und war von 20 dorischen Säulen umgeben, darüber verlief ein Fries mit Triglyphen und Metopen, auf dem Kampfszenen dargestellt waren.*

An der Innenwand der Cella standen neun korinthische Halbsäulen auf einem hohen schwarzen Steinsockel; auch der Fußboden bestand aus diesem schwarzen Stein.

Ob es sich bei dem Rundbau, der in keiner Quelle erwähnt wird, um einen Tempel, eine Votivgabe oder einen Ort für Ehrenstatuen gehandelt hat, ist nicht geklärt. Es könnte jedoch auch ein Bau zu Ehren des Phylakos gewesen sein, des von Herodot erwähnten »übermenschlich großen Kriegers« und Heros, der Delphi gegen den Einfall der Perser verteidigt hatte.

Eine Votivbau als Rundbau existierte in Delphi schon zu Beginn des 6. Jh. v. Chr., von ihm sind aber nur wenige Fragmente erhalten, die für den Bau des Schatzhauses der Sikyonier verwendet wurden.

▲ *Tholos* im Marmaria-Bezirk, 380–370 v. Chr.

»So liegt ein Hauch immerwährender Jugend über diesen Werken, die Zeit geht vorüber, ohne ihnen etwas anzuhaben, als atmete in ihnen ein ewig blühendes Leben, eine nie alternde Seele.« (Plutarch)

Akropolis von Athen

Chronologie
Ende 7. Jh. v. Chr. / Anfang 6. Jh. v. Chr.: erster monumentaler Tempel, mit Lämmer reißenden Löwen als Giebelschmuck
570–560 v. Chr.: Tempel aus Tuffstein, im Giebel mythologische Szenen
Um 525 v. Chr.: Hekatompedon mit Marmorgiebeln
490 v. Chr.: Gelöbnis zum Bau eines neuen Tempels, der nie vollendet wird
447–432 v. Chr.: Parthenon
437–432 v. Chr.: Propyläen
Nach 430 v. Chr.: Tempel der Athene Nike
420–406 v. Chr.: Erechtheion

Siehe auch
Solon, Perikles, Phidias, Athene, Herakles, Tempel und Sakralbauten

Die ältesten Spuren auf der Akropolis stammen von der befestigten Anlage eines athenischen Herrschersitzes aus mykenischer Zeit. Zur Kultstätte der Göttin Athene wurde sie im Laufe des 8. Jh. v. Chr., als man zum Schutz der hölzernen Statue der Göttin den ersten einfachen Bau errichtete. Zu Beginn des 6. Jh. v. Chr. ließen zuerst Solon und später Peisistratos Tempelanlagen auf dem Felsen bauen; die Zahl der Marmorstatuen, die als Votivgaben aufgestellt wurden, wuchs beständig. Nach dem Sieg bei Marathon 490 v. Chr. beschloss man, neben den Kultbauten der Athene Polias, der Schutzherrin der Stadt, einen großen Tempel zu Ehren der Kriegsgöttin, der *Pallas,* zu errichten. Dieser Bau wurde nie vollendet, denn 480 v. Chr. besetzte, plünderte und brandschatzte das persische Heer die verlassene Stadt. Zum Zeugnis der Barbarei entschied man sich, die zerstörten Tempel nicht wieder aufzubauen, sondern ihre Trümmer als Füllmaterial zur Planierung und Erweiterung das Areals zu verwenden. Diese Trümmerschicht, die von den Archäologen »Perserschutt« genannt wird, ist für die Datierung der spätarchaischen und frühklassischen Kunst von großer Bedeutung. Alle heute bekannten Bauten der Akropolis stammen aus der Zeit nach der Zerstörung durch die Perser. Der Entschlossenheit des Perikles und des Genies des Phidias war es zu verdanken, dass in weniger als 50 Jahren aus den Ruinen ein neues Heiligtum der Göttin entstand.

► Westfries des Parthenons, *in situ,* hinter den Säulen der Peristasis.

Die Figurengruppe aus dem Giebel des Alten Athene-Tempels stellte die Gigantomachie mit der Göttin im Zentrum dar. In ihrer Hand hält sie eine der Schlangen, die die Ägis säumen, die hier durch einen kurzen mit Schilden geschmückten Fellmantel symbolisiert wird.

Der Hekatompedon, so genannt wegen der Länge von 100 Fuß (das Maß für viele archaische Tempel), erhob sich zwischen Parthenon und Erechtheion, wo seine Grundmauern erhalten geblieben sind. Es handelte sich um einen dorischen Tempel, die Cella war unterteilt in einen vorderen und hinteren Teil, der den Schatz der Athene enthielt oder einer anderen Gottheit geweiht war.

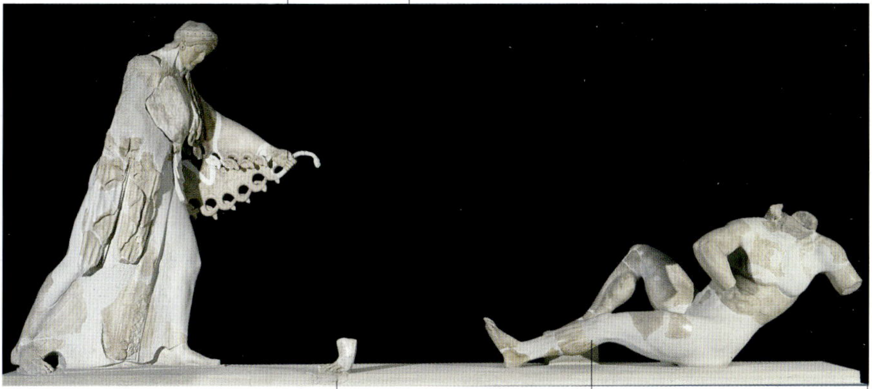

Von dem Gegner Athenes, wahrscheinlich der Gigant Enkelados, ist nur eine Fußspitze übriggeblieben.

Athene wurde von Zeus und einer mit zwei Gegnern kämpfenden Gottheit flankiert; den Raum in den niedrigen Giebelecken nahmen zwei gefallene Giganten ein.

Der Tempel war aus Kalkstein gebaut, ein Teil der Gesimse, die Dachziegel und die Giebel bestanden aus Marmor.

▲ *Gigantomachie,*
Ostgiebel des Alten Athene-Tempels (Hekatompedon), um 525 v. Chr.,
Athen, Akropolis-Museum.

Von den ursprünglichen zerstörten Tempeln sind nur noch Fragmente erhalten, die im »Perserschutt« vergraben wurden und von mindestens neun unterschiedlichen Bauten stammen.

Der Alte Athene-Tempel, den die Peisistratiden aus Anlass der Neuordnung der Panathenäen bauen ließen, befand sich wahrscheinlich an der Stelle, wo später der Parthenon errichtet wurde.

Im Zentrum des Ostgiebels befand sich ursprünglich das traditionelle Motiv der mit einem Stier kämpfenden Löwen.

Die linke Gruppe stellt ein Herakles-Motiv dar: Der Heros ringt mit dem schuppigen Leib des Triton. Wegen der noch sichtbaren Farbreste wird die Skulpturengruppe auch als »Blaubart-Giebel« (Bluebeard, Barbablù) *bezeichnet.*

▲ Alter Athene-Tempel, Ostgiebel, 570–566 v. Chr., Athen, Akropolis-Museum.

Rechts von der verloren gegangenen Hauptgruppe war Herakles im Kampf mit dem Dreileibigen, mit Nereus, dargestellt, dessen drei Oberkörper vollplastisch gearbeitet sind und sich als verschlungene Schlangenleiber bis in die Giebelecken fortsetzen.

Herakles verkörperte die aristokratischen Ideale von Mut und Stärke. Das Motiv seines Kampfes mit zwei Meeresungeheuern am Giebel eines Athene-Tempels besaß programmatische Bedeutung: Zur Zeit des Peisistratos strebte Athen die Seeherrschaft im Mittelmeerraum an.

Nach den Funden zu urteilen, handelte es sich um einen dorischen Bau aus Kalkstein; die Metopen und ein Akroter in Gestalt der geflügelten Gorgo an der Spitze des Westgiebels waren aus Marmor.

Von den Skulpturen des Westgiebels sind nur wenige Fragmente erhalten geblieben; sie greifen das heraldische Motiv der mit zwei Schlangen kämpfenden Löwen von den Seiten wieder auf, erreichen jedoch nicht den narrativen Ansatz der Hauptgruppe des Ostgiebels.

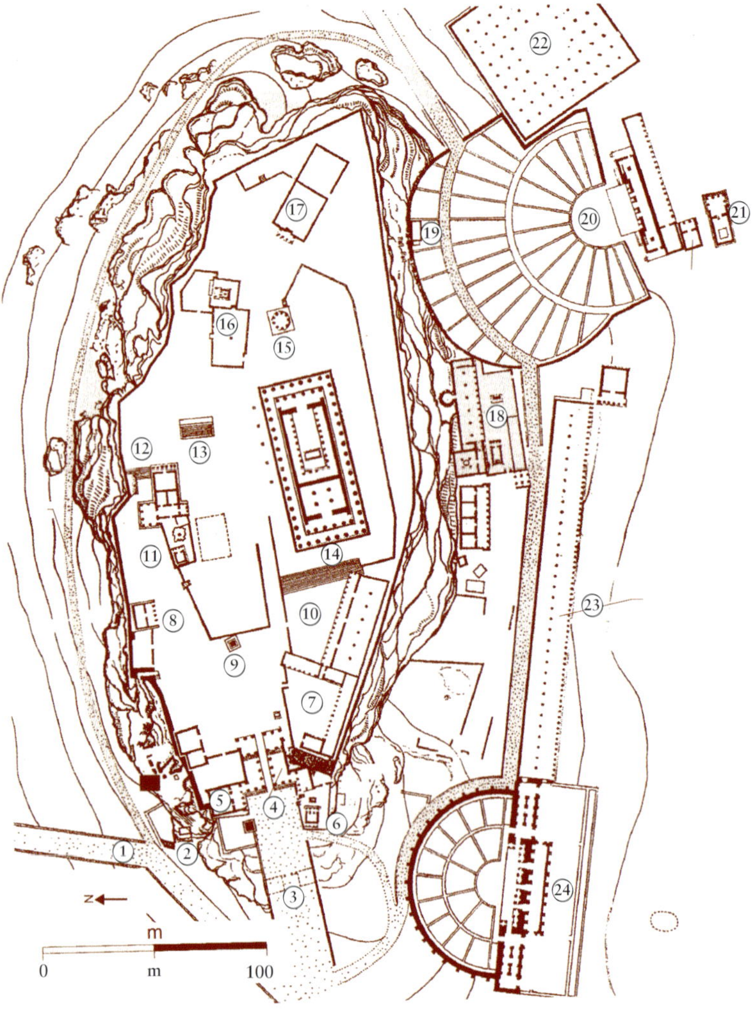

1. Straße zur Agora
2. Klepshydra-Quelle
3. Beulé'sches Tor
4. Propyläen
5. Pinakothek
6. Nike-Tempel
7. Heiligtum der Artemis Brauronia
8. Haus der Arrephoren
9. Statue der Athene Promachos
10. Chalkothek
11. Bezirk der Pandrosos und heiliger Ölbaum
12. Erechtheion
13. Altar der Athene Polias
14. Parthenon
15. Tempel für Roma und Augustus
16. Heiligtum des Zeus Polieus
17. Bezirk des Pandion
18. Heiligtum des Asklepios
19. Monument des Thrasyllos und weitere choregische Monumente
20. Dionysos-Theater
21. Dionysos-Tempel
22. Odeion des Perikles
23. Stoa des Eumenes
24. Odeion des Herodes Atticus

Der Mittelbau war in zwei unterschiedlich gelagerte Baukörper unterteilt. Mnesikles berücksichtigte mit dieser Höhenstaffelung erstmals die natürlichen Gegebenheiten des Baugrundes und schuf in der Abfolge künstlerisch gestalteter Räume einen repräsentativen Zugang zur Burg.

Die Fassade des rechteckigen Hauptkörpers wurde durch sechs dorische Säulen gegliedert; der Abstand zwischen den Säulenreihen war in der Mitte breiter als gewöhnlich, da hier die Prozessionen durchzogen.

Der Südflügel besaß keine besondere Funktion; von hier aus erreichte man über eine kleine Treppe das Plateau, auf dem der Tempel der Athene Nike stand.

Zwei Seitenflügel mit fassadenartiger Gestaltung der Frontseiten aus dorischen Säulen grenzten einen rechteckigen, auf drei Seiten geschlossenen Platz ab; der nördliche Flügel wurde Pinakothek genannt, weil die Wände voller Bilder hingen.

Die Propyläen wurden von 437 bis 432 v.Chr., als der Parthenon schon fertiggestellt war, vom Architekten Mnesikles erbaut und erstreckten sich über den gesamten westlichen Abhang der Akropolis; die Toranlage war ein technisch kühner Bau mit einem Marmordach, das auf langen monolithen, durch Eisenstangen verstärkten Balken auflag.

▲ Zugang zur Akropolis und den Propyläen.

◄ Plan der Akropolis (aus: M. Torelli, Th. Mavrojannis 1997).

Das Heiligtum der Nike – Personifikation des Sieges, die später auf Athene überging – lag schon in früher Zeit auf vorgeschobener, westlicher Bastion der Akropolis und sollte an dieser schwer zu verteidigenden Stelle Schutz vor Überfällen garantieren.

Vier ionische Säulen schmückten die Front der beiden Vorhallen; über dem Architrav lag ein umlaufender Figurenfries mit Kampfszenen auf drei Seiten und einer Götterversammlung an der Ostseite, über dem Eingang.

Die Cella, deren Eingang von zwei Pilastern gerahmt war, bestand aus einem einzigen Raum und beherbergte die Kultstatue der Göttin, die in den Quellen als Nike Apteros, als flügellose Siegesgöttin, beschrieben wird – Ausdruck der Hoffnung, sie werde Athen nie verlassen.

Der Plan des Kallikrates für den Bau des kleinen Tempels lag schon 448 v.Chr. vor, also vor dem Bau des Parthenon, er wurde jedoch erst in den 20er Jahren des 5. Jh. v.Chr. errichtet, in die die erste Waffenruhe im Peloponnesischen Krieg fiel.

Archäologische Grabungen vor dem 2. Weltkrieg (damals wurde der Tempel zur Befestigung der Bastion fast vollständig abgebaut) legten ein Votivdepot mit Opferresten und Terrakotta-Statuetten und Ruinen eines archaischen Vorgängerbaus frei.

▲ Tempel der Athene Nike.

Da der Nike-Tempel auf einer sehr exponierten Stelle stand, wurde er 410 v. Chr. mit einer Balustrade aus weißem Marmor umgeben, die eine doppelte Funktion hatte: die Gläubigen zu schützen und den Bezirk des Heiligtums einzugrenzen.

Die den Nike-Bezirk einfriedende Balustrade bestand aus Marmorplatten mit einem Figurenrelief, dass die Prozession von Niken darstellte.

Die Sandalenlösende Nike *ist die bekannteste unter den Nikefiguren der Brüstung. Unter dem wie nass anliegenden, dünngefältelten Chiton zeichnet sich der mädchenhafte Körper der Göttin ab, der auch vom darüber liegenden schweren* Himation *nicht verdeckt wird. Die Anmut der Göttin löst hier die Strenge älterer Götterfiguren ab.*

▲ *Sandalenlösende Nike*, Balustrade des Nike-Tempels, Athen, Akropolis-Museum.

Der Begriff »Parthenon«, unter dem der Tempel der Athene Parthenos bekannt und seit dem 4. Jh. v. Chr. bezeugt ist, bezog sich ursprünglich nur auf den hinter der Cella liegenden Raum, wo Kultgegenstände und Votivgaben aufbewahrt wurden und in dem sich die Jungfrauen versammelten, um den Peplos *der Göttin zu weben.*

Alle 92 Metopen des Außenfrieses, die beiden Giebel und der 160 m lange Fries, der innerhalb der Ringhalle die Cella umschloss, waren mit Skulpturenschmuck versehen. Auf diesem Parthenonfries war die Prozession der Athener zum Panathenäenfest dargestellt.

▲ Parthenon, 447 bis 432 v. Chr., Akropolis.

Der Parthenon war ein dorischer Tempel mit 17 Säulen an den Längsseiten und acht an den Schmalseiten. Die Frontseiten mit den doppelten Säulenreihen stellten eine Neuerung der dorischen Architektur dar, die Iktinos nach dem Vorbild der großen Tempel in Ionien eingeführt hatte.

Die Cella war nicht traditionell durch zwei Säulenreihen in drei Schiffe unterteilt, sondern war von einer hufeisenförmigen, zweigeschossigen Säulenstellung gerahmt, die das Kultbild der Göttin, die Kolossalstatue aus Goldelfenbein des Phidias, hinterfing und so besonders zur Geltung brachte.

Im Westgiebel war der Streit zwischen Athene und Poseidon um die Vorherrschaft in Attika dargestellt, flankiert von den mythischen Heroen der Region. Personifikationen der attischen Flüsse in den Giebelenden gaben der Szene einen geografischen Rahmen.

Der Bildschmuck des Ostgiebels widmete sich der Geburt der Athene aus dem Kopf des Zeus in Gegenwart der Hauptgottheiten des Olymp. Die Giebelecken füllten Lenker und Rosse, Personifikationen von Sonne und Mond auf ihren Wägen.

In einem Raum hinter der Cella, der nur durch einen Eingang auf der Westseite zugänglich war, wurde der Schatz der Göttin aufbewahrt.

A–C. Wagen des Helios
D. Dionysos
E–F. Demeter und Persephone
G. Artemis
H. Poseidon
K–M. Hestia, Dione, Aphrodite (?)
N–O. Selene (oder Nyx)
a–c, i–k. mutmaßliche Gruppen (Ares und Iris, Hermes und Amphitrite ?)
d. Hephaistos
e. Hera
f. Zeus
g. Athene

A. »Ilyssos«
B–F. Kekrops und Söhne
G. Nike
H. Hermes
I–K. Triton (?)
L. Athene
M. Poseidon
N. Iris
O. Amphitrite
P. weibliche Figur mit zwei Kindern, Orythia (?)
Q–U. diverse attische Heroen

▲ Rekonstruktion des Ost- und Westgiebels des Parthenons, (aus: S. Settis 2002).

Der Hauptkörper des Tempels war ein rechteckiger Bau mit sechs ionischen Säulen an der östlichen Frontseite und einer mit Halbsäulen geschmückten Rückwand mit Fenstern und einer kleinen Tür.

Der Ostteil des Tempels war der Athene Polias geweiht und beherbergte die älteste Statue der Göttin, von der man glaubte, sie sei vom Himmel gefallen; im Westteil wurde Poseidon verehrt, der sich einst mit Athene um den Besitz von Attika stritt.

Am Kernbau des Erechtheion waren im Norden und Süden zwei Vorbauten angefügt; der nördliche Portikus mit sechs ionischen Säulen bildete eine Art Baldachin über der Felsscharte, die Poseidon mit seinem Dreizack geschlagen haben soll.

Durch eine Tür in der Rückwand hatte man Zugang zum Heiligtum der Pandrosos, einer der Töchter des Kekrops, des mythischen Königs von Attika; hier soll auch der Olivenbaum gestanden haben, den Athene dem König geschenkt haben soll, um Poseidon zu schlagen.

Das Erechtheion hat einen unregelmäßigen Grund- und Aufriss, der sowohl durch das Niveaugefälle des Standorts als auch durch die Notwendigkeit, unterschiedliche Kulte in dem Gebäude zu vereinen, bedingt ist.

Die südliche sog. Korenhalle wurde von sechs Karyatiden getragen, weibliche Statuen im dorischen Peplos, *die vermutlich die Töchter des Kekrops darstellen, dessen Grab an dieser Stelle gelegen haben soll.*

▲ Erechtheion, 420 bis 406 v.Chr, Akropolis.

»Ich habe noch nie vor Männern Angst gehabt, die in der Mitte ihrer Städte Plätze angelegt haben, auf denen sie sich versammeln, um Eide zu schwören und sich dabei zu belügen.« (Herodot)

Agora von Athen

Chronologie
Anfang 6. Jh. v. Chr.: erste öffentliche Gebäude
Ende 6. Jh. v. Chr. / Anfang 5. Jh. v. Chr.: Errichtung zahlreicher städtischer Bauten *(Helieia,* altes *Bouleuterion, Metroon, Stoa Basileios).*
Um 460 v. Chr.: Wiederaufnahme der Bautätigkeit *(Tholos, Stoa Poikile).*
430–400 v. Chr.: *Stoa* des Zeus, Süd-*Stoa*, neues *Bouleuterion,* Denkmal der eponymen Heroen, Münzstätte).
338–326 v. Chr.: Tempel des Zeus, der Athene und des Apollon.

Siehe auch
Politische Institutionen, Gerechtigkeit und Gerichte, Ostrakismos, Tempel und Sakralbauten, Versammlungsgebäude, Öffentliche Gebäude für Bankette, Säulenhallen, Wasserläufe und Aquädukte

Die Agora als Zentrum des politischen und wirtschaftlichen Lebens war eine Erfindung der Griechen. Dank vieler Ausgrabungen sind Entwicklung und Funktionen der Agora von Athen gut bekannt. Das Areal, das ursprünglich eine Begräbnisstätte war, wurde in der 2. Hälfte des 6. Jh. v. Chr. für die öffentliche Nutzung erschlossen. Im 6./5. Jh. v. Chr. ließen sich alle wichtigen städtischen Institutionen an der Westseite nieder: das *Bouleuterion,* in dem sich der Rat der Fünfhundert versammelte, die *Tholos,* wo die Prytanen ihren Sitz hatten, das Heiligtum der Kybele *(Metroon),* in dem sich das öffentliche Archiv befand, die *Stoa Basileios,* wo die geltenden Gesetze ausgestellt waren, und das Monument der eponymen Heroen mit den öffentlichen Verlautbarungen. In der Mitte des Platzes fand einmal im Jahr die Versammlung der Bürger statt, um über einen Ostrakismos zu entscheiden. Die Agora war gesäumt von Säulenhallen und anderen Örtlichkeiten, wo Händler ihre Geschäfte oder Handwerker ihre Werkstätten unterhielten, z. B. die Werkstätten für Metallbearbeitung am Tempel des Hephaistos und für Marmorarbeiten an den Hängen des Areopags. Die Agora war auch ein sakraler Raum. Da sie von der *Via sacra,* auf der die Prozession der Panathenäen zur Akropolis hochzog, durchquert wurde, lagen hier die Tempel der am meisten verehrten Gottheiten. Die heiligen, durch Grenzsteine markierten Bereiche durften nicht von Personen betreten werden, die sich der Gottlosigkeit schuldig gemacht hatten.

► Grenzstein der Agora von Athen mit Inschrift: »Ich bin die Grenze der Agora«, Ende 6. Jh. v. Chr.

1. Tempel des Hephaistos
2. Altes Bouleuterion
3. Neues Bouleuterion
4. Tholos
5. Strategeion
6. Aiakeion
7. Süd-Stoa
8. Südöstlicher Brunnen
9. Münze
10. Straße der Panathenäen
11. Tribunal
12. Stoa Poikile
13. Altar der Zwölf-Götter
14. Stoa Basileios

▲ Rekonstruktion der Agora von Athen zu Beginn des 4. Jh. v. Chr.

Die Metopen stellten Taten des Herakles und des Theseus (weshalb der Tempel auch Theseion genannt wurde) dar, die Figuren auf dem fortlaufenden Fries des Pronaos *und des* Opisthodomos *Szenen aus dem Kampf gegen die Kyklopen und der Kentauromachie.*

Der Bau, ein dorischer Peripteros mit sechs Säulen an den Schmalseiten und 13 an den Langseiten, bestand aus Marmor; das Innere der Cella war hufeneisenförmig von doppelstöckigen dorischen Säulenreihen eingefasst.

Der Tempel, dem Hephaistos und der Athene Ergane geweiht, den Patronen der Handwerker und der Handarbeiter, stand auf dem Kolonos Agoraios, dem Hügel der die Agora westlich begrenzte.

Um den Tempel konzentrierten sich die Metallwerkstätten, und auf dem Hügel trafen sich im Morgengrauen die Tagelöhner in Erwartung einer Arbeit, die deshalb Kolonetai *genannt wurden.*

Der Tempel verdankt seinen guten Erhaltungszustand der Tatsache, dass er seit dem 7. Jh. n. Chr. als christliche Kirche genutzt wurde und so von Plünderungen verschont blieb.

▲ Tempel des Hephaistos, 450–525 v. Chr.,

Das Monument, das die Peisistratiden errichten ließen und das nach dem Nikias-Frieden von 421 v.Chr. erneuert wurde, lag an der nordwestlichen Begrenzung der Agora, nahe der Via sacra.

Der Altar galt als die Mitte der Stadt, auf den Meilensteinen ist er als Punkt vermerkt, von dem aus die Entfernungen von Athen zu den angrenzenden Orten wie zum Hafen von Piräus und zu den andern Poleis gemessen wurden.

Die Balustrade bestand aus Kalksteinplatten, die durch Wandpfeiler getrennt waren; einige von ihnen trugen Bildschmuck. Der Boden des Innenraums war mit vulkanischem Gestein von der Insel Poros geplastert.

Vom Altar ist nur eine Kante der äußeren Umzäunung erhalten geblieben und der Sockel einer vorgelagerten Statue, die laut einer Inschrift ein gewisser Leagros den Zwölf-Göttern geweiht hatte.

▲ ► Rekonstruktionszeichnung des Altars der Zwölf-Götter, um 520 v.Chr.

»Was innerhalb der Mauer des Heiligtums ist, zu beschreiben, hat der Traum mir verboten, und den Nichteingeweihten, die vom Zuschauen ausgeschlossen sind, ist also nicht einmal das zu erfahren gestattet.« (Pausanias)

Eleusis

Lage
Attika, am Saronischen Golf, gegenüber der Insel Salamis

Chronologie
15. Jh. v. Chr.: erste Nachweise des Kultes
Anfang 6. Jh. v. Chr.: Bau des ersten Telesterions mit rechteckigem Grundriss an der Stelle eines alten mykenischen Tempels; eine robuste Rundmauer umgibt das Heiligtum; später von Kimon, Perikles und Lykurg erneuert und erweitert
525 v. Chr.: Neubau des Telesterions mit quadratischem Grundriss
445 v. Chr.: Auftrag an Iktinos für einen Neubau des Telesterions
4. Jh. v. Chr.: Das Telesterion erhält sein endgültiges Aussehen.

Siehe auch
Demeter und Persephone, Mysterienreligionen

► Karyatide der Kleinen Propyläen mit mystischem Korb, 1. Jh. v. Chr., Eleusis, Archäologisches Museum.

Die heutige Anlage des Heiligtums von Eleusis mit den Propyläen und der großen Esplanade, gerahmt von Triumphbögen, stammt aus römischer Zeit, als der Ort eine Blütezeit erlebte und sich sogar Kaiser in die Mysterien der Demeter und Persephone einweihen ließen. Der Kult von Eleusis ist jedoch älteren Ursprungs. Im 7. Jh. v. Chr. festigte Athen seine politische Herrschaft über das Heiligtum, sicherte aber den Eleusiniern das Vorrecht zu, das höchste priesterliche Amt Mitgliedern der örtlichen Familie der Eumolpiden zu übertragen. Alljährlich im Herbst nahmen die Athener in großer Zahl an den Großen Mysterien teil. Nachdem der *Hierophant* (der Kultpriester, der die heiligen Gegenstände zeigt) die Gläubigen, die die griechische Sprache beherrschen und frei von Blutschuld sein mussten, zu den Mysterien eingeladen und die Kandidaten ein rituelles Bad im Meer genommen hatten, setzte sich die Prozession zu dem 20 km entfernten Heiligtum in Bewegung. Nach der nächtlichen Ankunft der Gläubigen in Eleusis wurde der Kult mit Gesängen, Gebeten, Opfern, Fasten und szenischen Aufführungen fortgesetzt. In den beiden folgenden Nächten fand im Telesterion, das Herz des Heiligtums, die Einweihung der neuen Adepten, der Mysten, statt. Anschließend nahm das Fest einen öffentlicheren Charakter an; es schloss mit der Versammlung des Senats, dem die Beendigung der Feiern und das Urteil über eventuelle Verstöße oblag.

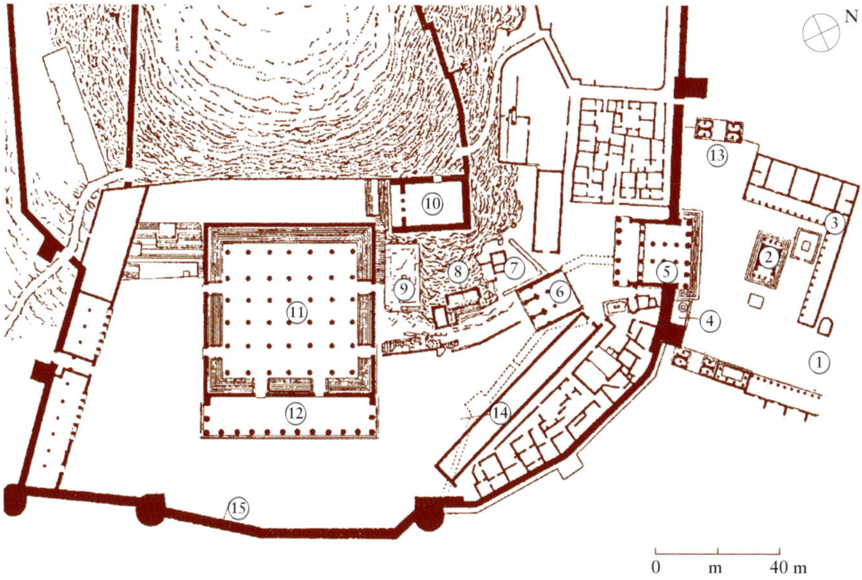

1. Via sacra
2. Tempel der Artemis
3. Stoa
4. Kallichoros-Brunnen
5. Große Propyläen
6. Kleine Propyläen
7. Heiligtum des Hades
8. Exedra
9. Tempel aus römischer Zeit
10. Tempel F
11. Telesterion
12. Säulenhalle des Philon
13. Bouleuterion
14. Getreidespeicher
15. Mauer

▲ Plan des Heiligtums von Eleusis (aus: M. Torelli, Th. Mavrojannis 1997).

Aus der Felskluft des Hades-Heiligtums stieg dem Mythos zufolge Hades aus der Unterwelt empor, um Persephone zu rauben.

Vor dem Hades-Heiligtum ließ Appius Claudius Pulcher um 50 v.Chr. die Kleinen Propyläen errichten. Zwei Karyatiden an der Stirnseite flankierten den Eingang zum inneren Bereich des Heiligtums.

▲ Felsen von Eleusis, Hades-Heiligtum und Kleine Propyläen.

Das Telesterion war das Herz des Heiligtums von Eleusis, aber kein gewöhnlicher Tempel zur Beherbergung der Kultstatue. In ihm fanden die Initiationsriten statt, er musste daher eine große Zahl von Personen aufnehmen und die Geheimhaltung der Riten gewährleisten können.

Die besonderen kultischen Funktionen des Baus stellten viele Architekten auf die Probe, was auch die zahlreichen Erneuerungen und Erweiterungen erklärt, die vom 6. Jh. v. Chr. bis in die hellenistische Zeit vorgenommen wurden.

Die ambitionierteste Erneuerung, auf die im Wesentlichen die jetzige Anlage zurückgeht, erfolgte auf Veranlassung des Perikles durch Iktinos, den Architekten des Parthenons.

Iktinos konzipierte einen quadratischen Bau für 3000 Gläubige, mit 50 m Seitenlänge und einer umlaufenden 8-stufigen Treppe.

Die Decke, mit einem zentralen Oberlicht, wurde von nur 20 Säulen getragen, die in zwei konzentrischen Kreisen mit einem Abstand von 10 m angeordnet waren, um den Innenraum möglichst frei zu halten.

Nach dem Tod des Perikles wurde der kühne Plan des Iktinos teilweise aufgegeben. Die Architekten, die den Bau im 4. Jh. v. Chr. zu Ende führten, füllten den Innenraum mit einem in sieben Reihen angeordneten Wald aus 42 Säulen.

▲ Telesterion.

Nach dem Mythos sank Demeter an diesem Brunnen nach der langen Suche nach ihrer Tochter Persephone erschöpft nieder. Die Töchter des Königs Keleos, die hier Wasser schöpften, boten ihre Hilfe an.

Der Brunnen Kallichoros (zu den »schönen Tänzen«) war eine der heiligen Stätten von Eleusis; der Name geht vermutlich auf die rituellen Tänze zurück, die hier am 7. Tag der Großen Mysterien zu Ehren der Rückkehr der Persephone aus dem Hades stattgefunden haben sollen.

Der Brunnen, mit einer Umrandung aus Stein versehen, stammt aus dem 5. Jh. v. Chr. Zum Kultort wurde er aber vor allem in römischer Zeit, nachdem Antoninus Pius die Großen Propyläen nach dem Vorbild des Mittelbaus der Propyläen auf der Akropolis als Zugang zum Heiligtum hatte errichten lassen.

▲ Kallichoros-Brunnen.

»In Aigina befindet sich am Wege zum Berg des panhellenischen Zeus ein Heiligtum der Aphaia, auf die auch Pindar den Aigineten ein Gedicht gemacht hat.« (Pausanias)

Ägina

Auf der Insel Ägina wurde seit frühester Zeit die Fruchtbarkeitsgöttin Aphaia verehrt, die auch mit der olympischen Göttin Athene identifiziert wurde. Von 510 bis 500 v. Chr. errichtete man hier aus dem regionalen grauen Kalk einen Tempel, dessen Skulpturenprogramm für die griechische Kunst von großer Bedeutung ist. Am Figurenschmuck der beiden Giebel, ausgeführt im Abstand von etwa 20 Jahren, lässt sich wie an keinem anderen Bau der Übergang vom spätarchaischen zum frühklassischen Stil, dem »strengen Stil«, verfolgen. Die Entdeckung der Skulpturen 1811 löste eine heftige Diskussion in der Fachwelt aus, weil einige der Figuren noch Spuren von roter und blauer Farbe aufwiesen. Eine der ersten hypothetischen Rekonstruktionen der Polychromie des Westgiebels nahm zu Beginn des 20. Jh. der Kunsthistoriker Adolf Furtwängler vor. Obwohl die radikale Restaurierung durch den Bildhauer Thorwaldsen im 19. Jh. zur völligen Zerstörung der Farbschicht geführt hatte, konnte mit Hilfe moderner Technologien wie der Infrarot-Reflektografie das ursprüngliche Farbspektrum der Skulpturen rekonstruiert werden. Dabei hat sich gezeigt, dass außer Blau und Rot auch Grün und Gelb verwendet worden waren. Bedenkt man, dass auch die Waffen und Ornamente eine Beschichtung aus vergoldeter Bronze besaßen, was durch Spuren in den Befestigungslöchern gesichert ist, so kann man von einer leuchtenden Polychromie des gesamten Bildschmucks ausgehen.

Lage
Insel der Ägäis im Saronischen Golf, auf halber Höhe zwischen Attika und Argolis

Chronologie
Mitte 7. Jh. v. Chr.: erstes Kultgebäude
6. Jh. v. Chr.: zweiter Tempel der Aphaia
Um 510 v. Chr.: letzte Erneuerung des Tempels der Aphaia
Um 500 v. Chr.: Skulpturen des Westgiebels
Um 485 v. Chr.: Skulpturen des Ostgiebels, vielleicht als Ersatz eines durch ein Erdbeben zerstörten Giebels

Siehe auch
Athen, Tempel und Sakralbauten

◀ Tempel der Aphaia, Mauer der Cella innerhalb der Peristasis.

Der Tempel, ein dorischer Peripteros, errichtet an abgeschiedener Stelle an der Südspitze der Insel, war 28,81 x 13,77 m lang, besaß sechs Säulen an der Schmalseite und zwölf an der Längsseite.

Da der Tempel ganz aus lokalem grau-blauem Kalkstein bestand, wurden, um die Porosität des Materials zu verdecken, die Säulen mit hellem Stuck verkleidet.

Die Cella entsprach mit Pronaos *und* Opisthodomos *und je zwei Säulen zwischen den* Anten *dem klassischen Typus.*

► Tempel der Aphaia.

Obwohl der Bau nur wenig über 6 m breit war, ein Maß, das für ein einfaches Gebälk geeignet war, wurde die Cella durch zwei doppelgeschossige Säulenreihen in drei Schiffe unterteilt; die Säulen erfüllten demnach vermutlich eine mehr dekorative als tektonische Funktion.

Das Figurenprogramm beider Giebel war dem Kampf zwischen Griechen und Trojanern gewidmet. Auf dem Westgiebel wurde Aias, der äginetische Heros und Sohn Telamons, verherrlicht.

Im Zentrum der Gruppe steht die bewaffnete Athene, Schutzgöttin der Ägineten.

Zu beiden Seiten der Göttin sind, symmetrisch angeordnet, Zweikämpfe mit Siegern und Verwundeten dargestellt. Keine der Figuren überragt in ihrer Größe eine andere, eine Besonderheit dieser Skulpturen.

Vom aufrechten Stehen der Göttin bis zu den sich neigenden Kämpferpaaren akzentuieren und füllen die Figuren durch ihre Haltungen das Giebelformat und sind noch ganz im Sinne der spätarchaischen Formensprache als Einzelfiguren begriffen.

▲ Westgiebel des Aphaia-Tempels, um 500 v.Chr., München, Glyptothek.

Der kniende Bogenschütze links von Athene stellt vermutlich den Trojaner Paris dar.

Skythenmütze und Kasack waren ursprünglich gelb, der eng anliegende Anzug war mit einem aus grünen, blauen, gelben und roten Rauten bestehenden Muster überzogen. Auf der zeitgenössischen Keramik sind ähnliche Bekleidungsstücke oft zu sehen; sie kennzeichnen die persischen Bogenschützen.

▲ ► *Paris* (Bogenschütze),
Westgiebel des Aphaia-Tempels, und
Gipsabguss mit rekonstruierter Polychromie,
München, Glyptothek.

Athene trägt über dem Gewand eine Ägis aus einem mit Schlangen gesäumten Fell.

Die Ursprungsfarben des Gewands sind fast völlig verschwunden, dennoch war es möglich, das Mäandermotiv auf dem Band und das Ornamentmotiv auf der Ägis zu rekonstruieren.

▲ ► *Athene,*
Westgiebel des Aphaia-Tempels, und Gipsabguss mit rekonstruierter Polychromie, München, Glyptothek.

Die Rekonstruktion der Polychromie mildert das harte, metallische Erscheinungsbild der Statuen, das oft beanstandet wurde.

Im Ostgiebel stand der Zug des Telamon, der Vater des Aias, im Zentrum der Bildlegende.

Herakles, der hockende Bogenschütze, ist am Helm in Form eines Löwenkopfes zu erkennen. Im Unterschied zur Parisfigur aus dem Westgiebel wendet er sich nicht den Giebelecken, sondern der Bildmitte zu.

Thema des Ostgiebels war der erste Kriegszug gegen Troja, der von Herakles angeführt wurde; dieser mythische Zug richtete sich gegen den trojanischen König Laomedon, den Vater des Priamos, der Herakles den verdienten Lohn für die Tötung des Meerungeheuers versagt hatte.

Die wenigen erhaltenen Skulpturen erlauben keine gesicherte Rekonstruktion des Bildprogramms; vermutlich beherrschte auch hier Athene die Szene; sicher ist, dass die Aktionen der Figuren auf die Bildmitte ausgerichtet und stärker in die Gesamtkomposition integriert waren.

Analogien zwischen den beiden Giebeln (die zwei Kriegszüge, Telamon und Aias, Athene als zentrale Gestalt) zeigen, dass sie Teil eines einheitlichen Figurenprogramms waren; dass der Ostgiebel stilistisch jüngeren Datums ist, lässt sich wahrscheinlich auf einen späteren Ersatz beschädigter Skulpturen zurückführen.

▲ *Bogen spannender Herakles,* Ostgiebel des Aphaia-Tempels, München, Glyptothek.

»Darin ist ein sehenswerter Tempel des nemeischen Zeus, nur war das Dach eingestürzt und kein Kultbild mehr vorhanden. Um den Tempel befindet sich ein Zypressenhain.« (Pausanias)

Nemea

Lage
In der Mitte der Peloponnes, in der Argolis, in einem Tal auf halber Strecke zwischen den Städten Phlius und Kleonai

Chronologie
573 v. Chr.: Beginn der nemeischen Spiele und Bau des ersten Zeus-Tempels
1. Hälfte 5. Jh. v. Chr.: Bau der Schatzhäuser
415–410 v. Chr.: Zerstörung des Heiligtums und Verlegung der Spiele nach Argos
330 v. Chr.: Wiederaufbau des Heiligtums (Zeus-Tempel, Xenon, Häuser, Badeanlage, Stadion) und Wiederaufnahme der panhellenischen Spiele
271 v. Chr.: endgültige Einstellung der nemeischen Spiele und Aufgabe des Heiligtums

Siehe auch
Skopas, Sport, Stadien und Hippodrome

Seit 573 v. Chr. fanden in Nemea im Abstand von zwei Jahren Spiele statt, die zwar nicht die Bedeutung der anderen panhellenischen Spiele besaßen, dennoch war das Heiligtum nach seinem Wiederaufbau 330 v. Chr. (es war im Peloponnesischen Krieg zerstört worden) ein für sportliche Wettkämpfe bestens geeigneter Ort; es besaß einen Zeus-Tempel, vermutlich nach einem Plan des Skopas errichtet, und eine Reihe von Schatzhäusern. Diese waren nicht für Votivgaben bestimmt, sondern dienten wahrscheinlich als Lagerräume, als Sitz auswärtiger Delegationen oder als Versammlungsorte. Im gesamten heiligen Bezirk gab es Gebäude zum Wohnen bzw. für die Beherbergung von Gästen. Während der Spiele lebten die Athleten in einem großen zweistöckigen Gästehaus, dem *Xenon*, mit Wohnungen und einer Feuerstelle zum Kochen; für die örtlichen Priester und die Wettkampfrichter, die *Hellanodikai*, waren einige Häuser, die zum Heiligtum gehörten, reserviert. Eine angrenzende öffentliche Badeanlage, ausgestattet mit Schwimmbecken und großen Wannen, sorgte für gute hygienische Bedingungen. Die für den Sport bestimmten Bauten befanden sich hingegen außerhalb des Heiligtums: das Stadion mit den Stufenreihen für die Zuschauer und den Startvorrichtungen, die Kampfrichter-Tribüne und die Umkleideräume, die mit dem Stadion durch einen gewölbten Gang verbunden waren, durch den die Athleten ohne Kontakt mit den Zuschauern zur Wettkampfbahn gelangen konnten.

► Krypta des Zeus-Tempels, vielleicht Sitz eines örtlichen Orakels.

1. Zeus-Tempel
2. Zeus-Altar
3. Schatzhäuser
4. Xenon
5. Häuser der Schiedsrichter
6. Badeanlage

▲ Plan des Zeus-Heiligtums
(aus: M. Torelli, Th. Mavrojannis 1997).

Die Sportanlage von Nemea besaß einen Zugangstunnel für die Athleten, der ihnen einen grandiosen Einzug ins Stadion gestattete und für sie gleichzeitig ein Ort der Konzentration war, da sie nicht die Zuschauermenge durchqueren mussten.

Unterführungen wie diese gab es auch in anderen Stadien aus frühhellenistischer Zeit, z. B. in Epidauros, und auch im alten Stadion von Olympia wurde ein Tunnel in diesen Jahren angelegt.

Der Tunnel wurde unter einem Erdwall neben den Wettkampfbahnen ausgehoben; er war 35 m lang und mit einem Steingewölbe ausgekleidet.

▲ Zugangstunnel zum Stadion.

Auf den Wänden des Tunnels sind einige Graffiti von Athleten erhalten geblieben; sie preisen die eigene Schönheit und Tüchtigkeit oder die ihrer Kameraden und beschwören Siege oder erinnern an solche.

In einer der Inschriften behauptet ein gewisser Teletas: »Ich werde siegen!« Es gab einen Athleten aus Sikyon mit diesem Namen, der als Faustkampf-Sieger in der Kategorie »Jungen« in Olympia im Jahr 340 v. Chr. für das Heiligtum eine Statue stiftete, ein Werk des Silanion.

»Der Architekt Theodotos erhielt für das ganze Jahr ein Honorar in Höhe von 353 Drachmen ... Timotheos erhielt den Auftrag zur Ausführung und Lieferung der Modelle, für 900 Drachmen.«
(Inscriptiones Graecae)

Epidauros

Das Heiligtum des Asklepios erlangte erst im 4. Jh. v. Chr. baugeschichtliche Bedeutung, als es sich im Zuge der feierlichen Kulte des Gottes zu einer Wettkampfstätte für Sport, Musik und Theater entwickelte. Den Zugang zum Heiligtum bildeten monumentale Propyläen, die auf das von Mnesikles für die Akropolis von Athen entworfene architektonische Programm zurückgriffen. Das Herz des heiligen Bezirks war der kleine, aber kostbar geschmückte Tempel des Asklepios, dessen Cella ganz von der Kultstatue aus Gold und Elfenbein eingenommen wurde, einem Werk des Thrasymedes von Paros. Gegenüber dem Tempel stand die *Tholos*, deren Bestimmung geheimnisvoll bleibt. Um den Tempel herum gruppierten sich funktionale Gebäude (Säulenhallen, Gästehäuser, Bäder, Turnhallen, Bankettsäle) für die Kranken, die in der Hoffnung auf Heilung in das Heiligtum kamen, und für die Besucher der sportlichen Wettkämpfe. Den Verlauf der Bauarbeiten haben die Verwaltungsbeamten der heiligen Stätten regelmäßig kontrolliert und die laufenden Ausgaben registriert, sowohl die Aufträge für die Lieferung des Materials als auch die gezahlten Entgelte für die einzelnen Leistungen aufgelistet bzw. in Stein geritzt. Aus den Listen ist zu entnehmen, dass das jährliche Honorar, das der Architekt des Tempels, Theodotos, für die Leitung der Arbeiten erhielt, dem eines Arbeiters entsprach. Wesentlich besser bezahlt wurden dagegen die Modelle für die Akroteren von Timotheos.

Lage
Argolis, am Saronischen Golf

Chronologie
6. Jh. v. Chr.: Einführung des Kults des Asklepios aus Thessalien
380–375 v. Chr.: Bau des Asklepios-Tempels
360–330 v. Chr.: Bau der *Tholos*
Um 350 v. Chr.: Bau des Theaters
Ende 4. Jh. v. Chr.: Bau des Artemis-Tempels und des *Abaton* (Schlafsaal für die Kranken)

Siehe auch
Asklepios, Weissagung, Weihe- und Votivgaben, Medizin, Tempel und Sakralbauten

◄ Timotheos, *Nereide zu Pferd*, Akroter, Westfassade des Asklepios-Tempels, um 380 v. Chr., Athen, Archäologisches Nationalmuseum.

1. Propyläen
2. Säulenhalle
3. Abaton / Enkoimeterion
4. Asklepios-Tempel
5. Tholos
6. Artemis-Tempel
7. Palästra
8. Gymnasion mit Odeion
9. Badeanlage
10. Stadion

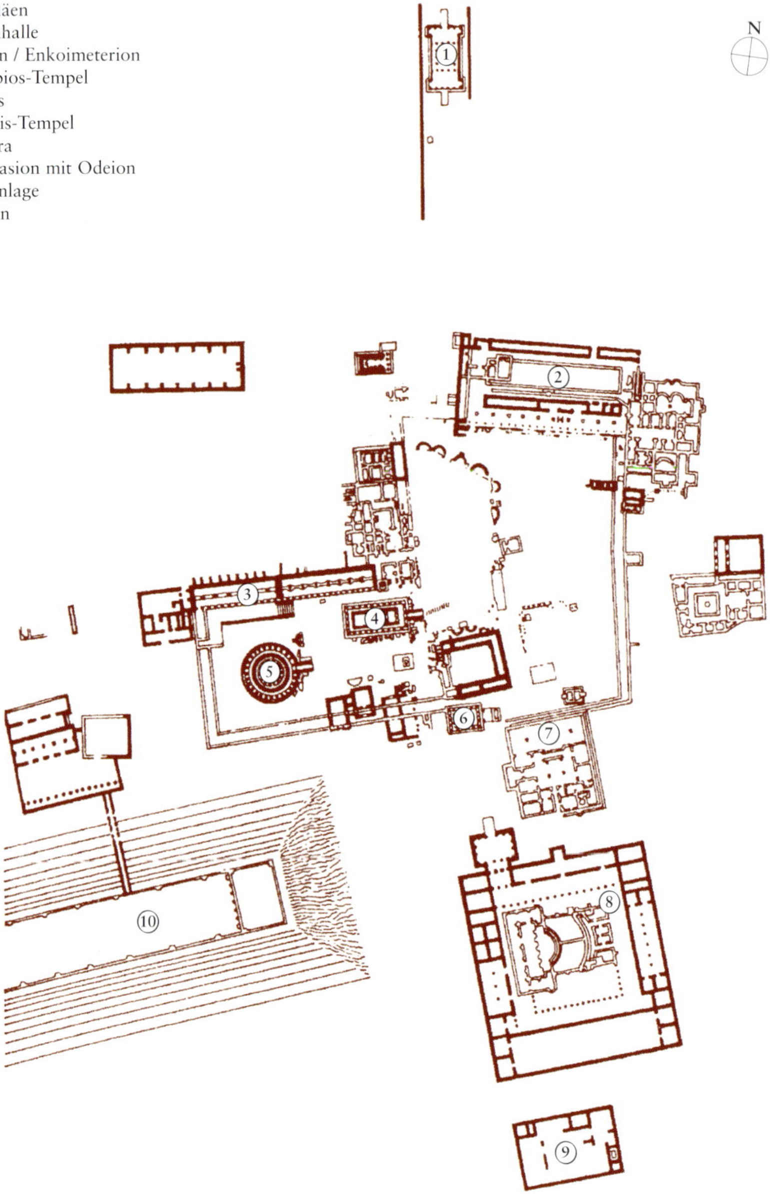

▲ Plan des Asklepios-Heiligtums
(aus: M. Torelli, Th. Mavrojannis 1997).

Aus den Berichten des Heiligtums geht hervor, dass die Tholos *von Polyklet d.J. von 360 bis 330 v.Chr. gebaut wurde.*

Hinter dem Tempel des Asklepios, auf einem künstlichen Hügel, erhob sich ein Rundbau mit einem Säulenkranz aus 26 dorischen Säulen, gekrönt von einem Fries mit Triglyphen und Metopen, geschmückt mit Kreuzblumen.

Um das konische Marmor-Dach zog sich eine mit Blattwerk geschmückte Rinne, die abwechselnd mit Löwenköpfen als Wasserspeier und mit Antefixen in Palmettenform bestückt war.

Der zentrale Raum des Gebäudes ruhte auf drei konzentrischen Ringen aus Steinblöcken mit Querwänden.

Die Funktion des Labyrinths unter der Cella wird kontrovers gedeutet; vielleicht wurden in den unterirdischen Korridoren die heiligen Schlangen des Asklepios gehütet.

▲ Ruine der *Tholos.*

Die Decke der äußeren Ringhalle und des inneren Rundgangs schmückten Marmorkassetten mit blattreichen Rosetten in ihrer Mitte.

Ein Kranz von 14 korinthischen Säulen verlieh dem Innenraum der Tholos *ein prunkvolles Aussehen. Da die* Tholos *in den Bauinschriften auch* Thymele *(»Opferplatz«) genannt wird, scheint die kultische Bestimmung des Gebäudes sicher. Es ist denkbar, dass die* Thymele, *wie die* Tholos *in Delphi aus gleicher Zeit, ein* Heroon *war, ein Grabdenkmal, das dem Asklepios oder einem anderen örtlichen Heros geweiht war.*

▲ Detail der Kassettendecke der *Tholos*, Epidauros, Archäologisches Museum.

► Bronzetten von Pferd und Reiter, aus Olympia, Ende 7. Jh. v. Chr., Olympia, Archäologisches Museum.

»Es gibt bei den Griechen auch sonst mancherlei Staunenswertes zu sehen und zu hören; am meisten Fürsorge von Gott erhalten aber die Weihehandlungen in Eleusis und der Wettkampf in Olympia.« (Pausanias)

Olympia

Wie archäologische Ausgrabungen belegen, wurde das Heiligtum von Olympia seit dem 2. Jt. v. Chr. aufgesucht, hatte zunächst aber nur regionale Bedeutung. Dem Mythos nach begründete Pelops die Spiele und besiegte hier Oinomaos, den König von Elis, im Wagenrennen. Mit der Ausrichtung der Spiele seit dem 8. Jh. v. Chr. verbreitete sich der Ruf von Olympia über ganz Griechenland und setzte mit der Errichtung der ersten monumentalen Kultbauten eine rege Bautätigkeit ein: Am Ende des 7. Jh. v. Chr. wurde der Hera-Tempel gebaut, im 6. Jh. das Prytaneion und die Schatzhäuser, in denen die Städte ihre Votivgaben ablegten, und zu Beginn des 5. Jh. v. Chr. der Zeus-Tempel. Auch in den folgenden Jahrhunderten entstanden neue Bauwerke im Heiligtum und trugen Denkmäler und Statuen von Athleten und Gottheiten zu seiner Ausstrahlung bei. Jedoch fehlten lange Zeit Gebäude für die Athleten und Zuschauer der olympischen Spielen, sodass diese während ihres Aufenthalts eine Reihe von Unannehmlichkeiten in Kauf nehmen mussten. Das Heiligtum bestand bis zum 4. Jh. n. Chr., bis das Dekret des Theodosius, das alle heidnischen Kulte verbot, auch das Ende der olympischen Spiele einleitete. Der allgemeine Niedergang des antiken Heiligtums wurde durch Erdbeben und Überschwemmungen des Alpheios und des Kladeos beschleunigt, schließlich ließen Erdrutsche des Kronios die Ruinen unter einer mehrere Meter hohen Erdschicht verschwinden.

Lage
Elis, in einer Ebene am Fuß des Berges Kronios, begrenzt von den Flüssen Alpheios und Kladeos

Chronologie
10. Jh. v. Chr.: erste Spuren des Kultes
776 v. Chr.: Beginn der Olympiaden
Ende 7. Jh. v. Chr.: Hera-Tempel
Mitte 6. Jh. v. Chr.: *Bouleuterion*
Anfang 5. Jh. v. Chr.: Stadion
470–456 v. Chr.: Zeus-Tempel
338 v. Chr.: Philippeion
330 v. Chr.: Leonidaion
394 n. Chr.: 293. und letzte Olympiade
5. Jh. n. Chr.: Die Werkstatt des Phidias wird zur christlichen Kirche.

Siehe auch
Agelades und Alkamenes, Phidias, Zeus und Hera, Sport

Am Hera-Tempel, dem ältesten Heiligtum, fanden alle vier Jahre, während der Heräen genannten Spiele Laufwettkämpfe für Mädchen statt. Die Distanz betrug 5/6 der Strecke der Männer. Es waren die einzigen Wettbewerbe, zu denen Frauen zugelassen waren.

Die Schatzhäuser in Form von Ädikula, die die kostbaren Votivgaben aus den griechischen Städten aufbewahrten, standen auf einer Terrasse am Fuß des Kronios. Die Namen der Städte, die Weihegaben spendeten, wurden in Lettern an jedem Gebäude angebracht.

Der Zeus-Tempel, nach einem Plan des Libon von Elis, war ein großer Peripteros aus Kalkstein, umkleidet mit bemaltem Stuck; die Metopen, die Giebel und die Ziegel des Dachs bestanden aus parischem Marmor, die Akroteren aus vergoldeter Bronze. Die Cella beherbergte die kolossale Zeusstatue aus Goldelfenbein des Phidias.

Die Werkstatt, in der Phidias am Koloss des Zeus arbeitete, entsprach in ihren Ausmaßen exakt denen der Cella, für die die Statue bestimmt war. Schon zuvor hatten sich in dem Gebiet Gießereien angesiedelt, in denen Statuen für das Heiligtum hergestellt wurden.

Das Leonidaion, genannt nach seinem Spender Leonidas von Naxos, war ein großes Wohnhaus mit Unterkünften und Bankettsälen, die für hochgestellte Persönlichkeiten und offizielle Besucher reserviert waren.

▲ Luftbild der archäologischen Ausgrabungsstätte von Olympia.

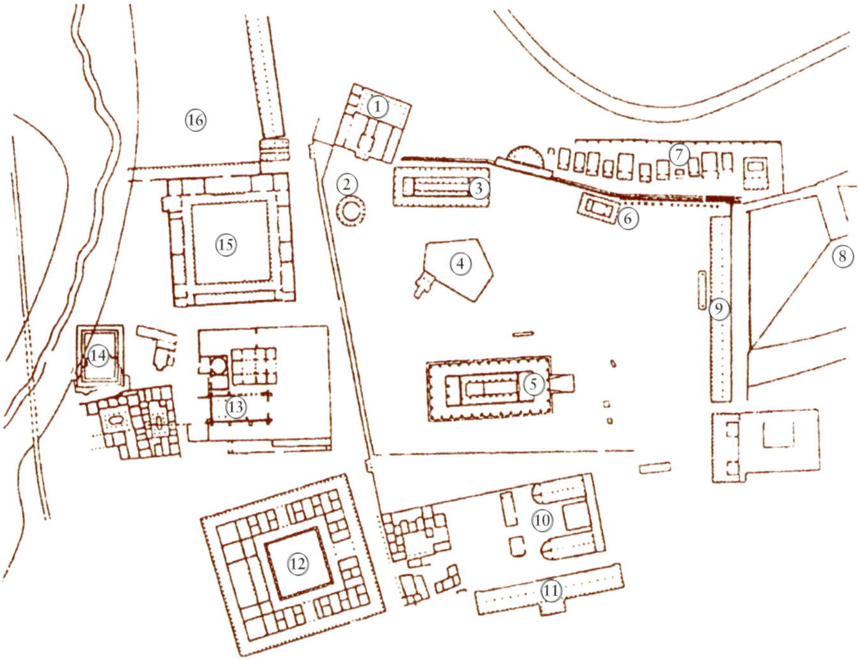

1. Prytaneion
2. Philippeion
3. Hera-Tempel
4. Pelopion
5. Zeus-Tempel
6. Metroon
7. Terrasse der Schatzhäuser
8. Stadion
9. Echohalle
10. Bouleuterion
11. Südliche Stoa
12. Leonidaion
13. Werkstatt des Phidias
14. Römische Thermen
15. Palästra
16. Gymnasion

▲ Plan des Zeus-Heiligtums (aus: *Archeo*, Nr.2, 2004).

Atlas überreicht Herakles die geraubten Äpfel aus dem Garten der Hesperiden; Athene und Herakles stützen das Dach der Welt.

Die Metopen an den Schmalseiten des Tempels waren den zwölf Arbeiten des Herakles gewidmet, die hier erstmals vollständig wiedergegeben wurden.

Auf dem Ostgiebel war die Vorbereitung der Wettfahrt zwischen Oinomaos, König von Olympia, und Pelops, dargestellt; auf dem Westgiebel der Kampf zwischen Kentauren und Lapithen auf der Hochzeit des Peirithoos.

Der Skulpturenschmuck wurde lange Zeit einem unbekannten »Meister von Olympia« zugeschrieben. Neue Untersuchungen sehen in Alkamenes den Schöpfer der Figuren am Westgiebel und in Agelades von Argos den des Bildprogramms der Metopen.

▲ *Herakles und Atlas,*
Metope des Zeus-Tempels, um 460 v.Chr.,
Olympia, Archäologisches Museum.

Das Philippeion ließ Philipp von Mazedonien erbauen, zur Erinnerung an seinen Sieg über die griechischen Poleis bei Cheironäa im Jahr 338 v. Chr.; es wurde nach seinem Tod von Alexander d. Gr. vollendet.

Der von 18 ionischen Säulen eingefasste Rundbau besaß kostbare Kassettendecken und eine reich geschmückte Cella, deren Innenwand neun korinthische Halbsäulen auf hohem Sockel zierten.

Im Innenraum ließ Alexander d. Gr. fünf Statuen aus Gold und Elfenbein von Leochares aufstellen: die Helden der makedonischen Dynastie.

Anlässlich der Olympiade von Athen 2004 beendete das Deutsche Archäologische Institut die Restaurierung eines Teils des Monuments und verwendete dabei ausschließlich antikes Material, einschließlich einiger Fragmente des architektonischen Schmucks aus den Berliner Museen.

▲ Philippeion.

»Von allen Tempeln in der Peloponnes muss man nach dem in Tegea wohl diesen am höchsten schätzen wegen der Schönheit des Steins und seiner genauen Zusammenfügung.« (Pausanias)

Bassai

Lage
Arkadien, bei dem Ort Phigalia

Chronologie
Der Kult des Apollon blühte im 5.Jh., der Entstehungszeit des Tempels, verblasste aber seit der 2.Hälfte des 4.Jh.v.Chr.

Siehe auch
Apollon, Tempel und Sakralbauten, Delphi, Akropolis von Athen

Anlass für den Bau des Tempels des Apollon Epikourios (»Helfer«) in Bassai (heute Vasses) war vermutlich die Pest, die 430 v.Chr. die Peloponnes heimsuchte und vor der man Schutz von den Göttern erflehte. Pausanias zufolge wurde der Tempel von Iktinos, dem Architekten des Parthenon, errichtet. Marmor verwendete er nur für die Kapitelle, den Fries und einige Kassettendecken, ansonsten bestand der Bau aus Kalkstein, der mit Stuck überzogen wurde. Der Grundriss stellt eine kühne Kombination aus archaischer Tradition und neuen Formen dar, die die Hand einer starken Architekten-Persönlichkeit verrät. Ein archaisches Element ist die stark gelängte Form des Tempels, vermutlich griff der Baumeister hier bewusst auf den Apollon-Tempel von Delphi zurück. Auf die attische Architektur der Zeit verweisen hingegen die schlanken Proportionen der Säulen und die weiten Interkolumnien, die eine Verlängerung der Außenumgänge zur Folge hatten. Die bedeutendsten Neuerungen kamen beim Bau der Cella zum Tragen: Der schmückende Fries lief nicht, wie üblich, entlang der Außen-, sondern der Innenwände. Auch die traditionelle Unterteilung des Innenraums in drei Längsschiffe durch Säulenpaare unterblieb hier; die Zungenmauern der Cella-Wand gingen direkt in kannelierte Rundsäulen über und bildeten Nischen. Eine Säule mit dem ersten korinthischen Kapitell stand am Übergang zum Adyton.

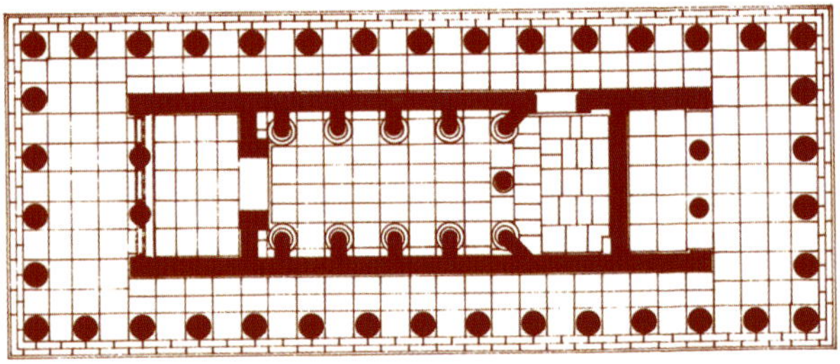

► Grundriss des Apollon-Tempels (aus: S. Lloyd, H. W. Müller, R. Martin 1972)

Der Tempel mit seiner langgestreckten Halle und den kurzen stämmigen Säulen mutet archaisch an. Die Cella ist mit Pronaos *und* Opisthodomos *mit zwei Säulen zwischen den* Anten *versehen.*

Die verwendeten Materialien führten zu einer Bedeutungshierarchie zwischen den Vorhallen des Tempels: Nur die Kassettendecke vor dem Pronaos *ist in Marmor ausgeführt und schafft auf diese Weise eine Art Vorraum.*

Die Struktur der Cella entspricht wahrscheinlich nicht dem ursprünglichen Plan, der vermutlich einen hinteren geschlossenen Raum für Weissagungsriten im Zusammenhang mit dem Apollon-Kult in Delphi vorsah und über eine Seitentür zugänglich war.

Nach der Entfernung der Rückwand wurden die beiden Räume der Cella verbunden und der Übergang mit zwei ionischen auf kleinen Quermauern ruhenden Halbsäulen versehen und dazwischen eine korinthische Säule gesetzt.

Diese korinthische Säule ist hier erstmals für die griechische Architektur bezeugt. Über ihren Schöpfer existieren verschiedene Auffassungen. Manche Historiker schreiben sie Iktinos, dem Architekten des Parthenons zu, den Pausanias auch als Urheber des Apollon-Tempels nennt.

▲ Apollon-Tempel in Bassai.

Der durchlaufende ionische Fries war innen, über den ionischen Säulen, angebracht, verlief also nicht wie üblich über dem Architrav und diente auch nicht der Bekrönung der Außenmauer der Cella wie beim Parthenon.

Von Achilleus tödlichem Stoß getroffen, sinkt Penthesilea, die Königin der Amazonen, zu Boden und streckt ihm im Sterben flehend eine Hand entgegen; eine ihrer Gefährtinnen eilt herbei.

Das Figurenprogramm auf dem westlichen Fries stellte die Kentaurenschlacht, das auf der Ostseite die Amazonenschlacht dar.

Wie in Beispielen der Vasenmalerei wird auch hier die Begegnung der Blicke von Achilleus und Penthesilea als zentrales Ereignis der Szene herausgestellt: eine Anspielung auf die Liebe, die zwischen beiden im Augenblick des Todes der Amazone aufflammt.

▲ *Achilles und Penthesilea,*
Ostfries des Apollon-Tempels, Ende 5. Jh. v. Chr.,
London, British Museum.

» ... da sie nicht in einer Stadt beisammen wohnen und keine kostbaren Tempel und Bauten haben, sondern nach altgriechischem Brauch dorfweise siedeln, so könnte Sparta eher armselig wirken.« (Thukydides)

Sparta

Sparta wurde um 900 v.Chr. durch den Zusammenschluss der Dörfer Limnai, Kynosoura, Mesoa und Pitane gegründet. Die Lage der Stadt in der weiten Ebene, am Fuß der Alten Burg, verlieh ihr einen »offenen« Charakter. Die Spartaner brüsteten sich lange Zeit, ohne Mauern auszukommen und errichteten erst nach der Niederlage gegen die Thebaner in Leuktra 371 v.Chr. eine Ringmauer. Seit dem 6.Jh. v.Chr. beherrschte der Tempel der Athene die Akropolis, ein Werk des vielseitigen spartanischen Architekten Gitiades, der den Bau mit Bronzeplatten bedecken ließ, weshalb die Göttin den Beinamen *Chalkioikos* (»vom Bronze-Haus«) erhielt. Von Gitiades stammte auch die Kultstatue und er schrieb sogar einen Hymnus für den Tag der Weihe. Die meisten öffentlichen Bauten lagen im Viertel Mesoa unterhalb der Akropolis; dort sind auch die Ruinen eines großen archaischen Rundbaus erhalten geblieben. Das wichtigste kultische Zentrum der Stadt war das Heiligtum der Artemis Orthia im Viertel Limnai in der Nähe des Flusses Eurotas. Die Votivdepots des Heiligtums, die zu Beginn des 20.Jh. ausgegraben wurden, dokumentieren eine Kontinuität des Kultes vom 9. bis zum 4.Jh. v.Chr. Der Fund enthielt eine Vielzahl von Tonstatuetten der Göttin und von Schnitzwerken aus Elfenbein und Knochen. Sparta galt als die bedeutendste Schule der Elfenbeinschnitzerei in Griechenland.

Lage
Lakonien

Chronologie
Um 900 v.Chr.: Gründung des Heiligtums der Artemis Orthia, mit einfachem, umzäuntem Altar im Freien
1.Hälfte 8.Jh. v.Chr.: Bau des ersten Tempels, aus Rohziegeln auf Steinsockeln, mit mittlerer Säulenreihe aus Holz
Um 600 v.Chr.: Bau des Tempels aus Stein mit Ziegeldach und Terrakotta-Schmuck
6.Jh. v.Chr.: Bau des Tempels der Athene Chalkioikos.

Siehe auch
Lykurg, Zeus und Hera, Athene, Aphrodite und Eros, Artemis, Tempel und Sakralbauten

◄ Marmorbüste eines spartanischen Kriegers, Akropolis von Sparta, um 480 v.Chr., Sparta, Archäologisches Museum.

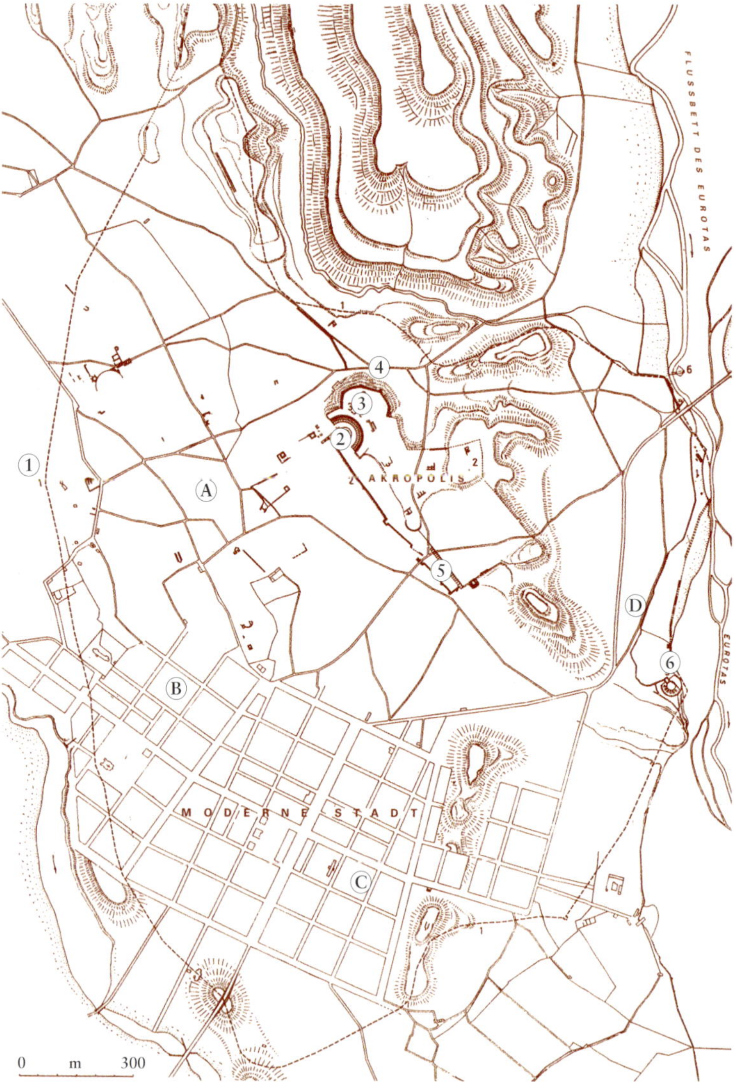

A. Pitane
B. Messoa
C. Kynossoura
D. Limnai

1. Verlauf der griechischen Mauer
2. römisches Theater
3. Heiligtum der Athene Chalkioikos
4. spätrömische Mauer
5. Säulenhalle
6. Heiligtum der Artemis Orthia

▲ Plan der Grabungen der antiken Stadt (aus: *BSA Annual*, XIII; 1906/07).

Der wichtigste Bau auf der Akropolis von Sparta war der Tempel der Athene Chalkioikos, der zu Beginn des 20. Jh. ausgegraben wurde.

Vom Bau existieren nur noch die Umfassungsmauern und einige schwer bestimmbare Reste. Die Grabungen haben aber einige Bronzeplatten ohne Reliefs zu Tage gefördert, die zur bronzenen Ausstattung des Tempels gehört haben könnten, die Pausanias im 2. Jh. n.Chr. noch gesehen hat.

Die Identifikation des Tempels beruht vor allem auf den gefundenen Weihegaben an Athene.

▲ Ausgrabungen auf der Akropolis.

Auf dem Kamm des Helms befindet sich eine Weiheinschrift an Athene.

Die Göttin trägt einen attischen Helm mit Schutzklappen für die Wangen.

Die Statuette ist eine verkleinerte Reproduktion der archaischen Kultstatue der Athene, ein Werk des Gitiades, die in der Cella aufgestellt war. In der Nähe des Tempels der Athene Chalkioikos wurden noch weitere Statuetten dieser Art aus lokaler Produktion gefunden.

Athene trägt den traditionellen dorischen Peplos, *der in Sparta auch noch in klassischer Zeit getragen wurde, als dieser im übrigen Griechenland bereits aus der Mode war.*

► Bronzestatuette der Athene, Tempel der Athene Chalkioikos, um 450 v. Chr., Sparta, Archäologisches Museum.

Die spärlichen Baureste, die Anfang des 20. Jh. freigelegt wurden, gehören zum archaischen Artemis-Tempel, der in hellenistischer Zeit restauriert wurde, zum Altar des Tempels und zu den beiden Leschai: *offene, oft einem Heros geweihte Säulengänge, in denen sich die Spartaner zu Gastmahlen und Symposien versammelten.*

Unter den im Heiligtum entdeckten Votivgaben befinden sich zahlreiche Stelen, die von den Jünglingen geweiht worden waren, die im Dienst der Göttin einen Initiationsritus durchliefen. Dieser endete schmerzhaft: Die Epheben mussten sich einer Geißelung unterziehen: ein symbolischer Eintritt in das Erwachsenenleben.

Die bei Grabungen gefundenen Masken aus Terrakotta und die Musikinstrumente gehörten zu den Gegenständen, die bei den rituellen Tänzen zu Ehren der Artemis benutzt wurden, wahrscheinlich um den Jugendlichen ein Bild von den Schrecken und Gemeinheiten zu vermitteln, die sie auf dem Weg zur Bürgerschaft überwinden mussten.

▲ Ruinen des Tempels der Artemis Orthia.

»Aber, Poibos, dein Herz schwelgt doch am reichsten in Delos. / Dies ist der Ort, wo Ioniens Söhne in wallenden Kleidern / Dir zu Ehren sich sammeln.« (Homer)

Apollon-Heiligtum auf Delos

Lage
Insel der Ägäis, im Archipel der Kykladen

Chronologie
Mykenische Zeit: Bau des ersten rechteckigen Tempels
650 v.Chr.: Bau eines Prä-*Oikos* mit Holzsäulen.
Ende 7. Jh. v. Chr.: Aufstellung der Löwen auf der *Via sacra*, Steinbau des »Haus der Naxier«
Mitte 6. Jh. v. Chr. bis Mitte 5. Jh. v. Chr.: Bau der Verwaltungsgebäude von Delos, des *Bouleuterions* und des Prytaneions
Um 525–500 v. Chr.: Bau des Porostempels
520–475 v.Chr.: Bau der Schatzhäuser
478 v.Chr.: »Tempel der Delier«
425–417 v.Chr.: »Tempel der Athener«

Siehe auch
Apollon, Tempel und Sakralbauten

Die Insel Delos war von jeher ein religiöses und politisches Zentrum. Dem Mythos nach ist hier Apollon geboren. Sein Kult blieb zunächst auf die ionischen Stämme begrenzt, aber die vielen Tempel und profanen Bauten zeugen von der rasant wachsenden Bedeutung des Heiligtums. Die Reste des ältesten Tempels gehen auf das 8. Jh. v. Chr. zurück. Im 7. Jh. stellten die Bewohnern von Naxos an der *Via sacra* die berühmt gewordenen Marmorlöwen auf. Östlich des alten Apollon-Tempels wurde im 6. Jh. v. Chr. das »Haus der Naxier« *(Oikos)* errichtet, vor dem sich die Kolossalstatue des Gottes erhob. Im Zuge seines Hegemoniestrebens über die Ägäis ließ Athen im 6. Jh. v. Chr. einen Porostempel *(Porinos Naos)* erbauen. Die unmittelbare Kontrolle über das Heiligtum gewann Athen 478 v. Chr., als man Delos zum Sitz des attischen Seebundes erkor. Der *Porinos Naos* wurde zum Aufbewahrungsort des Bundesschatzes und der Kult des Apollon in den neuen »Tempel der Delier« verlegt. Nach der Pest ordneten die athenischen Verwalter die Reinigung der Insel an: die Beseitigung aller Gräber und das Verbot von Beerdigungen auf Delos. Kurz danach entstand der dem Apollon geweihte »Tempel der Athener«. Die athenische Vorherrschaft über das Heiligtum endete mit der makedonischen Herrschaft.

► Straße der Löwen

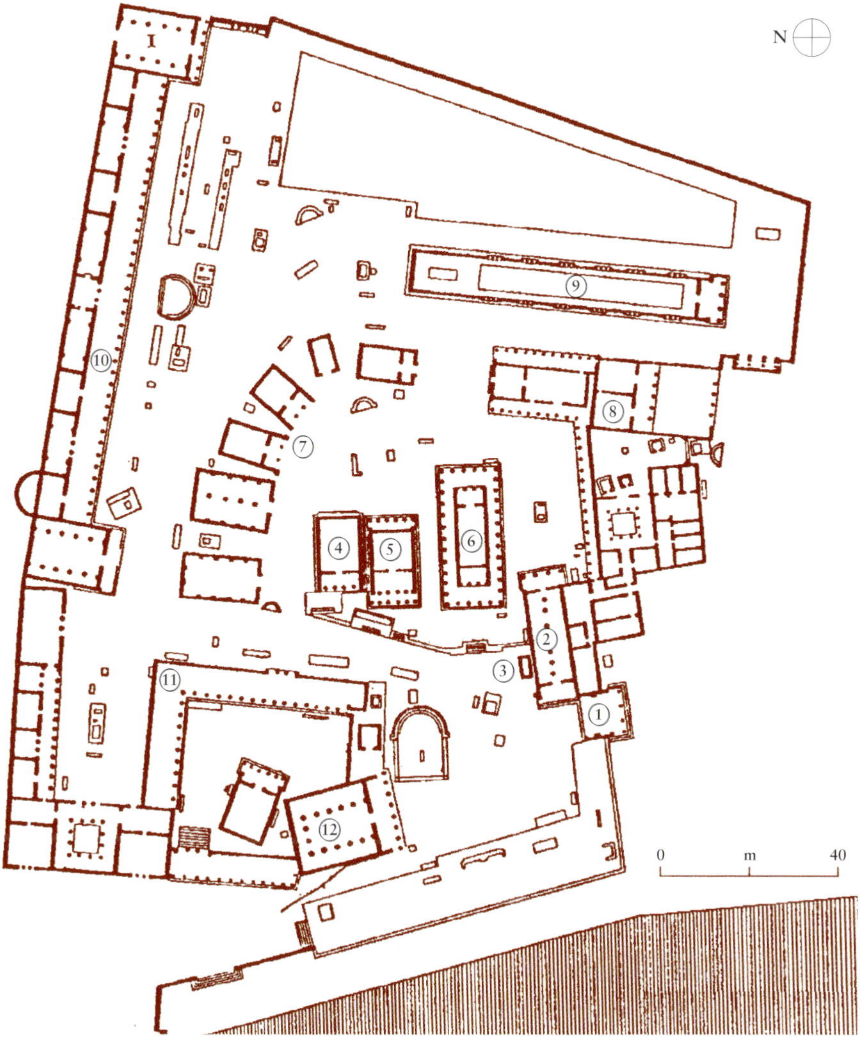

▲ Plan des Apollon-Heiligtums (aus: S. Settis 2002).

1. Propyläen
2. »Haus der Naxier«
3. Koloss der Naxier
4. Porostempel
5. Tempel der Athener«
6. Tempel der Delier«
7. Schatzhäuser
8. Prytaneion
9. Stierhalle
10. Antigonos-Halle
11. Stoa der Naxier
12. Tempel der Artemis

Das erste »Haus der Naxier« war ein langgestrecktes rechteckiges Gebäude mit zwei Säulenreihen aus Holz, unterteilt in drei Schiffe, der Eingang lag in der Mitte der nördlichen Langseite.

Im 6. Jh. v. Chr. wurde der Bau mit Granitblöcken erneuert, der Eingang wurde auf die westliche Schmalseite versetzt, die Cella mit einer Reihe dorischer Säulen in der Längsachse und einer Vorhalle mit zwei Säulen zwischen den Anten versehen.

Zu Beginn des 6. Jh. v. Chr. wurde der Eingang auf die Ostseite versetzt, es wurde eine Vorhalle mit vier Säulen an der Stirn errichtet, der Ostteil der Cella erhielt einen Marmorboden.

▲ *Oikos* der Naxier.

Die Kolossalstatue des Apollon mit Gurt und einem bronzenen Bogen war fast neun Meter hoch; sie stand ursprünglich an der Nordseite des »Hauses der Naxier«.

Um die Statue vor Raub zu schützen – die Insel wurde immer wieder von Piraten überfallen –, versuchte man mehrmals sie wegzuschaffen. Zu diesem Zweck wurde der Koloss in der Mitte zerschnitten.

Am ursprünglichen Ort sind noch die Basis mit einer Inschrift in Versen (»Ich bin aus demselben Marmor, die Statue wie die Basis«) und eine Widmung der Naxier von 417 v.Chr. zu erkennen, die anlässlich der Wiederaufstellung der Statue angebracht wurde, nachdem sie von einer umstürzenden Votivpalme aus Bronze beschädigt worden war.

Auf Grund des enormen Gewichts der Statue konnte sie nicht auf ein Schiff verladen werden; so blieb der Torso an der westlichen Begrenzung des Artemis-Heiligtums liegen.

▲ Torso vom Koloss des Apollon der Naxier.

In der Nähe des Fundortes wurde ein Sockel mit einer Weiheinschrift von Mikkiades, Melas und Archermos an Artemis gefunden.

Die Statue könnte auch eine Akroter-Skulptur sein, vielleicht vom Porostempel, dem zweiten Tempel des Apollon, den die Athener nach der Mitte des 6. Jh. v. Chr. erbauen ließen.

Da ein Bildhauer von Chios mit Namen Archermos, Sohn des Mikkiades, in den Quellen als Schöpfer des Figurentyps der Nike Alata, der geflügelten Siegesgöttin, erwähnt wird, geht man davon aus, dass es sich bei der Statue von Delos um ein von Archermos geweihtes Werk handelt.

Die etwa 90 cm hohe weibliche Figur besaß ursprünglich Flügel. Die Interpretation der Figur als Nike Alata ist allerdings problematisch, denn in archaischer Zeit wurde auch Artemis oft mit Flügeln dargestellt.

▲ *Fliegenden Nike*,
aus Delos, um 550 v. Chr.,
Athen, Archäologisches Nationalmuseum.

Der »Tempel der Athener« genannte Apollon-Tempel war ein Bau mit originellem Grundriss; man glaubte an ihm die Hand des Kallikrates, des Architekten des Erechtheions, erkennen zu können.

Die sehr breite rechteckige Cella war durch eine Mauer mit drei Türen in zwei Räume geteilt.

Der Tempel, der weder Pronaos *noch einen Hinterraum hatte, war an der Vorder- und Rückseite mit sechs dorischen Säulen bestückt.*

Der vordere, nach Westen ausgerichtete Raum, hatte vier Pilaster zwischen den Anten.

Parallel zum Bau des Tempels 425 v.Chr. wurden die delischen Feste eingeführt, die alle fünf Jahre im Sommer mit dichterischen und athletischen Wettstreiten sowie Pferderennen gefeiert wurden.

▲ Fundament des Apollon-Tempels der Athener.

Anhang

Karte des antiken Griechenlands
Stichwortverzeichnis
Zeittafel
Glossar
Museen
Auswahlbibliografie
Bildnachweis

◀ *Dionysos und Mänaden,*
attisch-rotfigurige Amphora des Kleophrades-Malers, aus Vulci, 500–490 v. Chr.,
München, Antikensammlungen.

Karte des antiken Griechenlands

1. Athen
2. Eleusis
3. Theben
4. Delphi
5. Korinth
6. Mykene
7. Epidauros
8. Sparta
9. Messene
10. Olympia

A. Thrakien
B. Makedonien
C. Epirus
D. Thessalien
E. Ätolien – Phokis
F. Euböa
G. Böotien
H. Attika
I. Achaia
L. Korinth
M. Argolis
N. Arkadien
O. Elis
P. Messenien
Q. Lakonien
R. Delos

Stichwortverzeichnis

Ägina *339*
Aphrodite und Eros *104*
Agelades von Argos und Alkamenes *25*
Agora von Athen *330*
Aischines und Demosthenes *48*
Akropolis von Athen *318*
Alkibiades *44*
Apollon *99*
Apollon-Heiligtum auf Delos *366*
Ares *109*
Aristoteles *50*
Artemis *107*
Asklepios *117*
Athene *96*

Bassei *358*
Bestattung *238*

Daidalos *10*
Delphi *310*
Demeter und Persephone *130*
Dionysos *127*

Ehe *215*
Eleusis *334*
Epidauros *349*
Ernährung und Tischsitten *161*
Euphronios *18*
Exekias *16*

Flotte *81*
Frisuren und Schminke *178*

Gerechtigkeit und Gerichte *64*
Gewichte und Maßeinheiten *232*
Grabzeichen *245*
Gymnasien und Palästren *281*

Häuser *256*
Heer *73*
Hephaistos *134*
Herakles *121*
Hermes *112*

Kleidung *171*
Kleisthenes *21*
Kunst und Handwerk *218*

Likurg *12*

Medizin *185*
Münzstätte und Geld *68*
Musik und Tanz *190*
Mysterienreligionen *137*

Nemea *346*

Öffentliche Gebäude für Bankette *290*
Öffentliche Grabdenkmäler *252*
Olympia *353*
Opfer *146*
Ostrakismos *67*

Phidias 29
Politische Institutionen *60*
Perikles *28*
Platon *47*
Polyklet *39*
Poseidon *93*
Praxiteles *51*

Religiosität der Frauen *140*
Riten und Opfergaben *241*

Säulenhallen *296*
Schrift *158*
Schule und Unterricht *187*
Skopas *55*
Symposion *167*
Sokrates *43*
Solon *14*
Sparta *361*
Spiele und Spielsachen *208*
Sport *197*
Stadien und Hippodrome *276*
Straßen und Transportmittel *229*

Tempel und Sakralbauten *264*
Theater *269*
Themistokles *23*
Töpferkunst *224*

Versammlungsgebäude *286*

Wasserläufe und Aquädukte *299*
Weihe- und Votivgaben *152*
Weissagung *144*

Zeus und Hera *88*

Zeittafel

Daten vor Beginn der Zeitrechnung

Um 1200: »Dorische Wanderung«; Einwanderung griechischer Stämme aus dem Norden; Zerstörung der mykenischen Burgen
1050–900: protogeometrische Keramik
11.–9. Jh.: »Ionische Wanderung«; Kolonisierung der Küste Klein-Asiens (»1. griechische Kolonisation«)
9.–8. Jh.: Niedergang des Königtums, Aufstieg der Aristokratie; Entstehung des Stadtstaates (Polis)
900–700: geometrische Keramik
8.–6. Jh.: »2. griechische Kolonisation« in Nordafrika, im Schwarzmeerraum, in Unteritalien *(Magna Graecia)*, Südfrankreich und Spanien
700–600: protoattische (orientalisierende) Keramik
776: erste panhellenische Spiele in Olympia
754: Beginn der spartanischen Ephoren-Liste
8.–7. Jh.: Beginn der Expansion Spartas und Eroberung von Messenien
Ende 8. bis Ende 7. Jh.: protoattische Keramik
657: Kypselos errichtet die Tyrannis in Korinth.
650: Errichtung der Tyrannis in Megara, Sikyon und an anderen Orten
630: Kylon versucht in Athen die Tyrannis zu errichten.
Um 625: Gesetzgebung Drakons in Athen
600–525: schwarzfigurige Keramik
594–593: Archontat und Gesetzesreform des Solon in Athen
580: Ende der Tyrannis in Korinth
561: erster Versuch des Peisistratos, in Athen die Tyrannis zu errichten
Um 550: Militärbündnis auf der Peloponnes unter Vorherrschaft Spartas
546–528: Tyrannis des Peisistratos in Athen
530–425: rotfigurige Keramik
528–510: Hippias folgt Peisistratos nach.

514: Hipparchos, Bruder des Hippias, wird von Harmodios und Aristogeiton ermordet.
510: Vertreibung des Hippias durch athenische Aristokraten unter der Anführung der Alkmaioniden und mit Unterstützung Spartas
508–507: Archontat und Verfassungsreform des Kleisthenes
499–498: ionischer Aufstand der griechischen Städte Klein-Asiens gegen die persische Herrschaft; Athen und Eretria kommen zu Hilfe und brandschatzen Sardes.
493–492: Themistokles' Archontat
490: persischer Feldzug gegen Griechenland, die Perser landen auf Euböa, zerstören Eretria, besetzen Attika, werden aber in der Schlacht bei Marathon von den Athenern unter der Führung des Miltiades zurückgeschlagen.
486: Xerxes wird König von Persien.
480: 2. persischer Feldzug gegen Griechenland; Bündnis von Athen und Sparta; die Spartaner werden an den Thermopylen besiegt, die Perser plündern und brandschatzen Athen, werden aber von der Flotte des Themistokles bei Salamis besiegt.
479: Die Perser werden endgültig bei Platäa und in der Seeschlacht am Mykale-Gebirge bei Milet besiegt und ziehen sich zurück.
478–477: Gründung des attisch-delischen Seebundes mit Sitz auf Delos; Vereinigung der griechischen Städte der Küste Klein-Asiens und der Ägäis unter Athens Vorherrschaft
471: Ostrakismos des Themistokles, die Macht geht über auf Kimon, Sohn des Miltiades, der den Krieg gegen die Perser fortsetzt.
Um 469: Kimon besiegt die Perser am Eurymedon.
469–468: Athen unterdrückt die Revolte von Naxos und Thasos gegen seine Vorherrschaft im attisch-delischen Seebund.
464: Erdbeben in Sparta, Revolte der Heloten und Belagerung der Bergfestung von Ithome
462: Verfassungsreform des Ephialtes in Athen
461: Ostrakismos des Kimon und Ermordung des Ephialtes in Athen; die Macht geht auf Perikles über.
449: Kallias-Friede zwischen Athen und Persien
446: Athen und Sparta schließen einen 30-jährigen Frieden.
431: Beginn des Peloponnesischen Krieges
430–429: Die Spartaner fallen in Attika ein und verwüsten das Territorium; die Bevölkerung flüchtet hinter die Befestigungsmauern von Athen und seiner Häfen. Ausbruch einer Epidemie, der auch Perikles zum Opfer fällt.
429–421: Der Krieg wird mit wechselndem Ergebnis fortgesetzt. In Athen stehen sich die Partei des Nikias, die den Krieg beenden will, und des Kleon, die bis zum Äußersten kämpfen will, gegenüber. Als 422 v.Chr. Kleon und der spartanische Heerführer Brasidas in der Schlacht bei Amphipolis fallen, gewinnt in beiden Städten die Friedenspartei die Oberhand.
421: Friede des Nikias und Verteidigungsbündnis über 50 Jahre zwischen Athen und Sparta
415: Aufbruch der athenischen Flotte unter dem Kommando des Alkibiades zur Expedition nach Sizilien, mit dem Ziel, die wachsende Macht von Syrakus einzudämmen und die Herrschaft nach dem Westen auszudehnen
414: Die Expedition nach Sizilien führt zum Wiederaufflammen des Konflikts zwischen Athen und Sparta.
413: Die Athener erleiden auf Sizilien eine vernichtende Niederlage, die Spartaner besetzen Dekeleia nördlich von Athen.
412: Fast alle Bündner fallen von Athen ab. Sparta verständigt sich mit Persien.
411: Oligarchischer Staatsstreich in Athen: Regierung der 400, die Sparta gegenüber freundlich eingestellt ist, unter der Führung des Theramenes; die Flotte auf Samos bleibt der Demokratie treu.
411–410: Sieg der Athener über die Spartaner in den Seeschlachten von Kynosema und Kyzikos
410: Sturz der Oligarchie und Wiedereinführung der Demokratie in Athen
408: Rückkehr des Alkibiades nach Athen und Ernennung zum Strategen
407: Die Spartaner unter Lysander besiegen die Athener in der Seeschlacht bei Notion. Alkibiades zieht sich nach Thrakien zurück.
406: Sieg der Athener in der Seeschlacht bei den Arginusen. Athen lehnt Friedensangebote ab.
405: Die Spartaner vernichten die athenische Flotte bei Aigospotamoi und belagern Athen.
404: Übergabe von Athen. Schleifung der Stadtmauern, Errichtung der oligarchischen Herrschaft der 30 Tyrannen, Hegemonie Spartas, Ende des Peloponnesischen Krieges.
410: Sturz der Herrschaft der 30 Tyrannen durch Thrasybulos, Wiederherstellung der Demokratie
399: Prozess gegen Sokrates mit Verurteilung zum Tod
396: Expedition des spartanischen Königs Agesilaos zu Unterstützung der griechischen Städte Ioniens
395–386: Korinthischer Krieg: Athen, Theben, Argos und Korinth kämpfen, unterstützt von den Persern, gegen Sparta.
386: »Königsfriede« oder »Antalkidas-Friede«, Bekräftigung der Autonomie der griechischen Staaten und Anerkennung der persischen Herrschaft über die Städte Klein-Asiens
379: Pelopidas und Epameinondas befreien Theben von der spartanischen Besetzung. Wiedereinrichtung der Demokratie, Bildung eines böotischen Bundes
378–377: Athen gründet den attischen Seebund neu und garantiert den Bündnern volle Autonomie.

374: Athen und Sparta schließen Frieden.
373: Die Thebaner zerstören Platäa, das mit Athen verbündet ist.
371: Die Thebaner besiegen die Spartaner in der Schlacht bei Leuktra; Ende der spartanischen Hegemonie auf der Peloponnes.
371–362: Hegemonie von Theben; wiederholter Einfall nach Messenien
362: Schlacht bei Mantineia; Sieg Thebens, aber Tod des Epameinondas, allgemeiner Friede in Griechenland mit Ausnahme von Sparta
359: In Makedonien besteigt Philipp II. den Thron.
357–355: Bundesgenossenkrieg von Bündnern des attischen Seebundes gegen Athen
356–346: heiliger Krieg zwischen den Phokern, die von Athen und Sparta unterstützt werden, und den Böotern, die mit den Thessaliern verbündet sind, wegen Verletzung des Heiligtums von Delphi; Philipp II. unterstützt die Thessalier und sichert sich die Kontrolle über Thessalien und Böotien.
348: Philipp zerstört Olynth und schließt die Städte auf Chalkidike an Makedonien an.
346: »Friede des Philokrates« zwischen Makedonien und Athen. Philipp besiegt die Phoker und wird in die Amphiktyonie von Delphi aufgenommen.
344: Philipp annektiert Thessalien.
342: Eroberung von Thrakien durch Makedonien
338–337: Demosthenes fordert Athen und die weiteren demokratischen Poleis zum Krieg gegen Philipp auf. Die Schlacht von Chaironeia besiegelt den Sieg Philipps. Gründung eines panhellenischen Bundes (Korinthischer Bund) gegen Persien.
336: Kurz nach dem Beginn des Krieges gegen Persien wird Philipp II. ermordet. Ihm folgt sein Sohn Alexander.

Glossar

Adyton: heiliger Raum des Tempels, der nur von Priestern betreten werden durfte; »Allerheiligstes«

Agora: Marktplatz und Zentrum des öffentlichen Lebens der griechischen Stadt

Akropolis: »Hochstadt«, »Oberstadt«, Stadtburg griechischer Städte

Akroter: schmückender Aufsatz an Giebeln von Tempeln oder Grabreliefs; runde ornamentale Scheibe, später plastisch ausgeformte Palmetten oder figürliche Darstellungen

Alabastron: Salbölfläschchen mit langgezogenem Hals

Amphora: großes, zweihenkeliges Transport- und Vorratsgefäß, verschiedene Typen: Hals-, Bauch-, Spitzamphora

Andron: Repräsentationsraum des griechischen Hauses, den Männern vorbehalten, Ort des Symposions

Ante: Vorgezogene Seitenwand der Cella

Architrav: Über den Säulen liegende Holz- oder Steinbalken eines Tempels

Aryballos: runder Flakon für Öl oder Parfüm

Basis: Sockel von Statue oder Denkmal, Fuß von Säule oder Pfeiler

Boule: Ratsversammlung

Bouleuterion: Rathaus, Versammlungsort für den Rat der Stadt

Cella: Innenraum des griechischen Tempels, Aufstellungsort für das Götter- oder Kultbild

Dinos: großes Gefäß mit rundem Boden, der einen Ständer erfordert, genutzt als Mischkessel zum Mischen von Wasser und Wein

Dipylon: Toranlage mit zwei Durchgängen, Doppeltor; in Athen Hauptzugang in die Stadt, durch zwei Ecktürme verstärkt

Ekklesia: Versammlung der Bürger

Heroon: Grabmal oder Denkmal für einen Heros

Hydria: Wasserkrug mit drei Henkeln, zwei kleineren waagrechten zum Heben und einem senkrechten zum Schöpfen und Ausgießen; wurde auf Kopf oder Schulter getragen.

Kalathos: geflochtener Handkorb, Arbeitskorb aus verschiedenem Material, später auch Kopfschmuck weiblicher Gottheiten

Kalpis: Sonderform der *Hydria* mit fließendem Übergang zwischen Schulter, Hals und Mündung

Kantharos: becherförmiges Trinkgefäß mit zwei hochgezogenen Henkeln und meist hohem Fuß; Attribut des Dionysos

Kernos: Kultgefäß mit kleinen aufgesetzten Gefäßen für Samen und Getreidekörner, Früchte oder Flüssigkeiten

Kline: Bett, Liege, aus Holz oder Metall, zum Ruhen und Schlafen, Speise-Sofa beim Bankett

Koilon: Zuschauerraum des Theaters

Kore: Mädchen; archaische Mädchenstatue

Kotyle: tiefe Trinkschale mit schmalen, waagrechten Henkeln

Kouros: Jüngling; archaische Jünglingsstatue

Krater: Weinmischgefäß, meist mit weit ausladendem Rumpf und zwei Henkeln; Kelch-, Glocken-, Kolonetten-, Volutenkrater

Kyathos: becherförmiges Gefäß mit einem hochgezogenen senkrechten Henkel, verwendet vor allem bei Symposien zum Schöpfen

Kylix: zweihenklige Trinkschale

Lebes: beckenförmiges Gefäß auf Dreifuß oder einfüßigem Ständer aufsetzend; *Lebes gamikos:* Hochzeitskessel

Lekythos: längliches Ölgefäß mit kantig vom Rumpf abgesetzter Schulter, dünnem Hals und verdickter Lippe; Verwendung im Grabkult

Lesche: Versammlungs- und Gesellschaftshaus am Markt oder in Heiligtümern

Louterion: großes flaches Becken aus Keramik, Stein oder Marmor auf hoher Mittelstütze, zur Körperwäsche

Loutrophoros: Gefäß mit gestrecktem Rumpf und langem Hals, meist zweihenkelig, zum Wasserholen für das Brautbad, auch Grabbeigabe für unverheiratet Verstorbene

Metope: gliederndes Element am Gebälkfries dorischer Tempel, bemalte oder reliefierte Platte zwischen den Triglyphen

Nekropole: große Begräbnisstätte

Oikos: Haus, auch Versammlungsbau einer Kultgemeinschaft

Oinochoe: Weinkanne mit abgesetztem Hals und Kleeblattmündung

Opisthodomos: hintere Halle des Tempels

Orchestra: ursprünglich kultischer Tanzplatz; runde bis ovale Spielfläche des Theaters zwischen Bühnenhaus und Zuschauerraum

Ostrakon: Keramikscherbe, oft als Schreibmaterial verwendet

Pelike: bauchiges Gefäß mit zwei senkrechten Henkeln auf breitem Fuß, als Vorratsgefäß verwendet

Peripteros: Ringhallentempel, dessen Cella von einem Pteron, einer einfachen Säulenhalle, umgeben ist

Peristasis: der säulenbestandene Umgang um die Cella des Tempels

Pinax: Schreibtafel; auch bemalte Holz- oder Tontafel, als Weihegeschenk in Heiligtümern aufgehängt

Pithos: großes, dickwandiges Vorratsgefäß

Polis: Stadt, Stadt-Staat

Pronaos: der Cella vorgelagerte Halle eines Tempels, meist nach Osten geöffnet

Propyläen: Torhalle am Eingang zu einem Tempelbezirk oder Palast

Prytaneion: Amtsgebäude der obersten Beamten (Prytanen) einer Stadt; Unterbringungsort des heiligen Herdes und des Staatsarchivs

Psykter: Tongefäß zum Kühlhalten von Wein, meist pilzförmig oder flachbauchig, schwamm im *Krater,* der mit Eis oder kaltem Wasser gefüllt war

Pyxis: kleine runde Dose mit Deckel zum Aufbewahren von Schmuck und Kosmetika

Skyphos: becherartiges Trinkgefäß mit zwei horizontalen Henkeln

Stamnos: dickbauchige Amphora mit zwei horizontalen Henkeln am Gefäßkörper

Stele: aufgerichtete flache Steinplatte oder runde Steinsäule

Stoa: langgestreckte Säulenhalle mit geschlossener Rückwand

Stoa Basileios: Amtssitz des Archon Basileios, des zweithöchsten Beamten, zuständig für die Kulthandlungen

Stylobat: oberste Stufe des Unterbaus eines Tempels, Standfläche der Säulen

Thesauros: Schatzhaus in Heiligtümern, Aufbewahrungsort der Weihegaben

Tholos: sakraler Rundbau, mit oder ohne Säulenumgang

Triglyphe: Steinplatte mit drei senkrechten Rillen zur Verkleidung der Stirnseiten der Deckenbalken; bilden im Wechsel mit Metopen den Fries über dem Architrav des dorischen Tempels

Via sacra: ∫»heiliger Weg«, Bezeichnung für die Prozessionsstraßen zu den Heiligtümern

Athen, Archäologisches Nationalmuseum
Das Archäologische Nationalmuseum, errichtet 1866–89, ist heute das bedeutendste Museum griechischer Kunst. Die Skulpturenabteilung beherbergt eine hervorragende Sammlung von attischen Kouroi, klassische und hellenistische Reliefs, die Skulpturen von den Tempeln der Hera in Argos, des Asklepios in Epidauros und der Athene Alea in Tegea, Bronzen aus den Heiligtümer, vor allem Votivstatuetten, und Großskulpturen wie den *Poseidon vom Kap Artemision*. Die Abteilung der handwerklichen Künste umfasst eine reiche Sammlung attischer Vasen, vorwiegend aus geometrischer und klassischer Zeit, und eine Sammlung von Goldschmiedearbeiten. Anlässlich der Olympiade 2004 wurde das Gebäude renoviert und der Bestand von etwa 8 000 Funden und 1 000 Statuen neu geordnet.

Athen, Akropolis-Museum
Das Museum wurde 1865–73 gebaut und 1949–53 erweitert. Es umfasst die Steinskulpturen aus den Grabungen auf der Akropolis – die Keramik und die Bronzen werden im Archäologischen Nationalmuseum, die Inschriften im Epigraphischen Museum aufbewahrt – und ist die weltweit größte Sammlung griechischer Skulpturen der archaischen Zeit und des »strengen Stils«, die im sog. Perserschutt aufgefunden wurden. Es beherbergt Skulpturen des Parthenons, des Erechtheions und des Tempels der Athene Nike. Seit Jahren ist das Neue Akropolis-Museum im Bau, das auch in Erwartung der Rückführung der *Elgin Marbles* geplant wurde, die sich seit Anfang des 19. Jh. im British Museum in London befinden. Eine Vorschau auf die Neuordnung wurde anlässlich der Olympiade 2004 geboten.

Athen, Agora-Museum
Das Museum ist in der Stoa des Attalos – gestiftet von König Attalos II. von Pergamon (159–138 v. Chr) und 1953–56 als Museum und Magazingebäude durch die American School of Classical Studies at Athens originalgetreu wiederaufgebaut – untergebracht und zeigt die Grabungsfunde auf der Agora und Umgebung, von der mykenischen Zeit bis zur byzantinischen Epoche und darüber hinaus. Von großem Interesse sind Exponate, die über die athenische Demokratie Auskunft geben, darunter über 1 200 Ostraka, Losmarken der Geschworenen, Losmaschinen und Wahlurnen. Des Weiteren sind Skulpturen von den Tempeln des Hephaistos und des Ares, eine Reihe von Marmorbüsten, öffentliche Inschriften und Keramikfunde aus Brunnen und Zisternen des Areals vom Neolithikum bis zur türkischen Herrschaft ausgestellt.

Athen, Kerameikos-Museum
Gelegen auf dem archäologischen Areal des Kerameikos, der bedeutendsten Nekropole des antiken Athen, umfasst die Ausstellung archaische Skulpturen, klassische Grabstelen, Grabbeigaben und eine Vasensammlung, die besonders für die Geschichte der attischen Keramik von der protogeometrischen Zeit bis zum schwarzfiguren Stil von Bedeutung ist. Schwerpunkt der Ausstellung ist derzeit ein 2002 vom Deutschen Archäologischen Institut gefundener Kouros, der dem Dipylon-Meister zugeschrieben wird.

Olympia, Archäologisches Museum
Das Museum, in dem die Grabungsfunde vom Heiligtum des Zeus gesammelt werden, umfasst eine große Sammlung von Bronzetten im geometrischen und orientalisierenden Stil, Terrakotten, vorwiegend Votivgaben, vom Neolithikum bis in die klassische Zeit, und eine Abteilung für Großplastik, die neben Skulpturen des Zeus-Tempels Meisterwerke beherbergt wie den *Hermes mit dem Dionysos-Knaben* des Praxiteles und die *Nike* des Paionios. Auch dieses Museum hat anlässlich der Olympiade von 2004 eine Neustrukturierung, vor allem in didaktischer Hinsicht, vorgenommen und eine Abteilung eingerichtet, die der Geschichte der Olympiaden gewidmet ist.

Delphi, Archäologisches Museum
Die erste Einrichtung des Museums geht auf das Jahr 1903 zurück und wurde mit der Intention gegründet, die Funde des Heiligtums zu sammeln und seine jahrhundertelange Ausstrahlung zu illustrieren. 1974 wurde ein neuer Saal für die Goldelfenbein-Köpfe eingerichtet, die unter der *Via sacra* gefunden wurden. Anlässlich der Olympiade 2004 wurde der Bau erweitert und modernisiert und die Präsentation durch viele noch nie gezeigte Objekte erweitert. Die Skulpturen des Apollon-Tempels des 4. Jh. v. Chr. wurden zum ersten Mal den Skulpturen des archaischen Tempels gegenübergestellt; der *Wagenlenker* erhielt zusammen mit der Rekonstruktion seiner Quadriga in Originalgröße einen eigenen Raum.

London, British Museum
Die umfangreiche Abteilung griechischer Kunst des British Museum, mit Objekten der Kykladen bis zum Hellenismus, wurde vor allem im Laufe des 19. Jh. aufgebaut, zunächst durch Hinterlassenschaften und Erwerbungen privater Sammlungen, später durch Expeditionen, die das Museum selbst in Auftrag gegeben hat. Eine beträchtliche Erweiterung der Skulpturensammlung aus klassischer Zeit erfolgte 1814–16, als der Marmorfries des

Apollon-Tempels von Bassai und die berühmten *Elgin Marbles* in das Museum kamen. Letztere, die 1816 durch einen »Act of Parliament« erworben wurden, umfassen die Skulpturen des Parthenons (etwa die Hälfte des Frieses, 15 Metopen, 17 Giebelfiguren, architektonische Bruchstücke), vom Erechtheion und vom Tempel der Athene Nike. In der 1. Hälfte des 19. Jh. kamen Bronzen aus der Sammlung von Richard Payne Knight und griechische Vasen aus der Sammlung der Fürstin von Canino ins Museum. Aus der Mitte des Jahrhunderts stammen die wichtigsten Erwerbungen aus englischen Grabungen in Griechenland und in der Türkei: von Charles Fellows in Lykien, von Arthur Evans in Knossos, von David Hogarth in Ephesos und von der British School of Athens beim Heiligtum der Artemis Orthia in Sparta.

Paris, Musée du Louvre
Die im Jahr 1800 eingerichtete Sammlung der griechischen und römischen Altertümer gehört zu den ältesten Abteilungen des Louvre. Die ersten römischen Kopien griechischer Originale kamen durch die Räumung von Versailles in das Museum, viele andere durch die napoleonischen Plünderungen der Museen Westeuropas. Auch durch den Erwerb privater Sammlungen konnten bedeutende Werke in Besitz genommen werden: 1818 die *Ergastinai* des Parthenonfrieses und 1821 die *Venus von Milo*, ein Geschenk des Marquis de Rivière, des französischen Botschafters in Istanbul. Die Skulpturensammlung wurde im Lauf der Zeit durch 2 600 griechische und etruskische Vasen und zahlreiche Bronzen ergänzt. Im 19. Jh. wuchs der Bestand durch Funde französischer Archäologen wie der *Nike von Samothrake*, aufgefunden von Champoiseau 1863, durch architektonische Fragmente aus Olympia, ein Geschenk der griechischen Regierung im Anschluss an die Grabungen von Dubois und Blouet, und Terrakotten aus den Grabungen von Myrina. Einige hochrangige Werke wie der *Kopf Rampin* und die *Dame von Auxerre* wurden Ende 19. / Anfang 20. Jh. erworben. Das in den 1980er-Jahren begonnene Projekt »Le Grand Louvre« hat die Anordnung der Antikensammlungen nicht wesentlich verändert, hat aber zu einer klareren Trennung der griechischen Originale und der Kopien geführt.

Stiftung Staatliche Museen Berlin, Antikensammlung
Seit 1995 ist die Berliner Antikensammlung, die lange Zeit zwischen West und Ost geteilt war, wieder an zwei namhaften Orten vereint. Das Alte Museum beherbergt Skulpturen, Töpferkunst, Bronzen, Vasen und Goldschmiedearbeiten, ergänzt durch Neuerwerbungen des 20. Jh., darunter Funde archäologischer Expeditionen in Olympia, Dodona, Pergamon, Samos, Milet, Priene und Didyma und eine Reihe von Terrakotten aus Athen, Tanagra und Korinth. Das Pergamon-Museum, dessen Prunkstück der von Carl Humann von 1878 bis 1886 ausgegrabene Pergamon-Altar ist, enthält auch bedeutende Skulpturen von der Archaik bis zum Hellenismus sowie römische Kopien berühmter griechischer Originale.

Wien, Kunsthistorisches Museum
Kern der archäologischen Sammlung des Museums, die 1891 eröffnet wurde, waren die in den Palästen der Habsburger vorhandenen Skulpturen und Inschriften, die durch den Erwerb neuer Einzelstücke und alter Privatsammlungen ergänzt wurden. Archäologische Expeditionen der 2. Hälfte des 19. Jh. nach Samothrake und Ephesus brachten neue Skulpturen und Architekturfragmente, vor allem aus hellenistischer Zeit, ans Licht, während der Erwerb des archäologischen Fundus des Österreichischen Museums 1940 die Sammlung der antiken Vasen vervollständigte.

München, Glyptothek
Die Glyptothek in Müchen wurde von 1816 bis 1830 erbaut, um den antiken Werken einen Ort zu geben, die der Kronprinz und spätere König Ludwig I. während seiner Reisen zusammengetragen hatte; darunter befinden sich 17 Giebelstatuen von den Ausgrabungen des Aphaia-Tempels auf Ägina, die sog. Ägineten, die 1812 erworben und von Bertel Thorwaldsen restauriert wurden. Die Glyptothek wurde 1943 zerstört, jedoch blieb der Großteil der Skulpturen, darunter Meisterwerke wie der *Barberinische Faun*, der *Münchner Kouros*, der *Apoll von Tenea* und das *Grabrelief der Mnesarete* verschont. 1972 wurde die Glyptothek wieder eröffnet.

München, Antikensammlungen
Die Staatlichen Antikensammlungen am Königsplatz wurde 1962–67 aus der Kriegsruine des ehemaligen Kunst- und Industrieausstellungsgebäudes neu errichtet und beherbergt heute den königlichen Antikenbesitz. Schwerpunkt der Sammlungen bilden die attischen Vasen mit einem reichen Bestand aus der Zeit vom 6. bis zum 4. Jh. v. Chr., darunter bedeutende Werke von Malern wie Exekias, Euphronios, Kleophrades, Euthymides und Andokides.

Kopenhagen, Ny Carlsberg Glyptotek
Die Glyptothek, die größte Sammlung antiker Kunst in Nordeuropa, wurde von dem Braumeister Carl Jacobsen gegründet, der 1888 seine Privatsammlung für die Öffentlich-

keit zugänglich machte und nach seiner Brauerei Ny Carlsberg benannte. Der ursprüngliche Kern der Sammlung stammt aus dem Erwerb der Sammlung Rayet, aus der auch der berühmte Kopf von der Akropolis in Athen kommt. Im Laufe der Zeit kamen Neuerwerbungen von Originalen aus der Zeit vom 7. bis zum 2. Jh. v. Chr. hinzu, ferner bedeutende römische Kopien und eine Kollektion von bemalten Vasen.

Neapel, Museo Archeologico Nazionale
In der reichen Sammlung des Museo Archeologico Nazionale in Neapel ist die Kunst Griechenlands nicht nur durch die Vasensammlung repräsentiert, sondern auch durch berühmte römische Kopien, die entweder aus der Umgebung stammen oder aus den Farnesischen Sammlungen mit Monumentalwerken und Grabungsfunden aus Rom, dazu kommen einige originale Bronzen aus Grabungen in Pompeji und Herculaneum.

Rom, Musei Vaticani
Die Vatikanischen Museen, die mehrere Einzelmuseen und Sammlungen vereinen, beherbergen eine Fülle von Kunstwerken von größter kunstgeschichtlicher Bedeutung, darunter Werke wie den *Apollo von Belvedere*, den *Apollon Sauroktonos* nach Praxiteles und die *Aphrodite von Knidos*. Eine umfangreiche Vasensammlung befindet sich im Museo Gregoriano Etrusco.

Rom, Musei Capitolini
Das Museum besitzt einige Kopien aus römischer Zeit, die für das Studium der griechischen Kunst von grundlegender Bedeutung sind, wie die Kopien der *Aphrodite Sosandra* des Kalamis, der Amazonen des Kresilas (Typ Sosikles), des Polyklet (Typ Sciarra) und des Phidias (Typ Mattei), des *Diadoumenos* des Polyklet, des *Pothos* des Skopas und viele andere.

Rom, Museo Nazionale Romano (Palazzo Altemps und Palazzo Massimo)
Unter den Meisterwerken antiker Bildhauerkunst, die im Laufe der Jahrhunderte von den vornehmen römischen Familien gesammelt wurden, gibt es hier einige griechische Originale und viele römische Kopien von außergewöhnlicher Bedeutung zu sehen.

New York, Metropolitan Museum of Art
Seit der Gründung des Metropolitan Museum of Art 1870 wird hier der klassischen Kunst große Bedeutung zugemessen, mit Ausnahme der Münzen, die zum Aufgabenbereich der Numismatic Society gehören. Die erste große Sammlung griechischer Vasen wurde 1890 erworben, diese Abteilung wächst seit Beginn des 20. Jh. stetig, vor allem durch Erwerbungen auf dem Antiquitätenmarkt. Die Sammlung griechischer Skulpturen beherbergt einige bedeutende attische Originale, vor allem archaische und klassische Grabmonumente, und zahlreiche römische Kopien wie den *Diadoumenos* und die *Amazone Lansdowne*. Die reiche Sammlung von Bronzen umfasst Werke aus geometrischer Zeit bis zum Hellenismus; dazu kommt eine ansehnliche Kollektion von Terrakotten aller bedeutenden griechischen Produktionsstätten.

Auswahlbibliografie

Geschichte, Kulturgeschichte
Oswyn Murray, John K. Davies, Frank W. Walbank, *Das antike Griechenland,* Düsseldorf 2006

Jean-Piere Vernant (Hrsg.), *Der Mensch der griechischen Antike,* Frankfurt a. M. 1993

Kai Brodersen (Hrsg.), *Große Gestalten der griechischen Antike. 58 historische Porträts von Homer bis Kleopatra,* München 1999

Adolf H. Borbein, *Das Alte Griechenland. Geschichte und Kultur der Hellenen,* Gütersloh 1995

Christoph Höcker, *Griechische Antike,* Köln 1999

Religion, Mythologie
Walter Burkert, *Griechische Religion der archaischen und klassischen Epoche,* Stuttgart 1977

Louise Bruit Zaidman, Pauline Schmitt Pantel, *Die Religion der Griechen. Kult und Mythos,* München 1994

Erika Simon, *Die Götter der Griechen,* 4. Aufl., München 1998

Hans-K. und Susanne Lücke, *Antike Mythologie. Ein Handbuch. Der Mythos und seine Überlieferung in Literatur und bildender Kunst,* Reinbek b. Hamburg 1999

Hans-K. und Susanne Lücke, *Helden und Gottheiten der Antike. Ein Handbuch. Der Mythos und seine Überlieferung in Literatur und bildender Kunst,* Reinbek b. Hamburg 2002

Archäologie, Kunstgeschichte
Karl Schefold, *Die Griechen und ihre Nachbarn,* Propyläen-Kunstgeschichte, Bd. 1, Berlin 1967

John Boardman, José Dörig, Werner Fuchs, Max Hirmer, *Die griechische Kunst,* 5. Aufl., München 1992

John Griffiths Pedley, *Griechische Kunst und Archäologie,* Köln 1999

Erika Simon, *Die griechischen Vasen,* München 1976

Peter C. Bol, Wolf-Dietrich Niemeier u. Robert Strasser, *Griechenland. Ein Führer zu den antiken Stätten,* Stuttgart 2004

Bildnachweis

AKG-Images, Berlin, S. 29, 31, 51, 52, 130; 79, 256, 291 (Peter Connolly); 24 (Werner Forman); 351 (Rainer Hackenberg); 23, 61, 66 links, 197, 318, 330, 334, 356, 361, 365 (John Hios); 74 (Nimatallah); 57 (Pirozzi)
Antikenmuseum der Universität, Leipzig, S. 80 links
Antikensammlungen, München, S. 18, 20, 127, 192, 223, 228
Archaeological Receipts Fund, TAP service, Athen, S. 32, 68, 73, 76, 99, 122, 133, 152, 180, 183, 242, 243, 325
Archeological World, Misgav, S. 160, 244, 247, 250, 294, 337
Archivio Alinari, Florenz, S. 2, 326–327
Archivio Mondadori Electa, Mailand, S. 40; Giuseppe Schiavinotto, 46; Mondadori Electa, mit Genehmigung des Ministero per i beni e le attività culturali, 25, 26, 43, 62, 78, 104, 106, 126, 128, 143, 149, 196, 260
Archivio pubbli aer foto, Varese, S. 354
Athenian Agora Excavations, S. 21, 22, 45, 64, 66 rechts, 72, 111, 163, 164, 184, 234, 235, 263, 286, 288, 290, 292, 293, 298, 300, 303, 304, 306, 307, 333
Badisches Landesmuseum, Karlsruhe, S. 142, 224
© Bianchetti / Leemage, S. 93
Bridgeman Art Library, London, S. 13, 81, 92, 108, 112, 116, 124, 144, 202, 207, 220, 353
Collezione Banca Intesa, Vicenza, S. 226
Comune di Roma, Soprintendenza ai Beni Culturali, S. 38, 42, 51, 299
Corbis / Contrasto, S. 47, 100, 154, 316, 339, 342, 359
© Eric and David Hosking / Corbis, S. 94
Eremitage, Sankt Petersburg, S. 168
Foto Musei Vaticani, S. 44, 170
Heritage Image Partnership, S. 17, 36, 69, 70, 71, 146, 177 oben, 179, 208, 215, 343, 345
Index, Florenz, S. 53, 76 links, 77 rechts, 95 ,186, 285, 311, 329, 363 (Alberti); 172, 173, 174, 200 (Cantarelli); 181 (Pedrocchi); 229, 368 (Pizzi); 32 (WFA)
Kunsthistorisches Museum, Wien, S. 125
Le Château-Musée, Boulogne-sur-Mer, S. 16
© Erich Lessing / Contrasto, S. 10, 56, 58, 89, 90, 91, 113, 114, 117, 135, 137, 138, 139, 140, 156, 161, 165, 178, 201, 204–205, 254, 266–267, 271, 308, 310, 315, 332, 338, 366, 369
Marie Mauzy, Athen, S. 11, 55, 75, 141, 253, 280, 282, 319, 320–321, 364
Metropolitan Museum, New York, S. 19, 96, 131, 187, 190, 218, 231, 248, 261
© Mozzati, S. 63, 279, 287, 346, 348
Musées Royaux, Brüssel, S. 262
Museo della Fondazione culturale Mandralisca, Cefalù, S. 162
Museo del Satiro danzante, Mazara del Vallo, S. 54
Museo Regionale della ceramica, Caltagirone, S. 225
Luciano Pedicini, Archivio dell'arte, Neapel, S. 8, 12, 14, 39, 48
© Photo RMN-© Droits Réservés, S. 198; © Hervé Lewandowski, S. 60, 80 rechts, 110, 182, 194, 203, 217, 239; © Les Frères Chuzeville, S. 82–83, 167, 259
Rijksmuseum van Oudheden, Leiden, S. 301
© Scalagroup, Florenz, S. 34–35, 41, 49, 88, 98, 101, 102, 103, 105, 109, 121, 123, 136, 145, 150–151, 169, 171, 175, 176, 188, 189, 195, 206, 209, 212, 222, 227, 236, 274, 275, 281, 289, 297
Stiftung Staatliche Museen, Berlin, S. 134, 213, 219, 241
The Art Archive / Dagli Orti, S. 230, 249, 265, 269, 270, 272, 273, 277, 278, 296, 305, 317, 323, 324, 340–341, 357; Agora-Museum Athen / Dagli Orti, 65, 67, 177, 232, 233; Akropolis-Museum Athen / Dagli Orti, 85, 86, 147; Archäologisches Museum Korfu / Dagli Orti, 268; Archäologisches Museum Delphi / Dagli Orti, 155, 314; Archäologisches Museum Epidauros / Dagli Orti, 352; Archäologisches Museum Piräus / Dagli Orti, 118–119; Archäologisches Museum Saloniki / Dagli Orti, 77 links; Archäologisches Museum Theben / Dagli Orti, 166; Kerameikos-Museum, Athen / Dagli Orti, 252; Musée du Louvre, Paris / Dagli Orti, 185, 199; Museo Nazionale Palazzo Altemps, Rom / Dagli Orti, 115; Archäologisches Nationalmuseum Athen / Dagli Orti, 30, 120, 132, 159, 191, 214, 238, 245, 246, 264, 276, 349, 370; Glyptothek München / Dagli Orti, 344
The British Museum, London, S. 28, 37, 84, 97, 210–211, 216, 221, 302, 360
The J. Paul Getty Museum, Los Angeles, S. 258, 284
© TongRo Image Stock / Brand X / Corbis, Cover

Die Pläne sind entnommen:
BSA Annual, XIII, 1906/07;
S. Lloyd, H.W. Müller, R. Martin, *Architettura mediterranea preromana*, Mailand 1972;
J. Mc Camp II, *The Athenian Agorà: A Short Guide*, Athen 2003;
Olimpiadi. Viaggio in Grecia, monografische Veröffentlichung von »Archeo«, Nr. 2, Mai 2004;
S. Settis (Hrsg.), *I Greci. Storia, Cultura, Arte, Società*, Bd. IV, *Atlas*, hrsg. von C. Franzoni, Turin 2002;
M. Torelli, Th. Mavrojannis, *Grecia*, Mailand 1997